FREIZEITFÜHRER

... MIT KINDERN

Vor die Haustür, fertig – los!

☀ **pmv**

1. Auflage 2011

Frankfurt am Main

PETER MEYER VERLAG

HANNOVER & REGION MIT KINDERN

400 spannende Ausflüge und Aktivitäten im Herzen Niedersachsens

VON KIRSTEN WAGNER

HANNOVER

HANNOVERS NORDEN

HANNOVERS SÜDEN

BURGDORFER LAND & PEINE

HILDESHEIM

DEISTER, STADTHAGEN & HAMELN

STEINHUDER MEER

ALLER-LEINE-TAL

INFO & VERKEHR

FERIENADRESSEN

INHALT

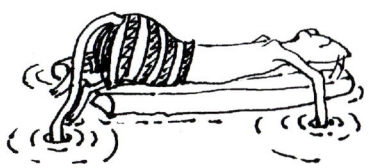

4

VORWORT

Als ich meine Recherchen für dieses Buch begann, war mir klar, dass eine so große Stadt wie Hannover mehr als Zoo, Maschsee und Eilenriede für Kinder zu bieten hat. Erstaunt war ich dann aber doch über die Fülle von Angeboten, die Hannover zu einer wahrlich kinderfreundlichen Stadt machen. Und nicht nur das! Rund um die Landeshauptstadt Niedersachsens wechseln sich die unterschiedlichsten Landschaften ab. Berge, Seen, ein »Meer« und Heide – alles ist in unmittelbarer Reichweite.

Die Autorin

Kirsten Wagner schreibt seit vielen Jahren Freizeit- und Reiseführer. Als Online-Redakteurin testet sie außerdem Freizeittipps in ganz Norddeutschland und entwickelt Internetseiten für Kinder. Für pmv war sie nach dem Harz nun in der Region Hannover unterwegs. Ihre Kinder Lukas, Jonathan und Niko sind als Tester für kinderfreundliche Aktivitäten mit großer Freude mit von der Partie.

Im Deister im Südwesten Hannovers werden nicht nur Berge und Türme erklommen, sondern auch Bergwerke besichtigt und sogar die Skier angeschnallt. In der südlichen Lüneburger Heide laden bekannte Attraktionen wie der Serengetipark Hodenhagen zu spannenden Tierbegegnungen ein. Radtouren sind fast überall empfehlenswert. Leine, Weser und Aller laden wie das Steinhuder Meer zu Boots- und Kanutouren ein. Eine Vielzahl an Seen sorgt für Badefreuden sowie Surf- und Segelmöglichkeiten. Und mit Hameln, Hildesheim und Celle sind gleich drei attraktive Städte flugs erreicht. Ägyptische Mumien, sprechende Laternen und ein Ratten-Musical sind nur drei von vielen Anziehungspunkten.

Mit großer Freude bin ich mehr als ein Jahr lang durch Hannover und sein Umland gezogen. Nicht immer, aber immer gern haben mich meine Jungs begleitet, die zwar langsam den Kinderschuhen entwachsen, aber auch mit 12, 14 und 18 Jahren ihr Vergnügen hatten. Paddeln, Rad fahren, Swingolf spielen, Baden und Wasserski fahren machen eben in jedem Alter Spaß!

Ich habe versucht, neben den bekannten Angeboten vor allem auch kleine, aber feine Geheimtipps zu finden. Stöbert einfach im Buch und sucht euch euer nächstes Ziel heraus!

Viel Spaß bei euren Erkundungen in und um Hannover wünscht euch Kirsten Wagner.

Der Aufbau dieses Buches

Euer Buch »Hannover & Region mit Kindern« ist in **acht geografische Griffmarken** gegliedert: *Hannover, Hannovers Norden, Hannovers Süden, Burgdorfer Land mit Peine, Hildesheim, Deister, Stadthagen & Hameln, Steinhuder Meer* und *Aller-Leine-Tal.*

Tipps für Wasserratten sind Infos zu Seen und Flüssen, zu Frei- und Hallenbädern sowie zu Kanu-, Tretboot- und Schifffahrten.

Frische Luft & Sport nennt Radtouren, Wanderungen, Parks und Gärten sowie Abenteuerspielplätze. Für die kalte Jahreszeit zeigen wir euch Rodelhänge, Skipisten und Eislaufbahnen.

In der Rubrik **Umwelt erforschen** findet ihr spannende Tierparks, Lehrpfade, Naturerlebniszentren, Höhlen und Sternwarten.

Handwerk & Geschichte führt euch zu Orten der Technik und Arbeit: historische Bahnen, Schaubergwerke, Burgen und Museen.

Bühne, Leinwand und Aktionen stellt Kindertheater, Ferien- und andere Kreativangebote vor. Ein Festkalender listet wichtige Großveranstaltungen und die schönsten Weihnachtsmärkte der jeweiligen Region auf.

Die Griffmarken **Info & Verkehr** und **Ferienadressen** versorgen euch mit Ortsporträts, Infostellen und -quellen, Verkehrshinweisen, Unterkünften und Campingplätzen – so könnt ihr Familienferien bequem planen und organisieren.

Der **Kartenatlas** am Ende bietet euch bei Ausflügen die nötige Orientierung. Es ist also an alles gedacht – nur losziehen müsst ihr selbst!

Eine Bitte haben wir: Wenn ihr etwas Neues entdeckt habt, euch etwas besonders gut oder gar nicht gefallen hat, so schreibt uns das! Da es viel Mühe macht, all diese Aktivitäten vor Ort zu testen und aufzuschreiben, sind eure Tipps immer willkommen. Und auch trotz aller Sorgfalt können sich die Anga-

Gestatten?

Ich bin Sam, die Wasserratte. Meine Clique und ich begleiten euch mit noch ein paar Freunden auf euren Entdeckertouren durch dieses Buch und Hannover & Region. Darf ich vorstellen:

Karlinchen, unsere Naturfreundin,

Herr Mau, Experte für Handwerk und Geschichte,

und Mockes, der Kunst- und Musik-Liebhaber.

Schreibt an:

Peter Meyer Verlag
Schopenhauerstraße 11
60316 Frankfurt a.M.
Redaktion@PeterMeyer
Verlag.de
www.pmv-Verlag.de

ben noch während des Niederschreibens ändern. Wir – der Verlag und ich – freuen uns, wenn ihr uns auf Fehler aufmerksam macht. So können wir euren Freizeit- und Urlaubsführer bei der nächsten Auflage noch besser machen.

Die Aufnahme und Beschreibung in »Hannover & Region mit Kindern« unterliegt der Auswahl durch die Autorin und kann nicht erkauft oder verhindert werden. Die Veröffentlichung der Tipps und Adressen erfolgt kostenlos. Anzeigenschaltung ist unabhängig davon möglich.

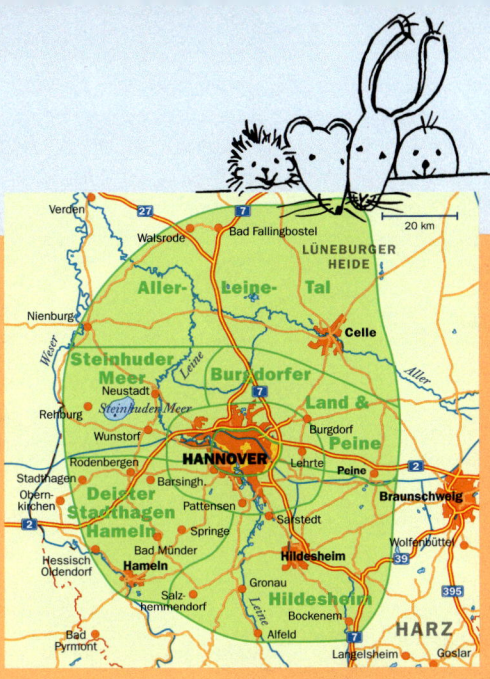

Hannover ist eine Stadt für Kinder – auch wenn das nicht das Erste ist, was den meisten Erwachsenen zu Hannover einfällt. Natürlich ist Hannover auch Niedersachsens Landeshauptstadt, Hannover liegt an der Leine, Hannover ist mit dem englischen Königshaus verwandt und in Hannover fand die EXPO 2000 statt. Kinder aber haben es auch gut in Hannover!

Da gibt es neben dem **Zoo**, der mit seinen Erlebniswelten Erfolge schreibt, viele bekannte und weniger bekannte Attraktionen, die mit Kindern zu Entdeckungen in Hannover einladen. Die Stadt im Grünen lockt mit ihren Naherholungsgebieten wie dem **Maschsee** und dem Stadtwald **Eilenriede**, Museen haben vielfältige Angebote für Familien in petto, Spielplätze drinnen und draußen warten ebenso auf aktive Kinder wie die vielen Hallen- und Freibäder.

Geografisch liegt Hannover zwischen dem Weserbergland im Südwesten und der norddeutschen Tiefebene mit ihrer Geestlandschaft im Norden. Schon im Mittelalter war die Lage durch den Fernverkehrsweg Bremen – Hildesheim und die Wasserstraße von der Leine über Aller und Weser zur Nordsee vielversprechend und begünstigte die wirtschaftliche Entwicklung. Als Industriestandort ist Hannover heute eng verbunden mit Namen wie Bahlsen, Hanomag, Continental, Pelikan und Sprengel.

Frei- und Hallenbäder

Stadionbad: Unterwassershow wie im Aquarium

Arthur-Menge-Ufer 5a, 30169 Hannover-Calenberger Neustadt. ✆ 0511/168-45411, Fax 616-22499 (Region Hannover). www.hannover.de. stadionbad@hannover-stadt.de. **Bahn/Bus:** Bus 200. **Auto:** Über Lavesallee oder Stadionbrücke in den AWD Sportpark. **Rad:** Seufzerallee. **Zeiten:** Mo 14 – 22.30, Di, Fr 6.30 – 20.30, Mi 6.30 – 22.30, Do 6.30 – 19, Sa 9 – 17, So

Falk Stadtplan Hannover. 6,95 €.

HANNOVER

TIPPS FÜR WASSER-RATTEN

Immer gut gesichert von Plattform zu Plattform: Im Seilgarten Eilenriede

9 – 18 Uhr. **Preise:** 3,50 €; Kinder 3 – 15 Jahre 2 €; Familie mit 1 Kind 8 €, Kleinfamilie 4,50 €, jedes weitere Kind 1,50 €.

 Sa 14 – 16 Uhr Spielnachmittag!

▶ Wie es wohl aussieht, wenn man vom 5-m-Brett ins Wasser eintaucht? Im Stadionbad könnt ihr eure Freunde dabei durch eine Glasscheibe beobachten! Das Hallenbad mit dem geschwungenen Dach hat neben dem sonnengelben Sprungturm (1, 3, 5, 7,5, 10 m) aber noch mehr zu bieten. Im Nichtschwimmerbecken gibt es einen Wasserpilz, eine kleine rote Elefantenrutsche und Gegenstromdüsen. Das runde Planschbecken daneben ist mit dem wasserspeienden Clown genau das Richtige für erste Erfahrungen im nassen Element. Auspowern könnt ihr euch im 50-m-Becken, in dem das Sprungbecken abgeteilt werden kann. Im Sommer werden die Türen zum Balkon und der Liegewiese geöffnet. Dort könnt ihr euch nicht nur sonnen, sondern auch Tischtennis spielen, klettern und rutschen.

Freibad am Kanal: Das Lister Bad

Am Lister Bad 1, 30179 Hannover-List. ✆ 0511/168-48266, Fax 616-22499 (Region Hannover). www.hannover.de. 52.12.6@hannover-stadt.de. **Bahn/Bus:** Stadtbahn 2 bis Vahrenheider Markt. **Auto:** A2 Ausfahrt 44 Langenhagen, Vahrenwalder Straße, links Sahlkamp, rechts Lister Damm. **Rad:** Peter-Strasser-Allee, Sahlkamp, Lister Damm. **Zeiten:** Mai – Aug Mo – Fr 6 – 20, Sa, So, Fei 8 – 20 Uhr. **Preise:** 2,50 €; Kinder 1,50 €.

▶ Beliebtes Ziel an heißen Sommertagen ist das Lister Freibad direkt am Mittellandkanal. Gleich zwei 50-m-Becken, einmal für Schwimmer, einmal für Nichtschwimmer, warten hier auf große und kleine Wasserratten. Ein Höhepunkt im wahrsten Sinne des Wortes ist der Sprungturm, von dem aus nicht nur aus 1, 3, 5 und 7,5 m ins separate Becken gehüpft werden darf, sondern sogar aus 10 m Höhe. Ins Nichtschwimmerbecken führt ebenso eine Rutsche wie ins Planschbecken. Bei kühlem Wetter könnt ihr von einer Wärmehalle aus direkt nach draußen schwimmen. Zu Aktivitäten rund um laden Beachvolleyballfeld, Tischtennisplatten und ein Spielplatz ein.

Volksbad Limmer

Stockhardtweg 6, 30453 Hannover-Limmer. ℅ 0511/2110108, Fax 9205753. www.volksbad-limmer.de. volksbad-limmer@gmx.de. **Bahn/Bus:** Stadtbahn 10 bis Limmer/Schleuse. **Auto:** A2 Ausfahrt Herrenhausen, B6 Am Leineufer, Westschnellweg Richtung Limmer, rechts Limmerstraße, rechts Wunstorfer Straße, rechts Stockhardtweg. **Rad:** Leine-Heide-Radweg. **Zeiten:** Mitte Mai – Anfang Sep täglich 7 – 20 Uhr. **Preise:** 2,50 €; Kinder 2 – 17 Jahre 1,50 €; Familie (1 Erw, 1 Kind) 3,60 €, (1 Erw, 2 Kinder) 4,90 €, (2 Erw, 1 Kind) 5,90 €, (2 Erw, 2 Kinder) 7,20 €. **Infos:** Geschäftsstelle: Fössebad, Liepmannstraße 7b, 30453 Hannover.

▶ Zwischen der Leine und dem Leine-Verbindungskanal liegt idyllisch im Grünen das Volksbad Limmer. Ins Nichtschwimmerbecken (22 mal 12 m) führt seit 2010 neben der geschwungenen roten Rutsche auch eine neue gelbe Variante, die etwas flacher ist und somit auch die Jüngeren begeistert. Im auf 23 Grad beheizten Wasser lässt sich auch an kühleren Sommertagen gut schwimmen. Das große Becken bietet dafür mit einer Länge von 50 m reichlich Platz. Auf dem Gelände gibt es auch einen Spielplatz, Tischtennisplatten, einen Kicker und einen Basketballkorb.

Wasserspiele im Fössebad

Liepmannstraße 7b, 30453 Hannover-Linden. ℅ 0511/2102108, Fax 9205753. www.foessebad.de. foessebad.hannover@htp-tel.de. **Bahn/Bus:** Stadtbahn 10, Bus 700 bis Wunstorfer Straße. **Auto:** Über Friedhofstraße. **Rad:** Radweg an der Fösse, Westinghouseweg. **Zeiten:** Hallenbad Mitte Sep – Ende April Mo, Do, Fr 6 – 18, Di 6 – 21.30, Sa 8 – 18, So 9 – 14 Uhr,

Mai – Aug Mo, Di, Do, Fr 6 – 20, Mi 12 – 20, Sa, So 8 – 20 Uhr, Freibad Mai – Aug Mo – Fr 6 – 20, Sa, So 8 – 20 Uhr. **Preise:** 3,20 €; Kinder 2 – 14 Jahre 1,90 €.

▶ Schon im 19. Jahrhundert schwamm man hier in einer Badeanstalt im Wasser der Fösse, einem kleinen Nebenfluss der Leine. 1960 wurde das Fössebad als kombiniertes Hallen- und Freibad eröffnet. Durch Modernisierung ist im Freibadbereich ein toller Wasserspielplatz entstanden. Dort könnt ihr matschen, pumpen und das nasse Element ordentlich zum Fließen bringen. Geschwommen wird auf 50 m Länge, ins Nichtschwimmerbecken führen zwei Rutschen. An sportlichen Aktivitäten stehen Tischtennis, Fußball und Volleyball zur Auswahl, außerdem könnt ihr Schach oder Mühle spielen.

Im Hallenbad gibt es ein 25 m langes Schwimmbecken, in das ihr auch per Sprungbrett eintauchen könnt. Auch für Nichtschwimmer ist mit einem 12,5 x 6 m großen Becken gesorgt.

Freibad Ricklinger Bad – Aegir Bad

Kneippweg 25, 30459 Hannover-Ricklingen. ✆ 0511/4104244, Fax 616-22499. www.hannover.de. badefuehrer@region-hannover.de. **Bahn/Bus:** Stadtbahn 3, 7, 17 bis Beekestraße. **Auto:** Südschnellweg bis B6 (Frankfurter Allee) bis Ricklinger Stadtweg, rechts, Beekestraße, An der Bauerwiese, links Kneippweg mit Parkplatz. **Rad:** Radweg durch die Leineaue, Karl-Thiele-Weg, rechts über Schwienbrücke, Düsternstraße, Beekestraße. **Zeiten:** Mai – Sep täglich 9 – 20 Uhr. **Preise:** 2,50 €; Kinder 1,50 €.

▶ Drei Becken und ein Kiesteich stehen im Ricklinger Bad zur Auswahl für den Sprung ins Wasser. Zum 50-m-Schwimmbecken gehören eine Sprunganlage mit Sprungbrettern in 1 und 3 m Höhe sowie ein Sprungturm von 5 m Höhe. Das Nichtschwimmerbecken ist stolze 43 x 20 m groß und besitzt genau wie das quadratische Planschbecken eine Rutsche. Ein Spielplatz mit Sandkiste und Kletterburg befindet

sich in Sichtweite dazu. Außerdem könnt ihr Tischtennis spielen oder zur Abwechslung im Teich baden.

© pmv, Foto: Kirsten Wagner

Annabad: Planschen in Kleefeld

Haubergstraße 17, 30625 Hannover-Kleefeld. ✆ 0511/559618, Fax 5331158. www.annabad.de. psv-hannover@t-online.de. **Bahn/Bus:** S5 bis Nackenberg, S4 bis Karl-Wiechert-Allee, Bus 123, 124. **Auto:** Karl-Wiechert-Allee. **Rad:** Durch die Eilenriede oder Hermann-Löns-Park. **Zeiten:** Mai – Sep Mo – Fr 6 – 20, Sa, So 8 – 20 Uhr. **Preise:** 2,50 €, 10er-Karte 21 €; Kinder 3 – 15 Jahre 1,50 €, 10er-Karte 12,50 €.

Taucherbrille auf und los geht's: Badespaß im Annabad

▶ Schon 1937 wurde das Annabad im gleichzeitig angelegten Hermann-Löns-Park eröffnet. Eine nostalgisch geschwungene Rutsche gibt es noch heute, ansonsten ist die Moderne längst eingezogen. Das Wasser wird auf 23 Grad beheizt, Sprungbretter erlauben das Eintauchen von oben und auf dem Trockenen geht es bei Beachvolleyball, Fußball und Tischtennis sportlich weiter. Auf dem Spielplatz könnt ihr im Kletterwürfel hangeln, in der Sandkiste buddeln, wippen und rutschen. Neben dem 50-m-Becken mit integriertem Nichtschwimmerteil laden ein weiteres Becken für Kinder mit einer Rutsche und ein rundes Planschbecken mit Wasserpilz zur Abkühlung ein.

 Ein 20-stündiger Schwimmkurs für Kinder ab 5 Jahre kostet 64 € plus Eintritt.

Im, am und auf dem Maschsee

▶ Dort, wo heute Enten schnattern, Ausflugsboote ihre Runden drehen und Menschen am Strand ein Sonnenbad nehmen, könnte sich auch ein Volkspark

mit Spazierwegen und Blumenbeeten erstrecken. Komische Vorstellung? Jahrhundertelang war die Leineaue Wiesenland und Überflutungsgebiet und wurde darum nicht bebaut. »See oder Park?« war dann viele Jahre lang die Frage, ehe sich Arthur Menge (1884 – 1965), Oberbürgermeister ab 1925, durchsetzte. 1934 bis 1936 entstand der Maschsee durch Eindeichung.

Strandbad Maschsee

Rudolf-von-Bennigsen-Ufer 83, 30519 Hannover-Südstadt. ✆ 0511/899797-00, Fax 899797-99. www.das-strandbad.de. hannover_mail@aspria.de. **Bahn/Bus:** Stadtbahn 1, 2 bis Döhrener Turm, Bus 267 bis Strandbad. **Auto:** Südschnellweg bis Schützenallee. **Rad:** Radweg am Maschsee. **Zeiten:** Mitte Mai – Aug täglich 10 – 20 Uhr. **Preise:** 2,30 €; Kinder bis 15 Jahre 1,40 €.

▶ Baden im Maschsee, das gehört zum Sommer in Hannover einfach dazu! Das Strandbad von 1937 wurde vom Aspria Sportclub übernommen und aufwändig saniert – unter den Auflagen des Denkmalschutzes. So könnt ihr im See planschen, im Sand buddeln oder es euch im ausgeliehenen Liegestuhl bequem machen. Am Haupteingang befindet sich der neue Kiosk, der euch mit Eis, Getränken und Snacks versorgt.

Segeln lernen auf dem Maschsee

Yachtschule Hannover, Hannes Bondesen, Rudolf-von-Bennigsen-Ufer 51, 30173 Hannover-Südstadt. ✆ 0511/882314, 8060534 (Segelschule), Fax 584635. www.yachtschule-hannover.de. info@yacht-schule-hannover.de. **Bahn/Bus:** Stadtbahn 1, 2, 8 bis Altenbekener Damm, Bus 267 bis Segelschule. **Auto:** Über Altenbekener Damm. **Rad:** Radweg am Maschsee. **Zeiten:** Neun Lehrgänge à 7 Nachmittage im Optimisten pro Jahr, 15.30 – 18.30 Uhr, in den Sommerferien 15 – 18 Uhr. **Preise:** Bootsverleih: Mo – Fr Tretboot 5 €,

Ruderboot 4 €, Segelboot 15 €, jeweils 1 Std für 1 – 2 Pers, jede weitere Person 1 €. Paddelboot 1 Pers 3 €, 2 Pers 4 €; Segelkurs Kinder 200 €.

▶ Segeln lernen mitten in Hannover? Das geht auf dem Maschsee. Nicht nur die Großen dürfen das, sondern auch Kinder zwischen 7 und 12 Jahre. In den Optimisten mit den rot-gelben Segeln lernt ihr an sieben Nachmittagen alles Notwendige an Theorie und natürlich Praxis. Im Optimisten könnt ihr wahrhaft guten Mute sein, denn er ist so gut wie unsinkbar. Wer Spaß am Segeln gefunden hat, kann weitere Kurse im etwas größeren Topper absolvieren und schließlich den Grundschein ablegen.

Mit dem Optimisten über den Maschsee

Maschsee Nord – Segelschule Hannover, Bandelstraße 13, 30171 Hannover-Südstadt. ℡ 0511/884940, Fax 2345549. Handy 0173/6726370. www.segelschule-hannover.de. info@maschseenord-segelschulehannover.de. **Bahn/Bus:** Bus 100, 200 bis Sprengel-Museum. **Auto:** Friedrichswall, Willy-Brandt-Allee. **Rad:** Radweg am Maschsee. **Zeiten:** Mai – Sep Optikurs 7 Nachmittage 15 – 18 Uhr und 4 x freies Übungssegeln, in den Sommerferien auch 10 – 13 Uhr möglich, Beginn jeweils So, Prüfung Sa der darauf folgenden Woche, auch Kompaktkurse nur Sa, So. **Preise:** Bootsverleih Tretboot 9,50 €, Ruderboot 10,50 €, jeweils bis zu 1 Std und für 1 – 2 Pers, jede weitere Pers 2 €. Segelboot 15 €; Optikurs 170 €.

▶ Blau-weiß-lila Streifen kennzeichnen die Optimisten der Segelschule Nord. Die Segelkurse für Kinder zwischen 7 und 12 Jahre finden an 7 Nachmittagen innerhalb von zwei

Hunger & Durst

Pier 51, Rudolf-von-Bennigsen-Ufer 51, Hannover. ℡ 0511/8071800. www.pier51.de. Täglich 12 – 24 Uhr. Mai – Sep mit Piergarten, wie der Biergarten hier forsch heißt.

Hoppla: Wer hat denn hier Vorfahrt?

© pmv, Foto: Kirsten Wagner

Hunger & Durst

Julian's Bar und Restaurant und **Grand Café Maschsee im Courtyard Hotel,** Arthur-Menge-Ufer 3, Hannover. ✆ 0511/36600-0. www.julians-restaurant.de. Täglich 6.30 – 1 Uhr. Hier werden auch Kochkurse für Kinder angeboten!

Hunger & Durst

So 10.30 Uhr ab Ostanleger Brunchfahrt. Tickets nur im Vorverkauf. 24 €, Kinder 4 – 12 Jahre 12 €.

Wochen statt, hinzukommen vier Termine zum Übungssegeln. An diesen vier Tagen dürfen die Eltern kostenlos rudern! In Theorie und Praxis lernt ihr eine Halse, ein Dreieck zu segeln und natürlich auch, wie man richtig kentert! Wer hat eigentlich Vorfahrt, wie kreuzt man und was ist ein Aufschießer? Nach bestandener Prüfung erhaltet ihr den Jüngsten-Segelschein!

Rundfahrt auf dem Maschsee

Rudolf-von-Bennigsen-Ufer, 30173 Hannover-Südstadt. ✆ 0511/70095-0 (Üstra Reisen), Fax 70095-37. Handy 0172/5415525 (Kapitän Lange). www.uestra-reisen.de. kontakt@uestra-reisen.de. **Bahn/Bus:** Bus 100, 200 bis Sprengel-Museum. **Auto:** Südschnellweg, Ausfahrt Döhren, Rudolf-von-Bennigsen-Ufer bis Nordufer Maschsee. **Rad:** Radweg am Maschsee. **Zeiten:** Karfreitag – Okt täglich 11 – 17, Sa, So bis 18 Uhr, HS 10 – 18 Uhr. **Preise:** Rundfahrt 6 €, Überfahrt 3 €; Kinder 4 – 12 Jahre Rundfahrt 3 €, Überfahrt 2 €; Familie 13 €.

▶ Vier Schiffe gehören zur Maschseeflotte, eines davon ist ein Solarboot. Es heißt *Europa-enercity* und ist an Sonntagnachmittagen im Linienverkehr unterwegs. Ihr könnt euch zum Beispiel vom Nord- ans Südufer bringen lassen oder zu einer Rundfahrt aufbrechen. Dann seid ihr nach rund 50 Minuten wieder

beim Ausgangspunkt. Die sechs Anleger heißen im Uhrzeigersinn: Nordufer/ Fackelträger, Ostufer/Altenbekener Damm, Strandbad/ Südufer, Quelle, Westanleger/Fährhaus und Stadion. Eine Überfahrt beinhaltet maximal 3 Haltestellen. An Bord schmecken Kuchen und Eis besonders lecker!

© pmv, Foto: Kirsten Wagner

Am Nordufer: Der berühmte Fackelläufer

Radeln & Skaten

Radtour vom Maschsee zum Messegelände

Länge: 7 km Streckentour. **Strecke:** Maschsee – Döhren – Mittelfeld – Messe. **Bahn/Bus:** ↗ Rundfahrt auf dem Maschsee.

▶ Start ist das Nordufer des Maschsees, Ziel das Messegelände, auf dem im Jahr 2000 die Welt zu Gast war, bei der EXPO nämlich. Davon zeugt noch heute einiges und das lässt sich anschauen! Am Rudolf-von-Bennigsen-Ufer geht es zunächst am Maschsee entlang nach Süden. Am Ende des **Maschsees** fahrt ihr geradeaus weiter unter der Bahn und dem Südschnellweg hindurch in die Schützenallee und den Stadtteil **Döhren** hinein. Am Ende wird die Brückstraße überquert, weiter geht es über die Frobösestraße in die Wollkämmerei und links in die Straße Am Uhrturm. Hier habt ihr schon die Hälfte der Strecke zurückgelegt (3,5 km). Bis in die 1970er Jahre gab es hier eine große Wollfabrik. Das Denkmal »Wolle-Widder« und der Uhrturm von 1909 erinnern noch daran. Rechts geht es weiter (Am Lindenhofe) und noch einmal rechts in die Wiehbergstraße, dann links in die Marthastraße und nach Überqueren der Hildesheimer Straße in die Garkenburgstraße. Sie bringt euch in den Stadtteil **Mittelfeld.** Rechts geht es nun über die Spittastraße direkt auf das **Messegelände.** Die *Allee der Vereinigten Bäume* mit 273 Baumarten aus allen Teilen der Welt ist in den Sommermonaten ebenso schön anzusehen wie die *Gärten im Wandel* auf dem Ost-Gelände. An der Plaza befindet sich ne-

@ Nützliche Links für Radler: www.fahrrad-hannover.de, www.adfc-hannover.de, www.han-nover-verkehr.de.

Wo geht's lang? Radwegweiser am Maschsee sorgen für Orientierung

Strandbad Maschsee 2,7
← Springe 32
Hemmingen 5,0
← Laatzen 12
Ricklinger Teiche 2,4
Zentrum 2,4 →
Stadion 1,0

© pmv. Foto: Kirsten Wagner

EXPOseeum, Expo-Plaza 11, Hannover. ☏ 0511/2284653. www.expo-seeum.de. So 11 – 16 Uhr. Ab 6 Jahren 1 €.

ben der TUI-Arena, dem Deutschen Pavillon und Bertelsmann Planet M das **EXPOseeum.** Dieses Museum ist sonntags geöffnet und zeigt z.B., was aus den Nationenpavillons geworden ist. Zurück geht es mit der Stadtbahn 8 oder auf dem gleichen Weg.

Von der Eilenriede zu den Ricklinger Teichen

Länge: 10 km Streckentour. **Strecke:** Lister Turm – Eilenriede – Kleefeld – Waldheim – Maschsee – Ricklinger Teiche. **Bahn/Bus:** Stadtbahn 3, 7, Bus 100, 200, 134 bis Lister Platz. **Auto:** Walderseestraße bis Lister Turm.

▶ Diese 10 km lange Radtour führt durch Hannovers grüne Inseln bis zum Maschsee und von dort weiter zu den Ricklinger Teichen. Unterwegs laden mehrere Spielplätze zum Austoben und Biergärten zur Einkehr ein. Ausgangspunkt ist der **Lister Turm.** An der Bernadotteallee beginnt auf der linken Seite der Radweg.

Gleich an mehreren Spielplätzen geht es durch die **Eilenriede** bis zum ↗ Steuerndieb, wo eine Einkehr möglich ist. Von hier folgt ihr dem Weg, der auf den Messeschnellweg zuführt, überquert diese Schnellstraße auf der Hohen Brücke und fahrt geradeaus weiter und am Ende rechts. Dieser Weg führt parallel zur Kleestraße nach Süden, stößt schließlich auf ebendiese: Ihr seid nun in **Kleefeld.** Unter der S-Bahn-Brücke hindurch wird die Scheidestraße überquert, an der Petrikirche geht es rechts vorbei über den Dörriesplatz. Hier kann man sowohl dem breiteren Radweg folgen wie auch dem Bischofsheider Weg und dem Senatorweg. Beide Varianten enden an der Bemeroder Landstraße beim **Hotel Bischofshol.** Dort geht es unter dem Messeschnellweg hindurch auf dem Radweg weiter. An der Wolfstraße im Stadtteil **Waldheim** wird erneut die S-Bahn unterquert, an der Ecke zur Mainzer Straße (mit Spielplatz) beginnt der Radweg, der am Döhrener Turm vorbei und durch die Grünanlage Vierthaler Teich zum ↗ **Maschsee** führt.

Fahrräder werden in Bus und Bahn kostenlos transportiert Mo – Fr 8.30 – 15 und ab 19 Uhr sowie Sa, So, Fei ganztägig.

Hunger & Durst
Waldwirtschaft Bischofshol, Bemeroder Straße 2, Hannover. ☏ 0511/95390-0. www.hotel-bischofshol.de. Täglich 10 – 23 Uhr. Biergarten, Waldbühne mit Jazz am So 12 – 15 Uhr.

Diesen umfahrt ihr südlich auf dem Karl-Thiele-Weg, biegt bald nach dem Strandbad links ab, fahrt nach der Unterführung geradeaus, überquert die Leine und habt nun rechts den *Dreiecksteich* vor euch, einen der **Ricklinger Teiche,** in dem ihr euch im Sommer erfrischen könnt.

Skaterundtour durch die Eilenriede

Länge: 5 km. **Bahn/Bus:** Lister Turm ↗ Von der Eilenriede zu den Ricklinger Teichen, Dörriesplatz: Stadtbahn 4, 5, 11 bis Clausewitzstraße. **Auto:** Dörriesplatz: Messeschnellweg Ausfahrt Pferdeturm, Richtung Kleefeld, gleich rechts. **Rad:** Radwege durch die Eilenriede.
▶ Zwei Rundstrecken in der Eilenriede sind für Skater besonders gut geeignet, weil sie durchgehend asphaltiert sind. Die eine führt vom Lister Turm zum **Steuerndieb,** südwärts Am Bauerngraben entlang und parallel zur Bernadotteallee wieder zum Lister Turm. Die Länge der Strecke beträgt etwa 5 km. Die zweite Skatetour beginnt am Dörriesplatz. Auf dem breiten Radweg geht es bis ↗ *Bischofshol,* dort wieder nordwärts und parallel zum Messeschnellweg zum Ausgangspunkt zurück.

Rund um die City auf dem Julius-Trip-Ring

Länge: 25 km Rundweg oder Teilstücke. **Strecke:** Maschsee – Herrenhausen – Hainholz – Vahrenwald – List – Eilenriede – Maschsee. **Bahn/Bus:** ↗ Strandbad Maschsee. **Infos:** Ein Faltblatt mit dem Wegeverlauf ist in der Tourist-Info erhältlich. Darauf sind alle Spielplätze am Wegesrand markiert.
▶ Der gut ausgeschilderte Rundweg um die City kann ganz nach Lust und Laune ganz oder in Teilen befahren werden, sodass auch jüngere Kinder in den Radelgenuss kommen können. Am **Strandbad Maschsee** geht es los in Richtung Leine, an der Maschseequelle vorbei zum Wehr, an der Papageienbrücke links und parallel zum Ferdinand-Wilhelm-Fricke-Weg

 Zwischen Mai und Sep finden mehrere Skate-Nächte statt. Termine unter http://hannover.skatebynight.de. Kosten: 2 €.

Hunger & Durst

Steuerndieb, Steuerndieb 1, Hannover. ℡ 0511/909960. www.steuerndieb.de. Di – Sa 11.30 – 15 und 18 – 22, So nur 11.30 – 15 Uhr.

__Julius Trip__ (1857 – 1907) war der erste Stadtgarten-Direktor von Hannover. Er gestaltete den Maschpark, einen Teil der Eilenriede und den Stadtfriedhof Stöcken.

Fahrradstation am Hauptbahnhof, Fernoder Straße 2, Hannover. ✆ 0511/ 353964-0. Mo – Fr 6 – 23, Sa, So 8 – 23 Uhr. Überdachter, bewachter Abstellplatz 1 € am Tag. Fahrradverleih 7,50 €/ Tag. Reparaturen.

weiter. Nun geht es am Ihme-Ufer bis zur Fährmannsinsel. Im **Strandleben** vor der Justus-Garten-Brücke (Engelbosteler Damm 30) bietet sich ebenso eine Pause an wie im **Gretchen** (im Kulturzentrum Faust, Zur Bettfedernfabrik 3) hinter der Brücke. Die Leine fließt nun rechts, doch an der nächsten Brücke mit dem schönen Namen Dornröschenbrücke radelt ihr auf die andere Seite und bleibt weiter am Ufer. Im **Biergarten Dornröschen** (In den Kämpen 54, täglich ab 14 Uhr) sitzt man in zwei Tischreihen direkt am Ufer. Die Straße In den Kämpen führt nun unter dem Westschnellweg hindurch. Links kommt das **Wehr Herrenhausen** in Sicht. Die Fischtreppe sorgt seit 1999 dafür, dass die schwimmenden Leinebewohner das Wehr passieren können. Die Wasserkunst bringt die Große Fontäne im Großen Garten zum Springen! Noch einmal geht es unter dem Westschnellweg hindurch, nach rechts In der Steintormasch, links An der Graft. Hier bieten sich Abstecher in die ↗ *Herrenhäuser Gärten* oder das ↗ *Sea Life* an.

Nach Überqueren der Herrenhäuser Straße geht es auf dem Burgweg weiter, über die Haltenhoffstraße hinweg, unter der S-Bahn hindurch und rechts auf den Niedersachsenring. Weiter geht es links über Rehagen und rechts in die Sorststraße, an der Schulenburger Landstraße ein Stück nach rechts, links in die Chamissostraße, noch einmal rechts (Voltmerstraße) zum **Hainhölzer Bad** (z.Zt. geschlossen). Gleich südlich vom Naturbad beginnt ein Radweg, dem schließlich der Hans-Meinecke-Weg parallel verläuft. Auf diesem geht es weiter. Nach Überqueren der Vahrenwalder Straße heißt der Weg wieder Niedersachsenring und geht schließlich in den Pastor-Jäckel-Weg über. Nach Passieren der Straße Am Listholze mündet der Weg in die Klopstockstraße, bis es rechts in die Raabestraße geht. Nun geht es in die **Eilenriede** hinein: rechts und gleich wieder links in den Grasweg, der am breiteren Radweg schließlich links zum ↗ *Steuerndieb* führt. Die Hohe Brücke führt über den Messeschnellweg und an der ↗ Waldstation vorbei. Auf der Kleestraße geht es weiter, am Eisstadion vorbei und weiter nach Bischofshol. Der weitere Abschnitt führt durch die vordere Eilenriede südlich der Alten Bult. Von hier bietet sich für reitfreudige Kinder ein Ausflug zum **Reiterhof Stolberg** an. Der Schlussspurt geht zum Döhrener Turm und weiter, bis der Ausgangspunkt am **Maschsee** erreicht ist.

Rund um den Maschsee

Länge: 6 km, leichte Tour. **Strecke:** Sprengel-Museum – Strandbad – AWD-Arena. **Bahn/Bus:** Stadtbahn 1, 2 bis Döhrener Turm, Bus 267 bis Strandbad. **Auto:** Südschnellweg bis Schützenallee. **Rad:** Radweg durch Eilenriede und Grünanlage Vierthaler Teich oder aus Ricklingen kommend über Schwienbrücke.

▶ Die 6 km lange Strecke um den Maschsee ist bei Radlern und Inlineskatern gleichermaßen beliebt. Auch jüngere Kinder können hier problemlos mitradeln! Den Start kann man an jede Stelle legen. Unterwegs lassen sich im ↗ Sprengel-Museum oder im ↗ Strandbad Pausen einlegen. Wer zur Abwechslung mal die Arme fordern will, leiht sich an einer der Segelschulen ein Ruderboot!

In den Herrenhäuser Gärten

Großer Garten und Berggarten

Herrenhäuser Straße 4, 30419 Hannover-Herrenhausen. ✆ 0511/168-47743, Fax 168-47374. www.herrenhaeuser-gaerten.de. herrenhaeuser-gaerten@hannover-stadt.de. **Bahn/Bus:** Stadtbahn 4, 5, Bus 136. **Auto:** A2 Ausfahrt Herrenhausen, B6 Ausfahrt Herrenhausen, Parkplatz Ost 4 Std 2 €, Parkplatz West frei. **Rad:** Grüner Ring, An der Graft. **Zeiten:** Großer Garten, Berggarten mit Schauhäusern ganzjährig ab 9 Uhr, Schließzeiten Mai – Aug 20 Uhr, im Winter früher; Grotte Ende Okt – März Sa, So, Fei bis 16 Uhr, April, Sep

 Reiterhof Stolberg, Lindemannallee 27, Hannover. ✆ 0172/5427050. www.reitstall-stolberg.de. Ponyreiten täglich 15 – 18 Uhr, in den Ferien ab 9 Uhr. 15 Min 3 €, 30 Min 5 €.

Am Maschsee-Nordufer beginnen die 15 Routen der Fahrradregion. Sie führen sternförmig in alle Richtungen zu den Vororten, weitere Infos unter www.hannover.de.

Schöner Kinder-
führer durch die
Herrenhäuser Gärten:
»Tobi in den Gärten« von
Kirsten John, Nicolai-
Verlag 2009. 14,95 €.

Hunger & Durst

Schlossküche, Alte
Herrenhäuser Straße 3,
Hannover. ✆ 0511/
2794940. www.schloss-
kueche-herrenhau-
sen.de. Mo – Fr ab 11,
Sa, So ab 9 Uhr, Jan,
Feb Mo Ruhetag. Bier-
garten 12 – 21 Uhr bei
schönem Wetter. Tobis
Kinderkarte: Pfann-
kuchen, Huhn, Fisch
u.v.m. Im Biergarten
Herzhaftes wie Brat-
wurst, Wrap und Ofen-
kartoffel.

**Spritzt weit in die Höhe:
Die Große Fontäne**

© Lili & Claudius, Jens Anders

täglich 9 – 18.30 Uhr, Mai – Aug 9 – 19.30 Uhr, Okt 9 –
17.30 Uhr, Infopavillon im Großen Garten Ende März –
Ende Okt täglich 11 – 18 Uhr. Wasserspiele im Großen
Garten Ende März – Ende Okt täglich 11 – 12, Mo – Fr
auch 15 – 17, Sa, So, Fei 14 – 17 Uhr. **Preise:** Ende
März – Ende Okt Großer Garten und Berggarten 5 €,
Ende Okt – Ende März 3,50 €; Kinder bis 12 Jahre frei,
Schüler ab 13 Jahre 3 €, Winter 1,50 €.

▶ Vier Parks gehören zu den Herrenhäuser Gärten
und jeder hat ein anderes Gesicht. Der **Große Garten**
wurde barock gestaltet, und zwar ab 1666. Solche
Barockgärten wurden geometrisch gestaltet und das
ist auch in Hannover schön zu sehen. Für Kinder interessant: Das *Heckenlabyrinth,* die *Große Fontäne*
und die *Grotte,* die von der französischen Künstlerin
Niki de Saint Phalle (1930 – 2002) mit bunten Nanas
und Spiegelscherben gestaltet wurde. Der mittlere
Raum symbolisiert Spiritualität, der linke Tag und Leben, der rechte Nacht und Kosmos. Ein Schloss gibt
es im Großen Garten nicht mehr, es wurde im Zweiten Weltkrieg zerstört, es bestehen aber Pläne, es
wieder aufzubauen.

Ganz anders präsentiert sich der **Berggarten**
(www.berggarten-hannover.de). Er ist ein botanischer
Garten mit vielen Beeten und Gewächshäusern, ursprünglich angelegt als Küchengarten für das
Schloss. Heute gibt es dort die größte Orchideen-
sammlung in Europa zu
sehen, viele Kakteen,
einen Prärie- und einen
Wüstengarten und das
Kanarenhaus mit Pflan-
zen der Kanarischen In-
seln. Das Zentrum bil-
det das *Paradies* mit
hunderten von Rhodo-
dendren und alten Bäu-
men wie einem Gingko
oder einer Sumpf-

zypresse. Im ehemaligen Regenwaldhaus am Eingang zum Berggarten, das heute das ↗ *Sea Life* beherbergt, strecken sich viele weitere tropische Pflanzen dem lichten Dach entgegen.

Für den Großen Garten und den Berggarten gibt es Gartenrallyes für drei Altersstufen (ab 5, 10, und ab 14 Jahre). Sie sind im Infopavillon bzw. im Winter an der Kasse Berggarten erhältlich (je 2,99 €) oder im Internet abrufbar. So macht der Spaziergang noch mal so viel Spaß!

Georgengarten und Welfengarten

Georgengarten/Welfengarten, 30167 Hannover-Herrenhausen. www.herrenhaeuser-gaerten.de. herrenhaeuser-gaerten@hannover-stadt.de. **Bahn/Bus:** Stadtbahn 4, 5 bis Schneiderberg/Wilhelm-Busch-Museum (Georgengarten) bzw. Leibnizuniversität (Welfengarten). **Auto:** Georgengarten: Königsworther Platz, Jägerstraße; Welfengarten: Nienburger Straße. **Rad:** Grüner Ring. **Zeiten:** frei zugänglich.

▶ Erst im 19. Jahrhundert wurde der **Georgengarten** in seiner heutigen Form als englischer Landschaftspark angelegt. Benannt wurde er nach *Georg IV.* von England und Hannover (1762 – 1830). Schöne Ausblicke bietet der Leibniz-Tempel, im Georgenpalais befindet sich das **Wilhelm-Busch-Museum.** An der Jägerstraße Richtung Königsworther Platz befindet sich ein Spielplatz. Von Mai bis Oktober könnt ihr auch Kutsche fahren. Eine halbe Stunde geht es durch den Georgengarten und ihr könnt euch wie Könige fühlen! Start ist am nördlichen Ende der Herrenhäuser Allee in der Nähe des Infopavillons, 15 € je Kutsche, maximal 4 Personen.

Der **Welfengarten** wird heute vor allem von Studenten bevölkert, denn das Welfenschloss in seinem Zentrum ist Sitz der Universität. Die Welfenfamilie um Georg V. hat hier übrigens nie gelebt, denn noch vor Fertigstellung des Gebäudes wurde Hannover von Preußen besetzt und annektiert. Georg floh nach

 Minigolf und Pit-Pat, Herrenhäuser Allee, In der Steintormasch 5, 30167 Hannover, ✆ 0171/4128761, www.minigolf-hannover.de, März – Okt Mo – Fr 13 – 22 Uhr, Sa, So 10 – 22 Uhr, Einlass bis 21 Uhr. 3,50 €, Kinder bis 12 Jahre 2,50 €. Im Georgengarten in der Nähe vom Wilhelm-Busch-Museum.

 Wilhelm-Busch-Museum: Deutsches Museum für Karikatur und kritische Grafik, Georgengarten 1, Hannover. ✆ 0511/169999-16. www.karikatur-museum.de. Di – So 11 – 18 Uhr. 4,50 €, Kinder 2,50 €, Familien 10 €.

Wien, seine Familie folgte ihm nach einem Zwischenaufenthalt auf Schloss Marienburg. Vor dem Welfenschloss steht das Niedersachsenross, eine Bronzestatue von *Albert Wolff* (1814 – 1892). Hat das Pferd eine merkwürdige Haltung? Das liegt daran, dass die Statue nach dem Vorbild der Löwenkämpfer gestaltet wurde, eine Plastik Wolffs, die vor dem Alten Museum in Berlin steht.

Klettern & Spielen

Erlebnishof WaKiTu: Wald-Kinder-Tummelplatz

Hohenzollernstraße 57, 30161 Hannover. ℡ 0511/ 620355, Fax 168-46430. www.erlebnishof-wakitu.de. 51.5@hannover-stadt.de. **Bahn/Bus:** Stadtbahn 3, 7 bis Lister Platz. **Auto:** Hans-Böckler-Allee, Berliner Allee, rechts Schiffgraben, links Emmichplatz, rechts Hohenzollernstraße mit Parkplätzen, zu Fuß gegenüber Oskar-Winter-Straße. **Rad:** Durch die Eilenriede. **Zeiten:** Gelände ganzjährig zugänglich, Mitarbeiter vor Ort: April – Okt Mo – Fr 11 – 19 Uhr, Nov – März Mo – Fr 11 – 17 Uhr, Termine ab 15 Uhr: Mo Gitarre, Di Holzwerkstatt, Mi Stockbrotbacken, Fahrradwerkstatt, Do Mädchengruppe, Fr Holzwerkstatt.

 Minigolf Eilenriede (beim WaKiTu), Hohenzollernstraße/Wedekindstraße, Hannover. ℡ 0173/ 7398100. Mo – Fr 13 – 20, Sa 12 – 20, So 10 – 20 Uhr. 2,50 €, Kinder bis 14 Jahre 1,50 €.

▶ Schaukeln, rutschen, klettern und balancieren macht im Wald mehr Spaß als auf einem Spielplatz zwischen Häuserschluchten. Auf dem WaKiTu in der Eilenriede sind dafür auf einem tollen großen Gelände ein Spielschiff mit Rutsche, ein Karussell, eine Nestschaukel, ein Kletternetz, eine Riesensandkiste und vieles mehr vorhanden. Ihr könnt im Wasser matschen, bolzen oder Tischtennis spielen. Ab mittags kann das Haus mit den dort befindlichen Spielgeräten ebenfalls benutzt werden. Mittwochs ab 15 Uhr gibt es Stockbrot am Lagerfeuer! Weitere betreute Angebote sind die Fahrrad- und die Holzwerkstatt, Basteln, Kochen und eine Mädchengruppe. Verpfle-

gung gibt es am **Knus-
perhäuschen** (täglich
9 – 18 Uhr, mit Toilet-
te).

Happy Family Park am Maschsee

Ferdinand-Wilhelm-Fri-
cke-Weg 4, 30169 Han-
nover-Calenberger Neu-
stadt. ✆ 0511/

© pmv, Foto: Kirsten Wagner, aus: Harz mit Kindern

2280440, Fax 375020. www.happy-family-park.de.
christelhuebsch@gmx.de. **Bahn/Bus:** Stadtbahn 3, 7,
17 bis Fischerhof/Fachhochschule, Bus 131, 132.
Auto: Ritter-Brüning-Straße, Stadionbrücke bis AWD-
Arena/Sportpark. **Rad:** Radweg am Maschsee. **Zeiten:**
Ende April – Okt Fr – So, Fei, Ferien 11 – 19 Uhr. **Preise:** Tageskarte inkl. Minigolf 3 €; Kinder ab 2 Jahre 7 €,
extra: Minibikes, Minicars und Kinderquad 1 Chip 1 €,
8 Chips 5 €, 20 Chips 10 €.

▶ Um in Hannover Karussell und Autoscooter zu fahren, ist kein Jahrmarkt nötig, denn es gibt ja den Happy Family Park. Mitten in der Stadt geht es in der
Sommersaison hoch her auf Trampolinen, Hüpfburgen, Kinder-Quads und Minibooten auf einem
See. Bällchenbad, Kletterlabyrinth mit Rutsche, Bungee-Trampolin und Ballkanonen lassen keine Langeweile aufkommen. Manchmal kommt auch der Kas-
per zu Besuch, und wenn es richtig heiß ist, könnt ihr
euch im kleinen Pool abkühlen.

Seilgarten in der Eilenriede

Hohenzollernstraße 57, 30177 Hannover-Zoo.
✆ 0511/6966003, Fax 391047. www.seilgarten-han-
nover.de. info@seilgarten-hannover.de. **Bahn/Bus:**
Stadtbahn 3, 7, Bus 132 bis Lister Platz, zu Fuß gegenüber Oskar-Winter-Straße in die Eilenriede. **Auto:** Hans-
Böckler-Allee, Berliner Allee, rechts Schiffgraben, links

**Drunter und drüber:
Hängepartie auf dem
Spielplatz**

Happy Birthday!
Kindergeburtstag 12 €
je Kind inklusive Menü.

 Mittwoch ist
Familientag:
Kinder zahlen 5 € inkl.
5 x Minicars oder Mini-
boote und Getränk.

HANNOVER

Happy Birthday!

Kindergeburtstag 150 €
für bis zu 10 Kinder ab
9 Jahre.

Eilenriede ist ab-
geleitet von dem
Wort Ellernried. Eller bedeutet Erle, Ried »feuch-
ter Wald«.

Emmichplatz, rechts Hohenzollernstraße mit Parkplätzen. **Rad:** Durch die Eilenriede. **Zeiten:** Ostern bis Okt.
Preise: Kletterworkshop, FerienCard-Aktionen, Familienklettern 8 €, Kinder und Jugendliche 5 €, Kleingrup-
pen nach Absprache 60 – 80 €, Gruppenpreise für
Schulklassen und Jugendgruppen.

▶ Die Höhenluft der **Eilenriede** lässt sich im Seilgarten am Wakitu erkunden! Dort laden 31 Elemente
wie das High Y oder die Swinging Bridge zum Klettern
zwischen den Bäumen ein. Beim mehrmals im Jahr
angebotenen Familienklettern kommen Eltern und
Kinder ebenso auf ihre Kosten wie bei den Ferien-
cardaktionen. Diese richten sich vor allem an die Kinder, doch Mama und Papa dürfen
mitklettern, wenn sie wollen. In
einer Höhe von 5 bis 15 m geht
es durch den Parcours. Euren
Kindergeburtstag könnt ihr ebenfalls auf Dschungelbrücke und
Flying Fox verlegen! Für Schulklassen und andere Gruppen hat
der Seilgarten mehrere Angebote
im Programm, bei denen es vor
allem um Teamarbeit geht. Nur
wer zusammenhält, kommt weiter. Das Mindestalter für den Seilgarten beträgt 9 Jahre!

© Seilgarten Eilenriede

Paradies für kleine
Klettermaxe: Seilgarten
Eilenriede

Kletterhalle escaladrome Bloc:werk

Am Mittelfelde 39, 30519 Hannover-Mittelfeld.
✆ 0511/47564-44, Fax 47564-45. www.escaladro-
me.de. info@escaladrome.de. **Bahn/Bus:** Stadtbahn 1,
2 bis Dorfstraße, Bus 124 bis Claudiusstraße. **Auto:**
Messeschnellweg bis Ausfahrt Mittelfeld, Garkenburg-
straße, 1. Straße links (Spittastraße), 1. rechts.
Zeiten: Mo – Fr 13 – 23, Sa 11 – 20, So 11 – 23 Uhr.
Preise: Tageskarte 9,50 €; Kinder bis 12 Jahre 6,50 €,
Schüler 8 €, Kinderkletterkurse 10 Einheiten 90 €, 15
Einheiten 135 €.

▶ Im escaladrome wird nicht einfach geklettert, hier wird gebouldert! Dabei wird ohne Sicherung geklettert, dafür aber in Absprunghöhe. Unten liegen Matten, sodass man weich fällt, wenn man doch mal den Haltegriff losgelassen hat. Wie an anderen Kletterwänden führen Routen mit verschiedenen Schwierigkeitsgraden durch die Halle, die einst zum Eisenwerk Wülfel gehörte. 300 qm Kletterwände wurden mit 2000 Griffen ausgestattet, deren Farben den Weg anzeigen. Mit einer Tageskarte kann die ganze Familie einfach drauflos klettern, es gibt aber auch spezielle Kurse für Kinder. Die Kletterclubs für Kids ab 6 Jahre starten jeweils nach den Ferien. Jüngere Kinder können am Junior-Club teilnehmen, ab 9 geht es in den Boulder-Club. Das Escaladrome bietet außerdem FerienCard-Aktionen an. Daran können auch Kinder teilnehmen, die nicht in Hannover wohnen, Anmeldung erforderlich. Nur mal reinschnuppern? Freitags ab 19 Uhr für alle Altersgruppen (45 Min 15 €).

FerienCard erhältlich über das Haus der Jugend, Maschstraße 22 – 24, 30169 Hannover, ✆ 0511/168-44394, Fax 168-46520, feriencard@hannover-stadt.de, www.hannover.de.

Tumultus Spielpark

Lohweg 2, 30559 Hannover-Anderten. ✆ 0511/260911-90, Fax -99. www.tumultus-spielpark.de. info@tumultus-spielpark.de. **Bahn/Bus:** S-Bahn 6, 7 bis Anderten-Misburg; Bus 125 bis S-Bhf. **Auto:** Südschnellweg Ausfahrt Anderten, Höversche Straße, 2. Straße rechts. **Zeiten:** Mo – Do 14.30 – 19, Fr 14.30 – 20, Sa, Ferien 10 – 20, So, Fei 10 – 19 Uhr. **Preise:** 5 €; Kinder ab 2 Jahre 4 €, ab 3 – 13 Jahre 7,50 €; Ermäßigungen ab 17.30 Uhr.

Freitag ist Familientag. 2 Erw und 2 Kinder zahlen zusammen nur 15 € Eintritt.

▶ Meer oder Dschungel? Das ist die Frage im Tumultus! Wal-Hüpfburg, Kletterlabyrinth über drei Ebenen, Kartbahn, Kletterwand, Trampoline und Soccerfeld gehören zum ersten Bereich, Dschungel-Run, Tischtennis, Minigolf, Kicker und Air-Hockey zum anderen. Genug Zeit sollte man also mitbringen, um alle Attraktionen auszuprobieren. Für Kleinkinder ist ein Bereich mit Riesenbausteinen und Bällchenbad vorhanden, Eltern freuen sich über das Restaurant.

Eislaufen

Eisstadion am Pferdeturm

Am Pferdeturm 7, 30625 Hannover-Kleefeld. ✆ 0511/550200, Fax 557375. www.eisstadion-am-pferdeturm.de. info@eisstadion-am-pferdeturm.de. **Bahn/Bus:** Messeschnellweg Ausfahrt Pferdeturm, Richtung Kleefeld, gleich links in die Kleestraße. **Auto:** Stadtbahn 4, 5, 11 bis Clausewitzstraße. **Rad:** Durch die Eilenriede. **Zeiten:** Okt – März Mo – Fr 10 – 13 und 15 – 17 Uhr, Di auch 20 – 22 Uhr, Do Disco 19 – 22 Uhr, Sa, So 10 – 12 und 15 – 17.30 Uhr. **Preise:** 3,50 €; Kinder bis 17 Jahre 2,50 €; Schlittschuhverleih 3 €, Discolauf 5 €.

*Das **Eisstadion** wurde 1959 zunächst offen errichtet, 1978 wurde die Anlage überdacht. Nebenan steht der namengebende Pferdeturm, der zur Hannoverschen Landwehr gehörte.*

▶ Auch wenn der Maschsee nicht zugefroren ist, muss man in Hannover nicht aufs Schlittschuhlaufen verzichten. Im Eisstadion am Pferdeturm könnt ihr zwischen Oktober und März erste Schritte auf dem Eis wagen oder schon waghalsige Pirouetten drehen. Viel Spaß macht es auch, beim Oldie Sternenlauf oder Discolauf zu fetzigen Rhythmen die Kufen zu schwingen. Eishockeyfans kommen bei Spielen der *Hannover Indians* (www.hannover-indians.de) auf ihre Kosten. Wer selber Indianer wird, kann im Verein Eishockey und Eiskunstlauf lernen oder die Eislaufschule besuchen. Infos unter www.ech-ev.de.

UMWELT ER-FORSCHEN

Happy Birthday!

Kindergeburtstags-Angebote: 45 – 115 € plus Eintritt 6,50 €. Privatführung zum Lieblingstier: 109 € inklusive Tagesticket (Tier-Rendezvous).

Tiere erleben

Erlebnis-Zoo Hannover

Adenaueralle 3, 30175 Hannover-Zoo. ✆ 0511/28074-163, Fax 28074-156. www.zoo-hannover.de. info@zoo-hannover.de. **Bahn/Bus:** Bus 128, 134, U11. **Auto:** A2 bis Kreuz Buchholz, Messeschnellweg bis Ausfahrt Zoo, Hans-Böckler-Allee, Clausewitzstraße, Parkplätze am Zoo 3,50 €, weitere am HCC. **Rad:** Durch die Eilenriede. **Zeiten:** März – Okt Mo – So 9 – 18 Uhr, Nov – Feb Mo – So 10 – 16 Uhr. **Preise:** April –

Okt 23 €, Nov – März 16 €; Kinder 3 – 5 Jahre 13 €, Nov – März 10 €, 6 – 17 Jahre 16 €, Nov – März 13 €.

▶ Auf Augenhöhe mit der Giraffe, auf Du und Du mit dem Pelikan, fast in Reichweite von Schimpanse und Erdmännchen und nur durch eine Glasscheibe vom sibirischen Tiger getrennt – so ermöglicht der Zoo in Hannover ganz andere Einblicke in das Leben der Tiere als es ein herkömmlicher Zoo mit Gitterstäben und engen Gehegen kann. Die Besucher unternehmen eine Reise um die Welt, wenn sie in Sambesi Antilopen beobachten, bei einer Bootstour Nilpferde erleben, im Dschungelpalast Indiens Tierwelt kennen lernen oder auf dem Gorillaberg die großen Menschenaffen anschauen. Nicht nur exotische Tiere sind im Zoo zu Hause, sondern auch heimische Haustierrassen, die zum Teil vom Aussterben bedroht sind. Auf *Meyers Hof* fühlen sich die Kühe, Schweine und Hühner pudelwohl. Nebenan lockt *Mullewapp* mit der großen Streichelwiese. 2010 wurde die *Yukon Bay* eröffnet, in der nun Eisbär, Pinguin & Co eine nordische Heimat haben. Mehrere Spielplätze und eine Sommerrodelbahn sorgen für sportliche Abwechslung beim Zoobesuch. Nicht verpassen solltet ihr die Shows. Da ist »Tierisch was los«, zeigen Elefanten kleine Kunststücke und Bauer Meyer lässt die Wiese vor seinem Hof von Vierbeinern bevölkern.

© Erlebnis-Zoo Hannover

Auge in Auge mit dem Eisbären: Im Yukon Bay

Auch in der kalten Jahreszeit ist der Zoo geöffnet und zwischen Ende November und Mitte Januar lockt ein Winter-Wunderland auf Rodel- und Eisbahnen.

Sea Life: Tropische Unterwasserwelt in Hannover

Herrenhäuser Straße 4a, 30419 Hannover-Herrenhausen. ✆ 0511/12330-0, Fax 12330-27. www.visitsealife.com. hannover@sealife.de. **Bahn/Bus:** U4, U5 bis Herrenhäuser Gärten. **Auto:** A2 Ausfahrt Herrenhausen, B6 Richtung Herrenhäuser Gärten. **Rad:** Grüner Ring (Burgweg). **Zeiten:** Mo – So 10 – 18.30 Uhr (Ein-

***Sea Life Hanno-
ver** in Zahlen:
30 Becken, 5000 Tiere in
100 Arten.*

lass bis 17.30 Uhr), Nov – Feb Mo – Fr 10 – 17.30 Uhr.
Preise: 14,50 €; Kinder 3 – 14 Jahre 9,95 €; Aktions-
karten übers Internet verfügbar, Kombikarten mit Herrenhäuser Gärten.

▶ Mitten durch die Tiefsee führt euer Weg und ihr
werdet nicht einmal nass dabei! Ein Glastunnel
durchquert nämlich das riesige Ozeanbecken im Sea
Life Hannover. Es fasst 300.000 Liter Wasser – so
viel wie mehr als 2100 Badewannen – und ist die
Heimat zahlreicher Meeresschildkröten, Kuhnasen-
rochen und Schwarzspitzenriffhaie. Beim Gang durch
das ehemalige Regenwaldhaus im Berggarten reist
ihr von der heimatlicher Leine über den Nil in Nord-
afrika bis zum Amazonas in Südamerika und begegnet dabei natürlich den jeweiligen Flussbewohnern.
Sogar anfassen dürft ihr ein paar der Meerestiere.
Dafür gibt es ein Berührungsbecken mit Krebsen,
Garnelen und Seesternen. Wer traut sich? Nach dem
weiteren Gang durch den tropischen Pflanzendom endet die Reise im Bistro, in dem ihr euch stärken
könnt.

Der Tiergarten

Tiergartenstraße, 30559 Hannover-Kirchrode.
✆ 0511/526653, Fax 168-48215 (Fachbereich Umwelt
und Stadtgrün). www.hannover.de. 67@hannover-
stadt.de. **Bahn/Bus:** Stadtbahn 5, Bus 370 bis Tiergarten. **Auto:** Südschnellweg Ausfahrt Anderten, über
Lehrter Straße, Parkplatz auf Höhe Tiergartenstraße
117 beim Queens Hotel. **Rad:** Grüner Ring am Land-
wehrgraben. **Zeiten:** 7 Uhr bis zur Dämmerung, Nov,
Dez ab 11.30 Uhr. **Preise:** Eintritt frei. **Infos:** Hunde
haben keinen Zutritt, Radfahren ist nicht gestattet.

Tiergartenfest
am 2. Sa im Ok-
tober mit Spiel- und Mit-
machangeboten sowie
einem Laternenumzug.

▶ Herzog *Johann Friedrich von Braunschweig-Calen-
berg* (1625 – 1679) ließ den Wald in Kirchrode mit
einem Gatter versehen und legte so den Grundstein
für den heutigen Tiergarten. Damals fanden hier
prunkvolle Hof- und später Staatsjagden statt. Es
gibt zwei große Gehege für Wildschweine und Rotwild

sowie eine Voliere für verschiedene Vögel. Vor allem aber leben Rehe und Damwild in dem 113 Hektar großen Gebiet mit altem Baumbestand. Ohne Zaun können sie hautnah beobachtet werden. Wer sich ruhig verhält, kann sie aus wenigen Metern Entfernung anschauen und bekommt vielleicht auch Eichhörnchen, Hasen und zahlreiche Vögel zu Gesicht.

Am Haupteingang gibt es einen **Spielplatz** mit Rutsche, Karussell, Schaukel, Wippe und Spielhaus. Dort steht auch die 650 Jahre alte Märcheneiche. Vier Nebeneingänge führen vom Heideviertel, dem Hermann-Löns-Park, von der Mardalwiese und von Anderten aus ebenfalls in den Tiergarten.

Himmel & Erde erkunden

KUH – Kinderuni Hannover

30159 Hannover. www.kinderuni-hannover.de. wiese@pressestelle.uni-hannover.de. **Zeiten:** Nov – Jan fünf Dienstage 17.15 Uhr. **Preise:** kostenlos.

▶ Warum gibt es Zwillinge und Drillinge? Wie entstehen Tsunamis? Was ist eigentlich Energie? Auf solche spannenden Fragen erhaltet ihr Antworten bei der KUH, das ist nämlich die KinderUni Hannover. Fünf Hochschulen der Stadt haben sich zusammengetan, um euch Einblicke in die Welt der Hörsäle und Professoren zu geben. Jeder der fünf Termine eines Semesters findet an einer anderen Hochschule statt: in der Medizinischen Hochschule, der Leibniz-Universität, der Fachhochschule, der Tierärztlichen Hochschule und in der Hochschule für Musik und Theater. Themen, Termine und Veranstaltungsorte erfahrt ihr auf der Internetseite der KUH.

Mit Lili und Claudius durch Hannovers Parks

Büro für Naturetainment, Stöckener Straße 125, 30419 Hannover. ℂ 0511/2281471, Fax 2281472.

Hunger & Durst

Tiergartenschänke,
Tiergartenstraße 119, Hannover. ℂ 0511/512056. www.tiergarten-hannover.de. Mo – Sa 16 – 24, So 11.30 – 22, Mo, Di 12 – 14.30 Uhr. Mit Biergarten.

@ Infos: www.mh-hannover.de, www.uni-hannover.de, www.fh-hannover.de, www.tiho-hannover.de, www.hmt-hannover.de.

@ Angebote für Erwachsene unter www.gaerten-zeit.de.

www.lili-claudius.de. info@lili-claudius.de. **Bahn/Bus:**
↗ Herrenhäuser Gärten. **Zeiten:** Termine laut Veranstal-
tungskalender oder nach Anmeldung, Büro Mo – Fr 9 –
13 Uhr. **Preise:** z.B. Fledermausführung 6,50 € je Teil-
nehmer, Taschenlampenführung Großer Garten 6,50 €,
Kompass-Rallye 4,50 €, Gartenzwergtour 7,50 € je
Kind, Eltern frei, Piratenstege und Wackelbrücken (Seil-
Klettern) 12.50 €.

▶ Mit *Lili Löwenmaul* und *Claudius Immergrün* lassen
sich die Parks in Hannover auf besonders spannende
Weise entdecken. Da kann man Fledermäuse in der
Eilenriede beobachten, den Frühling im Berggarten
suchen oder auf Gartenzwergtour gehen. Unzählige
Angebote halten die Naturonauten bereit. Termine für
Familien werden veröffentlicht auf http://lili-claudi-
us.over-blog.de. Schulklassen, Kindergeburtstags-
gruppen oder Kindergärten können eine Reihe von
weiteren Führungen buchen, z.B. eine Kompass-Rallye, Seilklettern und Teamarbeit in der Natur.

Kinderwald Hannover

Mecklenheider Forst, 30419 Hannover-Vinnhorst.
✆ 0511/168-42606 (Fachbereich Umwelt und Stadtgrün), Fax 168-42914 (Stadt Hannover). www.kinder-
wald.de. kinderwald@hannover-stadt.de. **Bahn/Bus:**
Bus 490, 491 bis Stelinger Straße/Mittellandkanal
(Fußweg 1 km) oder Stadtbahn 6 bis Nordhafen (Fußweg 2 km). **Auto:** A2 Ausfahrt Herrenhausen, links
Mecklenheidestraße, links Stelinger Straße, Fußweg direkt hinter dem Mittellandkanal rechts. **Rad:** Durch den
Mecklenheider Forst ab Schulenburger Landstraße oder
am Grünen Ring am Mittellandkanal entlang. **Preise:**
Eintritt frei, Kindergruppe 4 € pro Treffen, Geländewerk-
statt 2 €.

▶ Ein eigener Wald für Kinder – so etwas Tolles gibt
es in Hannover! Nahe dem Mecklenheider Forst wurden viele Bäume und Sträucher angepflanzt, um aus
einer ungenutzten Fläche am Mittellandkanal einen
Wald wachsen zu lassen. Bei der Gestaltung durften

© pmv, Foto: Kirsten Wagner

Kinder ein gewichtiges Wort mitreden. So gibt es jetzt eine Taka-Tuka-Insel, ein Amphitheater, eine Bobbahn und ein Forscherband. Zur Luna-Luna-Insel kommt ihr auch per Seilfähre. Doch nicht nur für einen Familienausflug bietet sich der Kinderwald an. Es gibt auch jede Menge Gruppen, die sich regelmäßig treffen, zum Beispiel eine Kinder- und eine Jugendgruppe sowie die Kinderwald-Chöre des Liedermachers *Unmada.* Bei Familienaktionen könnt ihr Weidentipis bauen oder als Naturforscher unterwegs sein. Im Laufe des Jahres geht es fröhlich zu beim Frühlings-, Sommer- und Lichterfest.

© pmv, Foto: Kirsten Wagner

Hier könnt ihr matschen, so viel ihr wollt: Auf der Taka-Tuka-Insel

@ Auf der Homepage des Kinderwalds findet ihr unter Kinderkram eine Rallye.

Waldstation Eilenriede
Kleestraße 81, 30625 Hannover-Kleefeld. ✆ 0511/5331181, Fax 168-48215. www.waldstation-eilenriede.de. 67.7-waldstation@hannover-stadt.de. **Bahn/Bus:** Stadtbahn 4, 5, Bus 127, 137 bis Kantplatz, Fußweg 5 Min parallel zur Kleestraße. **Auto:** Pferdeturm, hinter dem Eisstadion links. **Rad:** Durch die Eilenriede, am Steuerndieb über die Hohe Brücke. **Zeiten:** März – Okt So, Fei 10 – 18 Uhr, Ende Oster- bis Anfang Herbstferien auch Mo – Do 8.30 – 16.30 Uhr, übrige Zeit Di – Do 10 – 15 Uhr (Oster- und Herbstferien geschlossen). **Preise:** Eintritt frei, Turm 1 € pro Person ab 3 Jahre, Broschüre zu den Stationen 2 €, Führung 3 €; Kinderführung 2 €.

▶ Wollt ihr *Elli Eichhorn* kennen lernen? Sie ist nicht nur das Maskottchen der Waldstation, sondern auch Hausmeisterin im Wald-Hochhaus. Der 2010 eröffnete Turm bietet mehr als gute Aussichten. Vom Keller bis zum Dachgeschoss begegnet ihr den Bewohnern,

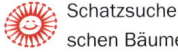

Schatzsuche zwischen Bäumen, Wildkräuter sammeln, Basteln mit Papier oder Müll – oder gar ein Überlebenstraining im Wald? Im Jahresprogramm der Waldstation finden sich tolle Angebote, auch für Erwachsene!

© pmv, Foto: Kirsten Wagner

Achtung Ameisen! Hier haben die kleinen Waldbewohner Vorfahrt

@ Mehr über Linden unter www.linden-entdecken.de und www.lebensraum-linden.de.

🦉 *Karoline Herschel entdeckte acht Kometen, ihr Bruder Friedrich Wilhelm den Planeten Uranus (1781). Die Geschwister stammten aus Hannover.*

so wie sie auch im Wald in unterschiedlichen Höhen leben. Dazu gibt es verschiedene Erlebnisstationen. Wer alles im Hochhaus wohnt, erfahrt ihr bereits am Eingang: Ihr könnt bei den Bewohnern klingeln und in ihre Briefkästen schauen!

Doch nicht nur der Aufstieg in die Höhe lohnt in der Waldstation, auch am Boden gibt es viel zu erkunden. 19 Stationen laden auf dem Gelände zum Mitmachen ein. Hilfreich ist dabei die Broschüre, die im Eingangsgebäude erhältlich ist. Ihr könnt Spuren verfolgen, Iltisse beobachten, den Einkaufswagen von Elli bestaunen und am Lauschplatz die Ohren aufsperren.

Volkssternwarte Geschwister Herschel

Am Lindener Berge 27, 30449 Hannover-Linden. ☎ 0511/456290, Fax 456290. www.sternwarte-hannover.de. info@sternwarte-hannover.de. **Bahn/Bus:** Bus 100, 200. **Auto:** Westschnellweg bis Deisterplatzkreisel, Bornumer Straße, rechts Am Spielfelde, links Am Lindener Berge. **Rad:** Am Ihlpohl, Badenstedter Straße. **Zeiten:** Beobachtungsabende Aug – Mai Do ab 20 Uhr, Vorträge einmal im Monat Do Abend, Führungen für Gruppen nach Vereinbarung. **Preise:** kostenfrei.

▶ Wollt ihr den Sternen am Himmel einmal ganz nah sein? Hinbringen kann euch die Sternwarte in Linden natürlich nicht, aber die Teleskope auf dem Dach des Lindener Wasserbehälters lassen die Himmelskörper zumindest viel näher erscheinen als sie mit bloßem Auge erkennbar wären. Jeden Donnerstagabend habt ihr die Möglichkeit zur Himmelsbeobachtung, außer im Juni und Juli, denn dann ist es zu hell. Ist es bewölkt und darum nicht viel zu sehen, kann auf Wunsch eine Führung durch die Sternwarte erfolgen. Einmal monatlich wird zudem ein Vortrag angeboten, in dem die unendlichen Weiten unseres Alls Thema sind.

Unterwegs in der Stadt

Kinder-Führung: Hannover ganz cool

Tourist Info, Ernst-August-Platz 8, 30159 Hannover.
✆ 0511/12345-111, www.hannover.de. info@hanno-ver-tourismus.de. **Bahn/Bus:** Stadtbahn 3, 7, 9, 17 bis Markthalle. **Auto:** Cityring, Parkhaus Altstadt/Schmie-destraße. **Zeiten:** Oster-, Sommer-, Herbstferien Do 11.30 Uhr. **Preise:** 5 € pro Person.

▶ Treffpunkt der coolen Stadtführung für Kinder ab 8 Jahre ist der Brunnen am **Alten Rathaus.** Von hier aus lassen sich die Besonderheiten der **Marktkirche** gut studieren, ehe es hinein geht in den Backstein-bau. Sogar in den sonst gut gesicherten Bereich am und hinter dem Altar dürft ihr mit der Stadtführerin. Anschließend erfahrt ihr am Alten Rathaus, was das Ludenziehen ist und warum es dort eine Gerichtslau-

▶ Butterkekse hat wohl jeder schon mal gegessen. Das Original stammt aus der Keksfabrik Bahlsen, die 1889 von *Hermann Bahlsen* (1859 – 1919) ge-gründet wurde. Er suchte einen präg-

ZÄHNE IM KEKS

nanten Namen für seine Hannoveraner »Butter-Cakes«, ähnlich wie die Mozart-Kugel für Salz-burg. Weil *Gottfried Wilhelm Leibniz* (1646 – 1716) nicht nur ein anerkannter Philosoph und Mathematiker war, sondern auch in Hannover gelebt hatte, fiel die Wahl auf den Namen Leib-niz-Keks. Der Werbeslogan 1898 lautete: »Was isst die Menschheit unterwegs? Na selbstver-ständlich Leibniz Cakes!« Unverwechselbar ist der Bahlsen-Butterkeks durch seine 52 Zähne. Das könnt ihr nachzählen!
1911 wurde übrigens aus den *Cakes* der Keks und im gleichen Jahr nahm der Duden das neue Wort in seinen Katalog auf. ◀

🍎 In den Bahlsen-Fabrikläden gibt es die leckeren Köst-lichkeiten zu verbillig-ten Preisen. In Hanno-ver finden sich die Ge-schäfte in der Lister Straße 13 und Sutel-straße 54, in Langen-hagen in der Walsroder Straße 194, in Bar-singhausen in der Her-mann-Bahlsen-Straße 2. Öffnungszeiten je-weils Mo – Fr 9 – 18, Sa 9 – 13 Uhr.

Wichtige Aufgabe für Jakob: Er darf den Kompass tragen

be gibt. Weiter geht es zur historischen **Traditions-insel** mit dem Leibnizhaus und dem Leibnizbrunnen. Wer an dem Rad dreht, darf sich etwas wünschen! An der **Leine** gibt es schließlich nicht nur die bunten Nanas zu sehen, sondern auch ein weniger farbenfrohes Kunstobjekt aus Schrott. Was es damit wohl auf sich hat? Nun aber geht es zum **Neuen Rathaus.** Im Inneren wird an den vier Stadtmodellen die Entwicklung von Hannover gezeigt, ehe der Höhepunkt naht: die Fahrt mit dem schrägen Aufzug! Oben hat man einen tollen Rundblick über die Stadt. Mützen festhalten, es weht ganz gut in 90 m Höhe!

Kinderführungen von Stattreisen

Stattreisen Hannover, Hausmannstraße 9 – 10 (im Umweltzentrum), 30159 Hannover. ✆ 0511/1694166, Infoline 0511/12383700 (aktuelle Programmhinweise), Fax 1640391. www.stattreisen-hannover.de. info@stattreisen-hannover.de. **Bahn/Bus:** Büro Stadtbahn 4, 5, 6, 10, 11, 17, Bus 128, 134, 300, 500, 700 bis Steintor. **Zeiten:** Büro Mo – Fr 10 – 12 Uhr, Di, Do 14 – 17 Uhr. **Preise:** Kinderführung 5 €.
▶ Eine Trimagische Hannover-Tour, bei der frei nach Harry Potter Aufgaben gelöst werden müssen, eine Weihnachtsführung oder ein Stadtspiel für Weltenbummler hat Stattreisen für Kinder im Programm. Schulklassen und Gruppen können aus einer Vielzahl an Touren auswählen, feste Termine auch für Familien werden im Internet oder einer Broschüre bekannt gegeben. In den Sommerferien wird z.B. Kinderleben früher »Zwischen Hafergrütze und Murmelspiel« erkundet. Eineinhalb Stunden dauert die Führung von der Marktkirche zum Historischen Museum. Dabei begrüßt euch die Stadtführerin stilgerecht in Kleidung aus dem 17. Jahrhundert.

Stadtführung im Velo

Velix, Wagenerstraße 9, 30169 Hannover. ✆ 0511/ 353243-0, 1696090 (Velix-Ruf), Fax 353243-22.

www.velotaxi-hannover.de. info@velotaxi-hannover.de.
Bahn/Bus: Zentrum/Hbf. **Zeiten:** April – Okt ab Hbf
täglich 12 – 20 Uhr. **Preise:** Stadtrundfahrt je 15 Min
11,25 €, Anfahrt je km 1 €, Rundfahrt-Ausstattung mit
Cappuccino-Gutscheinen, Kamera und Führer Der rote
Faden 17,50 €. Taxifahrt je km pro Person 2 €, Kinder
bis 12 Jahre 1 €.

▶ Gemütlich und abgasfrei könnt ihr euch in einem
Velix durch Hannover fahren lassen. Die Gefährte
stehen ab April am Hauptbahnhof bereit und bieten
Platz für zwei Mitfahrer. Der Fahrer weiß natürlich eine Menge zu erzählen, während er an den Sehenswürdigkeiten der Stadt vorbei strampelt. Die Velos
sind übrigens technisch hervorragend ausgestattet.
Sie besitzen 21 Gänge, eine Trittunterstützung und
eine hydraulische Bremse. Per Velix-Ruf kommt der
umweltfreundliche Untersatz an jeden Standort!

Museen

Historisches Museum

Pferdestraße 6 (Eingang Burgstraße), 30159 Hannover-
Mitte. ℡ 0511/168-43052, 168-42352, Fax 168-
45003. www.hannover-museum.de. historisches.muse-
um@hannover-stadt.de. **Bahn/Bus:** Stadtbahn 3, 7, 9
bis Markthalle/Landtag. **Auto:** Zentrum. **Zeiten:** Di
10 – 19, Mi – Fr 10 – 17, Sa, So 10 – 18 Uhr. **Preise:**
5 €, Fr frei; Kinder 5 – 11 Jahre 1 €, Schüler ab 12 Jahre 4 €; kostenlose Audioguides.

▶ Alles über die Geschichte von Hannover erfahrt ihr
im **Historischen Museum.** Was sich trocken anhört,
kann durchaus spannend sein! So gibt es viele Modelle zu sehen, die den Marktplatz, ein Schiff, Kirchen, Schloss Herrenhausen oder die ganze Stadt
von 1689 zeigen. Wunderschön ist die Nachbildung
des Rittersaals im Leineschloss, in den ihr wie in ein
Puppenhaus hineinschauen könnt. Besonders beeindruckend ist die Staatskarosse des Königs Georg IV.

 *Das **Historische
Museum** steht
selbst an historischer
Stätte am Hohen Ufer. In
den modernen Bau wur-
den die Stadtmauer und
der Beginenturm einbe-
zogen. Der Beginenturm
ist der einzige erhaltene
Turm der Stadtbefesti-
gung. Er wurde 1357
erstmals erwähnt. Begi-
nen waren Witwen oder
andere allein stehende
Frauen, die sich zu einer
religiösen Gemeinschaft
zusammentaten.*

© Historisches Museum Hannover

Vom Mittelalter bis zur modernen Großstadt führt der Weg durch die Geschichte Hannovers. Beim Spielzeug von anno dazumal findet ihr eine Leseecke, in der ihr euch beim Schmökern entspannen könnt, ehe ihr in der zweiten Etage das »Leben auf dem Land« erkundet. Dort

Ganz schön mühsam war das im Mittelalter: Getreide mahlen im Historischen Museum

sind neben vielen Modellen von Bauernhäusern eine Drechslerwerkstatt und eine Herdstelle zu sehen. Sonntags finden Familien-Workshops unter dem Motto »Geschichte zum Ausprobieren« statt (So 11.30 – 13 Uhr, mit Anmeldung, Eintritt plus 2 € Material). Dienstags erwartet euch der Kinderclub (16 – 18 Uhr, 2 €) und einmal im Monat gibt es samstags eine Familienpackung. Die Kinder basteln, die Eltern erhalten eine Kurzführung oder werfen einen Blick hinter die Kulissen (Sa 14 – 16 Uhr, je Familie 15 €, mit Anmeldung). In den Sommerferien gibt es weitere Aktionen. Auch der Kindergeburtstag kann im Museum gefeiert werden (60 Min 35 €, 90 Min 55 €, 120 Min 70 €). Da könnt ihr als Ritter feiern, euch verkleiden oder auf Entdeckungsreise durchs Museum gehen.

Museum August Kestner

Trammplatz 3, 30159 Hannover-Mitte. ✆ 0511/168-42120, Fax 168-46530. www.hannover.de. museum-august-kestner@hannover-stadt.de. **Bahn/Bus:** Stadtbahn 1 – 10, 16 – 18, Bus 120, 131, 132, 250. **Auto:** Zentrum, am Neuen Rathaus. **Zeiten:** Di – So 11 – 18, Mi bis 20 Uhr, Führungen Mi 17.30, So 11.30 Uhr. **Preise:** 5 – 7 € je nach Sonderausstellung, Fr frei, Führung 2 €; Schüler ab 13 Jahre 3 €.

▶ Was haben eine ägyptische Mumie, ein silbernes Trinkgefäß in Form einer Eule und ein rotes Sofa ge-

Happy Birthday!
Kindergeburtstage können im Museum als Entdeckerpartys gefeiert werden: Fr, Sa ab 15 Uhr, 7 – 12 Jahre, 60 €.

meinsam? Sie sind alle Exponate im Museum August Kestner! Das »Museum für Angewandte Kunst« schlägt einen Bogen über 6 Jahrtausende Kulturgeschichte – vom Alten Ägypten bis zur Moderne. In den vier Abteilungen Ägyptische Kunst, Antike Kulturen, Angewandte Kunst und Design vom Mittelalter bis heute gibt es viel zu entdecken. In den »Entdeckertürmen« ist Mitmachen angesagt: So kann man Münzen aus Lederbeuteln zählen und herausfinden, wie viel ein Tagelöhner im Alten Rom verdiente, sich mit »Lieblingsspeis' und Wundertrank« beschäftigen oder im Scriptorium schreiben wie ein mittelalterlicher Mönch.

Zu den spannendsten Stücken gehören die ägyptischen Mumien. Beide wurden wissenschaftlich untersucht. Die Ergebnisse findet ihr in der ägyptischen Abteilung! Dort könnt ihr außerdem ein Quiz lösen. Der Bogen dafür ist für 50 Cent an der Kasse erhältlich.

Interessant ist auch der Museumsbau selbst. Das ursprüngliche Gebäude war nach *Hermann Kestners* Wunsch in klassizistischem Stil errichtet worden. Nach der teilweisen Zerstörung im Zweiten Weltkrieg wurde der Bau mit einer modernen Fassade aus 5000 gläsernen Nischensteinen ummantelt. Im Inneren ist das alte Portal erhalten.

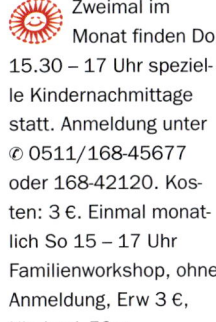 Zweimal im Monat finden Do 15.30 – 17 Uhr spezielle Kindernachmittage statt. Anmeldung unter ✆ 0511/168-45677 oder 168-42120. Kosten: 3 €. Einmal monatlich So 15 – 17 Uhr Familienworkshop, ohne Anmeldung, Erw 3 €, Kinder 1,50 €.

Bunt und lustig: Der 1. MC Kestner in Aktion

Kestnerkids

Kestnergesellschaft, Goseriede 11, 30159 Hannover. ✆ 0511/70120-0, Fax -20. www.kestner.org, www.kunstkomm.org. kestnerkids@kestner.org. **Bahn/Bus:** Stadtbahn 5, 6, 10, 17 bis Steintor, Bus 128, 134 bis Celler Straße. **Auto:** Cityring, Celler Straße. **Zeiten:** kestnerkids sehen kunst Do 16.30 – 17.30 Uhr, kestnerkids machen kunst 1 x im Monat Sa 15 – 16.30 Uhr (4 – 12 Jahre, 15 Plätze, Anmeldung erforderlich), Ausstellungen Di – So 11 – 18 Uhr, Do bis 20 Uhr. **Preise:** Ausstellungen 7 €, ermäßigt 5 €; Kinder und kestnerkids Eintritt frei.

▶ Kinder und Kunst – wie das zusammenpasst, zeigt die Kestnergesellschaft. In ihrem Kunstverein an der Goseriede geht es besonders kinderfreundlich zu. Bei „kestnerkids sehen kunst" wird einmal monatlich donnerstags in der aktuellen Ausstellung Kunst erkundet. Was erkennt ihr in den Bildern, womit malte der Künstler, was wollte er wohl ausdrücken? Wer lieber selber den Pinsel schwingt, geht zu „kestnerkids machen kunst". Künstler und Designer sprechen mit euch über einzelne Werke, ehe ihr loslegen dürft – vielleicht könnt ihr euch ja einige Anregungen holen?

Das Haus der Kestnergesellschaft war einst ein im Jugendstil erbautes Schwimmbad. Es wurde 1997 für den Kunstverein umgebaut und vom Bund Deutscher Architekten ausgezeichnet. Nebenan sticht markant das Anzeiger Hochhaus hervor. Es wurde 1926 – 1928 von dem Architekten Fritz Höger (1877 – 1949) im expressionistischen Klinkerstil erbaut. Die grüne Kuppel ist weithin sichtbar.

Neues Rathaus

Trammplatz 2, 30159 Hannover-Mitte. ✆ 0511/168-0, 168-45333, Fax 123-45112. www.hannover.de. info@hannover-tourismus.de. **Bahn/Bus:** Bus 100, 200 bis Rathaus/Bleichenstraße oder Bus 120 bis Rathaus/Osterstraße. **Auto:** Zentrum, über Ägidientorplatz und Friedrichswall. **Zeiten:** Mo – Fr 8 – 18, Sa, So 10 – 18 Uhr, Kuppelfahrt März – Mitte Nov Mo – Fr 9.30 – 18.30, Sa, So 10 – 18.30 Uhr, Mitte Nov – Dez täglich 11 – 16.30 Uhr. **Preise:** Kuppelfahrt 2,50 €, Führung Rathaus und Kuppel 3,50 €; Kinder 2 €, mit Führung 2,50 €. **Infos:** Die ↗ Tourismus GmbH bietet an mehreren Sonntagen im Jahr um 11 Uhr Rathausführungen an. Die Termine sind dort zu erfragen. Erw 5 €, Kinder 4 €.

▶ Auf 6026 Buchenpfählen wurde das Neue Rathaus zwischen 1901 und 1913 erbaut. Wer die wohl gezählt hat? Der sumpfige Untergrund machte diese Maßnahme notwendig. Im Inneren befinden sich unter der fast 100 m hohen Kuppel vier Stadtmodelle. Sie zeigen Hannover 1689, 1939, 1945 und heute. So ist die Entwicklung der Stadt genauso gut zu erkennen wie die Auswirkungen der Bombardierungen im Zweiten Weltkrieg. Eine weltweite Besonderheit ist der Bogenaufzug, der zur Kuppel führt. Zunächst geht es senkrecht nach oben, danach in einem Winkel von 17 Grad. Fenster im Dach und ein gläserner Boden, der auf Knopfdruck auf Durchsicht geschaltet werden kann, ermöglichen direkte Sicht

© pmv, Foto: Kirsten Wagner

nach oben und unten in den Fahrstuhlschacht! Von der Aussichtsplattform in 90 m Höhe ist die Aussicht natürlich auch beeindruckend. Die Kuppel selbst ist insgesamt 97,73 m hoch und somit einen halben Meter höher als die Spitze der Marktkirche. Wer die ungewohnte Perspektive auf die Stadt genug genossen hat, kann an der Nordfassade noch den Bilderfries studieren. Hier wurden Sagen und Legenden aus Hannover verewigt.

Entlang dem roten Faden durch Hannover

Hannover-Mitte. www.roterfaden-hannover.de. **Länge:** 4,2 km. **Bahn/Bus:** Stadtbahn 3, 8, 9 bis Hbf. **Auto:** Hbf. **Infos:** Tourist-Info, Ernst-August-Platz 8, 30159 Hannover, ℰ 0511/12345-111, www.hannover.de, info@hannover-tourismus.de.

▶ Hannover kann man am roten Faden erkunden! Nein, da spannt sich kein echter Faden, sondern ein rotes Band wurde auf das Pflaster gemalt. Diese roten Spur führt zu 36 Sehenswürdigkeiten, sodass sich die Stadt wunderbar auf eigene Faust erobern

Imposante Erscheinung: Das Neue Rathaus von Hannover

Hunger & Durst

Bistro Der Gartensaal im Neuen Rathaus, Trammplatz 2, Hannover. ℰ 0511/168-48888. www.gartensaal-hannover.de. Täglich 11 – 18 Uhr, Mitte Mai – Mitte Sep bis 22 Uhr. Auf der Kinderkarte stehen Clever-und-Smart-Schnitzel (7,30 €) und Bandnudeln Shrek (5,50 €). Danach schmeckt der Eiszwerg Anton (2,30 €).

*Die bunten Plastiken der Künstlerin Niki de Saint Phalle, die am Leibnizufer stehen, werden **Nanas** genannt. Damals heiß umstritten, sind sie heute nicht mehr aus dem Straßenbild wegzudenken.*

Hunger & Durst

Giovanni L., Georgstraße 26, Hannover. ✆ 0511/21359221. www.giovannil.de. 102 Eissorten sind in Giovannis Repertoire, 30 davon stehen täglich zur Auswahl, außerdem 2 von 50 verschiedenen Eiswaffeln …

Ab 10 Personen werden kostenlose Führungen durch das Museum angeboten.

lässt, ohne dass man die Orientierung verliert. Der Rundgang beginnt an der **Tourist-Info** gegenüber vom Hauptbahnhof und endet dort wieder »unterm Schwanz«. So wird das Denkmal von *Ernst August* (1771 – 1851) genannt, das vor dem Bahnhof steht und auf dem der König hoch zu Ross in Husarenuniform thront. Dazwischen bringt euch der rote Faden zur Oper, zur Ruine der **Ägidienkirche** (mit Glockenspiel zum Gedächtnis der Toten des Zweiten Weltkriegs, täglich 9.05, 12.05, 15.05 und 18.05 Uhr), zum Neuen Rathaus, zum Hohen Ufer mit den **Nanas,** zur Kreuzkirche und am Historischen Museum mit dem Beginenturm vorbei. Pausen sind erlaubt, wo es gefällt! Weiter geht es zur Marktkirche, dem Alten Rathaus und durch die City zum **Kröpcke,** dem zentralen Platz der City. Benannt ist dieser nach dem hier einst ansässigen Café und dessen Besitzer. Nur noch wenige Meter und ihr seid wieder am **Bahnhof.** Ein Faltblatt mit dem Verlauf des roten Fadens ist kostenlos, eine Broschüre mit weiteren Infos für 3 € in der Tourist-Info erhältlich, außerdem das Begleitbuch für Kinder (6,95 €).

Museum für Energiegeschichte(n)

Humboldtstraße 32, 30169 Hannover-Calenberger Neustadt. ✆ 0511/123116-34941, Fax 123116-40241. www.energiegeschichte.de. silvia.schmitz@energiegeschichte.de. **Bahn/Bus:** Stadtbahn 17, Bus 120, 300, 500 bis Humboldtstraße. **Auto:** Lavesallee, Gustav-Bratkes-Allee. **Zeiten:** Di – Fr 9 – 16 Uhr. **Preise:** Eintritt frei.

▶ Eine Welt ohne Strom ist für uns heute kaum noch vorstellbar. Wie aber sahen eigentlich die ersten Staubsauger, Waschmaschinen, Bügeleisen aus? Da kann man schon ins Staunen geraten! Auch das erste elektrische Spielzeug sah vor Gameboy und Spielekonsole ganz anders aus. Da gab es etwa das Wissensspiel Lichtra oder eine Autobahn, deren Wagen mit Strom rollten. Der Föhn hieß früher Heißluftdusche und sogar ein beleuchteter Stopfpilz wurde erfunden, gelangte aber nie in Serienproduktion. Mit der Energie-Rallye, die ihr am Eingang erhaltet, macht das Erkunden des Museums ganz besonderen Spaß.

Sprengel-Museum

Kurt-Schwitters-Platz, 30169 Hannover-Südstadt. ℡ 0511/168-43875, Fax 168-45093. www.sprengel-museum.de. sprengel-museum@hannover-stadt.de. **Bahn/Bus:** Bus 100. **Auto:** Südschnellweg Ausfahrt Richtung Döhren, Rudolf-von-Bennigsen-Ufer bis Nordufer Maschsee, Parkplatz Auf dem Emmerberge. **Rad:** Radweg am Maschsee. **Zeiten:** Di 10 – 20 Uhr, Mi – So 10 – 18 Uhr. **Preise:** 7 €; Kinder bis 12 Jahre frei, Schüler 4 €; Fr Eintritt frei.

 KinderForum Sa 14 – 18, So 10 – 13 und 14 – 18 Uhr. Kurse im KinderForum: 16 €. KinderWerkstatt: Termine am Wochenende, siehe Website. 6 € je Termin.

▶ Auch wenn Namen wie Picasso, Magritte, Kokoschka oder Paul Klee zuerst eure Eltern begeistern werden, solltet ihr einen Besuch im Sprengel-Museum nicht rundheraus ablehnen. Zum einen hat das Museum Kinderwerkstätten und -workshops im Angebot, zum anderen kann auch ein Rundgang zu den Kunstwerken Spaß machen! Dann schwärmt vielleicht auch ihr bald von *Picassos* (1881 – 1973) einfachen Zeichnungen oder *Kokoschkas* (1886 – 1980) und *Klees* (1879 – 1940) Traumwelten? Vor allem die Rauminstallationen sind spannend für die ganze Familie. *James Turrells* (geb. 1943) Lichträume und der nachgestellte **MeRzbau** von *Kurt Schwitters* (1887 – 1948) gehören dazu. Der »Gekippte Raum« von *Daniel Spoerri* (geb. 1930) lässt ganz neue Blickwinkel zu.

Vielleicht findet ihr aber doch Spaß dabei, Gemälde genauer zu betrachten: Welche Details sind zu erkennen, welche Farben und Formen gibt es, sehen Menschen eher traurig oder fröhlich aus? Oder ihr findet Anregungen für eigene Werke: Warum nicht mal eckige Formen benutzen wie Picasso oder bunte Tiere malen wie *Franz Marc* (1880 – 1916)?

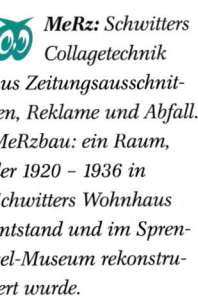 *MeRz: Schwitters Collagetechnik aus Zeitungsausschnitten, Reklame und Abfall. MeRzbau: ein Raum, der 1920 – 1936 in Schwitters Wohnhaus entstand und im Sprengel-Museum rekonstruiert wurde.*

Rätsel: *Von welchem Vogel stammt das größte Ei in der Eierspirale des Museums?*

Lösung: Vom Madagaskar-Riesenstrauß.

Bartagame *sind Kriechtiere, die in Australien leben. Sie tragen viele kleine Stacheln.*

Niedersächsisches Landesmuseum

Willy-Brandt-Allee 5, 30169 Hannover-Südstadt.
✆ 0511/9807-686, Fax 9807-684. www.landesmuseum-hannover.de. info@nlm-h.niedersachsen.de.
Bahn/Bus: Bus 100, 200 bis Rathaus/Bleichenstraße.
Auto: Zentrum, über Ägidientorplatz und Friedrichswall in Willy-Brandt-Allee. **Zeiten:** Di – So 10 – 17, Do bis 19 Uhr. **Preise:** 4 €, Fr 14 – 17 Uhr frei, Führung 2,50 €; Kinder ab 4 Jahre 3 €, Führung 1,50 €; Familie (2 Erw, 3 Kinder) 9 €.

▶ Dinosaurier, eine Moorleiche, indonesische Stabpuppen und echte Chamäleons – wo es das alles gibt? Im Niedersächsischen Landesmuseum! Vier Sammlungen sind in dem Bau von 1902 versammelt. Für Kinder besonders interessant ist das **Vivarium** mit Clownfisch, Rotem Knurrhahn, Königspython und **Bartagame.** Diese tragen Stacheln an ihrem Unterkiefer, die eine Art Bart bilden. Im ersten Stock geht es zur **Naturkunde.** Dioramen, der Wirklichkeit nachempfundene Modellbilder, zeigen, welche Tiere in Niedersachsen leben. Da seht ihr Trottellummen auf Helgoland, Seehunde in der Nordsee oder den Fischadler am Steinhuder Meer. Auf Tafeln werden alle gezeigten Tiere mit Namen genannt. Daraus könnt ihr auch ein Suchspiel machen! Doch auch Tiere der Vergangenheit haben ihren Platz im Museum. Nachbildungen zeigen einen großen Iguanodon, einen Dinosaurier aus der Kreidezeit (vor 145 – 65 Mio Jahren) und Urpferde, die man in der Grube Messel südlich von Frankfurt a.M., gefunden hat. Wie der Mensch sich entwickelt hat, zeigen weitere Dioramen.

Ein berühmter Hannoveraner ist der *Rote Franz.* Neben seiner Moorleiche aus der Eisenzeit könnt ihr an einer Rekonstruktion sehen, wie Franz einst aussah. Hier in der **Archäologie** wird die Geschichte Niedersachsens von der Steinzeit bis zum Mittelalter erzählt. Auch eine Nachbildung der berühmten Schöninger Speere ist zu sehen. Sie sind weltweit die ältesten erhaltenen Jagdwaffen, die man gefunden hat.

Sie beweisen, dass man schon in der Altsteinzeit organisiert auf die Jagd ging. Nun aber noch in die **Völkerkunde**, wo ihr seht, wie Menschen in Indonesien, auf Madagaskar oder in Japan lebten. Auch ein Sioux-Häuptlingsanzug gehört zur Ausstellung. Wer gerne Gemälde anschaut, kann viel Zeit in der **Landesgalerie** verbringen. Berühmte Maler wie der französische Seerosen-Maler *Claude Monet* (1840 – 1926) oder *Paula Modersohn-Becker* (1876 – 1907), die für ihre realistischen Kinder-Bildnisse berühmt geworden ist, sind hier vertreten. Zur Stärkung zwischendurch könnt ihr euch ins Café begeben, das im Sommer auch seinen Innenhof öffnet.

Ernst und atemberaubend: Oper und Varieté

Schauspielhaus Hannover

Prinzenstraße 9, 30159 Hannover. ℗ 0511/9999-1111 (Kasse), Fax 9999-1999. www.staatstheater-hannover.de. webmaster@staatstheater-hannover.de. **Bahn/Bus:** Stadtbahn 10, Bus 100, 200, 128, 134, bis Schauspielhaus. **Auto:** Zentrum über Fritz-Behrens-Allee, Schiffgraben, rechts Lavesstraße, links Prinzenstraße. **Preise:** Ballhof eins 18 €, Ballhof zwei 14,50 €, Schauspielhaus 12,50 – 31,50 €; Schüler 7,50 € im jungen schauspielhannover.

▶ Zum Staatstheater Hannover gehören die **Oper** mit dem *Opernhaus* sowie das **Schauspiel Hannover** mit mehreren Spielstätten, nämlich dem *Schauspielhaus* in der Prinzenstraße, dem *Ballhof eins* (Ballhofplatz 5) und dem *Ballhof zwei* (Knochenhauerstraße 28). Kinder- und Jugendtheater stehen genauso auf dem Spielplan wie Kinderkonzerte, Kinderopern oder Stücke wie Tintentod nach Cornelia Funkes Roman. Eintrittskarten gelten gleichzeitig als Fahrtickets in Bus und Bahn des GVH ab 3 Stunden vor Vorstellungsbeginn.

BÜHNE, LEINWAND & AKTIONEN

 Im Schauspielhaus könnt ihr das **Theatermuseum** besuchen. Infos: ℗ 0511/9999-2040, Fax 9999-2940, theatermuseumhannover@schauspielhaus-hannover.de, www.theatermuseum-hannover.de. Mitte Sep – Juni Di – Fr, So 14 – 19.30 Uhr. 5 €, ermäßigt 3 €, bei Besuch einer Vorstellung freier Eintritt. Jeden Sonntag um 11 Uhr wird Kindertheater aufgeführt! 5 € pro Person.

FESTKALENDER HANNOVER

Januar – Dezember:	Sa 7 – 16 Uhr, Am Hohen Ufer: **Flohmarkt.**
April:	Mitte April, 3 Wochen lang, Schützenplatz: **Frühlings-fest,** das größte Volksfest in Niedersachsen mit 180 Schaustellern.
	So, etwa Mitte April, Lindener Berg: **Scilla-Blüten-fest** mit Führungen und Musik.
	Ende April, Mecklenheider Forst: **Frühlingsfest im Kinderwald.**
	So Ende April, 15 – 17 Uhr: **Kirschblütenfest** auf dem Hiroshima-Gedenkhain auf der Bult.
Mai:	Mitte, City: **Solarfest** mit vielen Kinderaktionen.
	3. So, Museen in Hannover: **Internationaler Muse-umstag.** Freier Eintritt und viele Aktionen für Kinder.
Mai – Sep:	Fünf Termine Sa, Herrenhäuser Gärten: **Internatio-naler Feuerwerkswettbewerb.**
	Verschiedene Abende, Herrenhäuser Gärten: **Illumi-nationen im Großen Garten.**
Juni/Juli:	Fr, Ballhofplatz: **Unmada Kinderkarawane** zum Lister Pavillon.
	So, Mecklenheider Forst: **Sommerfest im Kinder-wald.**
	Pfingsten, Maschsee: **Drachenbootrennen.**
	Sa/So, Marktplatz am Alten Rathaus: **Markt für Kunst und Handwerk.**
	Ende Juni: **Tag der Architektur.** Einblick in interes-sante Gebäude.
Juli:	Drei Wochen, jeweils Mi – So ab 19 Uhr, Herrenhäu-ser Gärten: **Kleines Fest im Großen Garten** – Kleinkunstfestival mit Artistik, Clownerie, Akrobatik, Pantomime und Puppenspiel auf mehreren Bühnen sowie Feuerwerk.
	Drei Wochen Juli/Aug, Mi, Fr, Sa, So, Maschsee: **Maschseefest** mit Kleinkunst, Konzerten und Feuer-werk auf dem Wasser.
August:	Ende Juli/Anfang Aug: **Nacht von Hannover.** Radren-nen durch Hannover. www.nacht-von-hannover.de.

Varieté im GOP

Georgstraße 36, D-30159 Hannover. ✆ 0511/301867-10, Fax 301867-30. www.variete.de/Hannover. info-hannover@variete.de. **Bahn/Bus:** Stadtbahn 1 – 9 und 11 bis Kröpcke. **Auto:** Zentrum, Parkhaus Opernplatz oder Hbf. **Zeiten:** Mi – Do 20 Uhr, Fr, Sa 18.30 und 21.30 Uhr, So 14.30 und 17.30 Uhr, einmal im Monat Mi 16 Uhr. **Preise:** Preisklasse 1 25 – 35 €, Preisklasse 2 22 – 30 €, Preisklasse 3 15 €; Kinder bis 14 Jahre auf allen Plätzen 13 €, Ferienspecials mit freiem Eintritt für 1 Kind.

 Varieté in Hannover gibt es auch im **Apollokino** (www.apollokino.de), das auch Kinderkino im Programm hat, und bei Rampenlicht im Kulturzelt (www.rampenlicht-variete.de).

▶ Da wird im Dunkeln mit leuchtenden Keulen jongliert, schwebt eine Dame sich verbiegend an einem Stück Stoff oder ein Zauberer lässt blitzschnell Dinge verschwinden – das ist Varieté. In Hannover bietet das GOP tolle Vorstellungen, die auch Kinder begeistern.

Kinder- und Figurentheater

Kindertheater im Alten Magazin

Klecks-Theater, Kestnerstraße 18, 30159 Hannover-Zoo. ✆ 0511/816981, 2834159, Fax 817092. www.altes-magazin.de. kontakt@altes-magazin.de.

	Letzter Sa, Limmer: **Sommerfest im Volksbad** mit Kinderkino, Spielen und kleinem Karussell.
September:	2. So: **Entdeckertag** der Region Hannover mit zahlreichen Aktionen.
Oktober:	2. Wochenende, Tiergarten: **Tiergartenfest.**
November:	1. Sa: **Lange Nacht der Bäder.**
Dezember:	1. – 4. Advent, Altstadt, Bahnhofsplatz, Lister Meile: **Weihnachtsmarkt.** Finnisches Weihnachtsdorf auf dem Ballhofplatz, Wunschbrunnenwald auf dem Holzmarkt.
	31., Maschsee: **Silvesterlauf.**

 Auch Erwachsene kommen gern ins Alte Magazin, denn zweiter Hausherr sind die hannoverschen Kammerspiele.

Bahn/Bus: Stadtbahn 4, 5, 6, 11 bis Marienstraße, Bus 121 bis Lavesstraße. **Auto:** Hans-Böckler-Allee, Marienstraße. **Zeiten:** nach Spielplan, meist vormittags um 10 Uhr, ab und zu So 16 Uhr. **Preise:** 6 € pro Person. **Infos:** www.klecks-theater.de.

▶ Im Alten Magazin ist das Klecks-Theater beheimatet und zeigt anspruchsvolles Theater für Kinder und Jugendliche. Gastspiele von Figurentheatern wie den *Roten Fingern* stehen regelmäßig auf dem Spielplan.

Hannoversche Kammerspiele, Kestnerstraße 18, Hannover. ✆ 0511/816981. www.hannoversche-kammerspiele.de.

Theatrio
Figurentheaterhaus Hannover, Großer Kolonnenweg, 30163 Hannover-Vahrenheide. ✆ 0511/8995940, Fax 8995942. www.theatrio.de. figurentheaterhaus-hannover@t-online.de. **Bahn/Bus:** Stadtbahn 1 bis Büttnerstraße, Stadtbahn 2 bis Großer Kolonnenweg, Bus 135. **Auto:** Über Vahrenwalder Straße. **Rad:** Jaeckelweg, Tannenbergallee, Nordring, Gradestraße. **Preise:** 6 €, Sa, So 7 €, abends mit Buffet 24 €, ohne Buffet 16 €; Kinder Sa, So 5 €, abends mit Buffet 22 €, ohne Buffet 12 €. **Infos:** Vorverkaufskasse im Künstlerhaus, Sophienstraße 2, ✆ 0511/168-41222.

▶ Seit 2007 besitzt Hannover ein eigenes Figurentheaterhaus. Drei Theater haben sich dafür zusammengeschlossen und spielen nun auf eigener Bühne. Schon 3-Jährige verfolgen da gespannt die Abenteuer der Mäuse Rosa und Karl oder wollen wissen, was es mit Arthur und der grässlich grünen Pudelmütze auf sich hat. Märchen wie der Gestiefelte Kater stehen genauso auf dem Programm wie Die Schatzinsel. Vorstellungen für Kindergärten finden häufig dienstags oder mittwochs um 10 Uhr statt, am Sonntag öffnet das Theatrio um 11 und um 16 Uhr. Samstags abends um 20 Uhr wird für Erwachsene gespielt, manchmal gibt es dazu ein Buffet!

@ Zu den einzelnen Theatern gibt es Infos unter www.marmelock.de, www.figurentheater-seiler.de und www.filoufox.de.

20 km

Verden
Walsrode
27
Bad Fallingbostel
7
LÜNEBURGER
HEIDE
Nienburg
Aller-   Leine-   Tal
Weser
Celle
Steinhuder
Meer
Leine
Burgdorfer
Neustadt
Land &
Rehburg
Steinhuder Meer
Wunstorf
Burgdorf
Peine
Rodenbergen
HANNOVER
Lehrte
Peine
2
Stadthagen
Barsingh.
Ober-
kirchen
Deister
Pattensen
Sarstedt
Braunschweig
2
Stadthagen
Springe
Wolfenbüttel
Hameln
Bad Münder
Hameln
Hildesheim
39
Hessisch
Oldendorf
Gronau
Hildesheim
Salz-
hemmendorf
Bockenem
395
Leine
Bad
Pyrmont
Alfeld
HARZ
7
Langelsheim
Goslar

SPIEL &
SPASS
ZWISCHEN
GARBSEN
UND
LEHRTE

Von West nach Ost liegen im Norden von Hannover mehrere Städte und eine Gemeinde, die eng mit der Landeshauptstadt verbunden sind, sich aber ihren eigenen Charakter bewahrt haben und in weitere Landschaften übergehen.

Seelze liegt zwischen dem Stichkanal Linden des Mittellandkanals und der Leine. Nördlich des Flusses schließt sich **Garbsen** an, das schon zum Weser-Aller-Flachland gehört. Zu Garbsen gehört *Berenbostel*, während das benachbarte *Engelbostel* zu **Langenhagen** zählt. Die eigenständige Stadt, die auch Nicht-Hannoveranern durch ihren Flughafen ein Begriff ist, schließt direkt an Hannover an und geht im Norden in eine Moor- und Heidelandschaft über, die Vorboten der Lüneburger Heide. Zu Langenhagen gehören die *Neue Bult* mit der bekannten Pferderennbahn und der *Silbersee* – vielleicht mit Schatz? Ein Landschaftsschutzgebiet trennt Langenhagen von seinem Nachbarn **Isernhagen,** eine Gemeinde aus sieben Ortsteilen, darunter vier Bauerschaften, ländliche Siedlungen, die ursprünglich aus einzelnen Bauernhöfen bestanden. Isernhagen ist nach dem Pro-Kopf-Einkommen die wohlhabendste Gemeinde in Niedersachsen. Im Norden von Isernhagen geht die Landschaft in die *Lüneburger Heide* über, im östlichen Bereich liegt das *Altwarmbüchener Moor*. Östlich von Hannover befindet sich schließlich die Stadt **Lehrte**. Als ehemaliger Eisenbahnknotenpunkt war ihre Verkehrslage schon früher besonders günstig, heute sorgen die A2 und die nahe A7 für guten Anschluss.

ADAC Stadtplan Hannover, GPS-genau: Stadtinfo & Register. Mit Umgebungskarte. 6,50 €.

Frei- und Hallenbäder

Badepark Berenbostel

Ludwigstraße 3, 30827 Garbsen. ✆ 05131/463089, 707-701 und -702, Fax 707-616. www.garbsen.de. badepark-berenbostel@htp-tel.de. **Bahn/Bus:** Bus 440 bis Birkenweg. **Auto:** B6, Birkenweg Richtung Schulzen-

TIPPS FÜR WASSER-RATTEN

Hier ist Beinkraft gefragt: Um das Flugzeug in Gang zu bringen, müsst ihr ordentlich strampeln

In der Nähe des Badeparks befindet sich beim Parkplatz des TSV Berenbostel eine Skatinganlage mit verschiedenen Hindernissen wie Funbox, Curb, Table und Ramp.

trum. **Rad:** Röntgenstraße, Landrat-Hahne-Weg, Heinrichstraße. **Zeiten:** Mo 14 – 21 Uhr (14 – 16 Uhr nur Schwangere, Mütter mit Kleinkindern bis 3 Jahre, Senioren und Behinderte), Di – Fr 6 – 10, Di 13 – 20, Mi, Fr 13 – 18, Do 13 – 21, Sa 8 – 16, So 8 – 12 Uhr, Ferien Di – Fr durchgehend, Freibad Mai – Sep Mo 13 – 20, Di – Fr 6 – 20, Sa, So 8 – 20 Uhr. **Preise:** 3 €; Kinder 3 – 17 Jahre 1,50 €. **Infos:** Mo Warmbadetag 30 Grad.

▶ Da möchte man doch gleich eintauchen! Neben dem langen Schwimmbecken, das 50 m misst, besitzt der Badepark ein großes Nichtschwimmerbecken mit Rutsche und ein Planschbecken. Dort sprudelt es von oben aus dem Wasserpilz und von unten aus den Quellsteinen zu den fröhlichen Wasserratten. Für Abwechslung sorgen eine Wasser- und Sandspielanlage, ein Beachvolleyballfeld und Spielgeräte. Ist die Freibadsaison vorbei, gibt es ja zum Glück noch das **Hallenbad.** Dort fühlen sich junge Hüpfer an der Sprunganlage des Schwimmerbeckens besonders wohl. Alle, die noch ohne Freischwimmer sind, tummeln sich im Nichtschwimmerbecken. Ändern lässt sich das mit einem der Schwimmkurse, die genauso wie Babyschwimmen im Angebot sind. Spielnachmittage finden donnerstags zwischen 15.30 und 17.30 Uhr statt, ab 19 Uhr geht es dann bei der Disco hoch her.

Hallenfreibad Godshorn Langenhagen
Berliner Allee 80, 30855 Langenhagen-Godshorn. ✆ 0511/784549, Fax 7853250. www.hallenfreibad-godshorn.de. info@hallenfreibad-godshorn.de. **Bahn/Bus:** Bus 480 bis Godshorn/Bad. **Auto:** A352 Ausfahrt 4 Engelbostel, Hannoversche Straße Richtung Zentrum, 2. Straße links. **Rad:** Grüner Ring. **Zeiten:** Halle Mo 6.30 – 14, Di, Do 6.30 – 22, Mi, Fr 6.30 – 15, Sa, So 7 – 17 Uhr (Sommer 8 – 20.15 Uhr), Freibad Mai – Sep Mo – Fr 6.30 – 20.15, Sa, So 8 – 20.15 Uhr, Di, Do an warmen Tagen bis 22 Uhr. **Preise:** 3 €; Kinder ab 3 Jahre 1,90 €.

Happy Birthday!
Wollt ihr den Kindergeburtstag im Godshorner Bad feiern? Dann könnt ihr 1 Stunde Animation für euch und eure Freunde buchen; 22,50 €. Im Bistro Pastallissimo stehen mehrere Menüs zur Auswahl.

▶ Als Kombibad bietet das Hallenfreibad im Langenhagener Stadtteil Godshorn ganzjährig Badespaß. Viiiel Wasserfläche gibt es im **Freibad,** das neben einem 50-m-Schwimmbecken ein 25 x 25 m großes Nichtschwimmerbecken mit Rutsche und Spielmatten sein eigen nennt. Eure Eltern schickt ihr in einen der Strandkörbe, während ihr den Spielplatz unsicher macht, Beachvolleyball und -soccer oder Tischtennis spielt. An warmen Sommertagen könnt ihr dienstags und donnerstags sogar bis 22 Uhr unter Flutlicht baden.

Irgendwann ist jeder Sommer zu Ende, aber dann schwimmt ihr eben **drinnen.** Das 25 m lange Becken besitzt eine Sprunggrube mit 1- und 3-m-Brett. Im Nichtschwimmerbecken (12,5 x 10 m) laden Schwallduschen dazu ein, sich von oben beregnen zu lassen. Zum Angebot des Bades gehören Schwimmkurse und Babyschwimmen.

Hallenbad Lehrte

Hohnhorstweg 4, 31275 Lehrte. ✆ 05132/4475, Fax 505-115 (Stadt Lehrte). www.lehrter-baeder.de. info@lehrter-baeder.de. **Bahn/Bus:** Bus 949 bis Stadtwerke. **Auto:** A2 Ausfahrt 50 Lehrte-Ost, Mielestraße, am Kreisel rechts. **Rad:** Über Manskestraße. **Zeiten:** 2. Sa Sep – 1. So Mai Mo 14 – 18, Di – Fr 6 – 10, Di 14 – 20, Mi 14 – 22, Do 14 – 19, Fr 14 – 21, Sa 8 – 18.30, So 8 – 12 Uhr, Ferien Mo ab 10, Di – Fr ab 6 Uhr durchgehend. **Preise:** 3 €; Kinder 3 – 15 Jahre 2 €.

▶ Das 25 m lange Schwimmerbecken im Hallenbad Lehrte besitzt ein eigenes Sprungbecken. Vom 1- und 3-m-Brett sowie vom 5-m-Turm wird hier in allen Variationen in die Tiefe gehüpft. Im Nichtschwimmerbecken sind eine kleine Rutsche und Spielgeräte die Hits für fröhliche Planscher. Die Jüngsten bleiben im Babybecken, wo sie erste Erfahrungen mit dem nassen Element machen.

Freibad Lehrte

Hohnhorstweg 2, 31275 Lehrte. ✆ 05132/4475, Fax 3842 (Dr. Rudolf Köhler). www.lehrter-baeder.de. info@lehrter-baeder.de. **Bahn/Bus:** ↗ Hallenbad Lehrte. **Zeiten:** 2. Sa Mai – 1. So Sep Mo 10 – 19.30, Di – Fr 6 – 19.30, Sa, So 8 – 18.30 Uhr. **Preise:** 3 €; Kinder 3 – 15 Jahre 2 €.

▶ 50 m lang ist das Schwimmbecken im Freibad Lehrte. So bleibt auch bei vielen Badegästen genügend Platz, um sich abzukühlen. Eure Sprungkraft dürft ihr an den Brettern in 1 und 3 m Höhe testen. Riesig ist auch das Nichtschwimmerbecken, das neben einem Wasserpilz und einem Steingarten eine 60 m lange Rutsche besitzt. Die kleinen Familienmitglieder fühlen sich in ihrem Planschbecken mit Badeinsel pudelwohl. Wer pritschen und baggern möchte, hat dazu auf dem Beachvolleyballfeld Gelegenheit. An den Tischtennisplatten und auf dem Spielplatz könnt ihr euch ebenfalls austoben.

Hunger & Durst

Eiscafé Fantastico, Burgdorfer Straße 20, Lehrte. ✆ 05132/588800. Mo – Sa ab 9, So ab 10 Uhr. Hier könnt ihr zum Beispiel einen Schneemann essen!

Badeseen

Der Blaue See

Am Blauen See 119, 30823 Garbsen. ✆ 05137/8996-0, -42, Fax -66. www.wasserski-blauer-see.de. info@wasserski-blauer-see.de. **Bahn/Bus:** Stadtbahn 4 bis Garbsen, dann Bus 126 bis Waldschenke (Endstation), 1,5 km Fußweg. **Auto:** A2 Ausfahrt 41 Garbsen, Ricklinger Straße. **Rad:** Leinetal-Radweg, Nähe Grüner Ring. **Zeiten:** Ende März – Anfang Nov, Wasserskikurse Mai – Aug Sa, So 9.30 – 11 Uhr, Sommerferien auch Mo – Fr 11.30 – 13 Uhr, Sep Sa, So 10.30 – 12 Uhr. **Preise:** Eintritt See 3 €, Parken 2 €, Gutschrift bei Wasserski, 1 Std 17 €, 2 Std 22 €, Tageskarte 30 €, Kurs 25 €; Kinder 4 bis 15 Jahre Eintritt 1,50 €, Wasserski 1 Std 11 €, 2 Std 16 €, Tageskarte 23 €, Kurs 18 €.

▶ Ein 600 m langer Sandstrand, eine Wasserrutsche von 65 m Länge, ein Bootsverleih und herrlich sau-

🍎 **Düvels Hof,** Andreaestraße 19, Garbsen-Horst. ✆ 05131/456661. www.duevels-hof.de. Di – Do 9 – 12, Di, Do auch 15 – 18 Uhr, Fr 9 – 18, Sa 9 – 13 Uhr. Rindfleisch vom Deutschen Angusrind, Lamm- und Ziegenfleisch, Geflügel, Wild. Kartoffeln, Spargel, Kürbis, Erdbeeren.

beide: © pmv, Foto: Kirsten Wagner

beres Wasser – das alles macht den Reiz des Blauen Sees bei Garbsen aus. Ein Spielplatz, ein Beachvolleyballfeld, eine Badeinsel, ein Biergarten und eine Seeterrasse tragen ebenfalls zum Wohlfühlen bei. Wer lernen möchte, auf zwei Brettern über den See zu brausen, kann an der Wasserskiseilbahn einen Anfängerkurs belegen. Kinder ab etwa 10 Jahre können teilnehmen. Mit der richtigen Haltung klappt dann bald die erste Runde!

Gut gerüstet: Schwimmweste an und auf zum Wasserski!

Silbersee Lagenhagen

Bothfelder Straße, 30853 Langenhagen. ✆ 0511/ 7307-0, Fax 7307-9130. www.langenhagen.de. stadtverwaltung@langenhagen.de. **Bahn/Bus:** Bus 122. **Auto:** A2 Ausfahrt 45 Bothfeld, Richtung Langenhagen, Parkplatz links. **Rad:** Radweg von der Eilenriede über Wöhlerstraße, Tannenbergallee, Peter-Strasser-Allee. **Zeiten:** frei zugänglich.

▶ Dass ihr im **Silbersee** einen Schatz findet, kann ich euch nicht versprechen, aber Badefreuden, die findet ihr bestimmt! Flach geht es am Kinderstrand ins Wasser, außerdem gibt es eine Badeinsel. Am Strand könnt ihr nicht nur Sandburgen bauen, sondern auch die Bounty erobern, die dort gestrandet ist. Im Sommer überwacht die DLRG das Geschehen im Wasser. Ihr Turm diente einst der Verkehrskontrolle am Aegi, der eigentlich Aegidientorplatz heißt und

*Der See erhielt seinen Namen, weil seine Oberfläche von den vielen Flugzeugen, die im Zweiten Weltkrieg den Flughafen Langenhagen ansteuerten, **silbrig** glänzte. Entstanden ist er beim Autobahnbau der A2 1934/35.*

Hier lassen sich prima Sandburgen bauen: Am Sandstrand des Blauen Sees

© pmv, Foto: Kirsten Wagner

Hunger & Durst

Lucky Lake, Bothfelder Straße 95, Langenhagen. ✆ 0511/778203. www.luckylake-silbersee.de. Winter Di – Fr 15 – 22, Sa 14 – 22, So 11 – 21 Uhr. Mit Indianer-Tipi, Biergarten und Western-Saloon.

Hunger & Durst

Gasthaus Waldkater, Waldkaterweg 45, Langenhagen-Maspe. ✆ 0511/771102. www.gasthaus-waldkater.de. Mi – Fr ab 14 Uhr, Sa, So, Fei ab 11 Uhr, Winterpause bis Ostern. Hausgemachter Kuchen, Kinderkarte, Biergarten. Anfahrt: über Maspe oder Bissendorf.

einer der verkehrsreichsten Plätze der Stadt ist! Essen und Trinken gibt es im Tipi des **Lucky Lake.** Wer mag, spielt eine Runde **Minigolf** (Mo – Sa 15 – 20, So 12 – 20 Uhr, 2,50 €, Kinder bis 16 Jahre 2 €, ✆ 0163/3031276). Am Ostufer gibt es einen **Grillplatz** und einen Rodelberg, im südlichen Bereich einen weiteren Strand und Spielgeräte. Rundherum bringt euch ein Rad- und Wanderweg.

Waldsee Langenhagen

Stucken-Mühlen-Weg, 30853 Langenhagen-Krähenwinkel. ✆ 0511/7307-0, Fax 7307-9130. www.langenhagen.de. stadtverwaltung@langenhagen.de. **Bahn/Bus:** Bus 611 bis Twenge oder 612 bis Fuchsberg (Krähenwinkel). **Auto:** Walsroder Straße, in Krähenwinkel Hainhäuser Weg, rechts Sportplatzweg, am Ende rechts, Parkplatz auf der linken Seite; auch Zufahrt über Twenge möglich. **Rad:** Radweg über Grenzheide (Langenhagen), am Wietzesee entlang, Anschluss an Grünen Ring. **Zeiten:** frei zugänglich, DLRG bei gutem Wetter Mo – Fr ab mittags, Sa, So 11 – 20 Uhr.

▶ Zwischen Twenge und Krähenwinkel liegt der kleine Waldsee. Er ist zum Baden freigegeben. Ein Nichtschwimmerbereich ist gekennzeichnet, dort geht es vom Sandstrand ganz flach ins Wasser. Ein Spielplatz mit Rutsche und Wipptieren sowie Umkleiden und Toiletten sind vorhanden.

Altwarmbüchener See

Seestraße, 30916 Isernhagen-Altwarmbüchen. **Bahn/ Bus:** Bus 630, 640 bis Altwarmbüchen Seestraße. **Auto:** A2 Ausfahrt 46 Hannover-Lahe oder A7 Ausfahrt 55 Altwarmbüchen, über Hannoversche Straße, Parkplätze am Moorwaldweg oder an der Seestraße. **Rad:** Grüner Ring am Nordufer. **Zeiten:** frei zugänglich.

▶ Der Altwarmbüchener See entstand ab 1978, als man für den Bau der Autobahn A37 viel Sand und Kies benötigte. Seitdem hat er sich zu einem beliebten Naherholungsgebiet entwickelt. Am Nordufer gibt es zwei Sandstrände. Sie werden auch die *Riviera von Hannover* genannt. Der westliche Bereich ist etwas größer, dort findet ihr auch das SeeCafé und den Bootsverleih mit der Segelschule. Der östliche Strand ist kleiner und fällt zum See hin ab. Hier versorgt euch *Sotos Kiosk* mit Essen und Trinken. Beide Strände sind von der DLRG beaufsichtigt und es gibt Spiel- und Liegewiesen. An der ↗ Segelschule werden auch Boote ausgeliehen.

 3,5 km dauert die Runde um den See. Dabei seht ihr Richtung Süden den Monte Müllo, eine frühere Mülldeponie, die aber heute begrünt ist. Ihr könnt die Strecke auch radeln.

Kirchhorster See

Isernhagen-Kirchhorst. ✆ 0511/6153-281, Fax 6153-480. www.isernhagen.de. Ina.Krause@Isernhagen.de. **Bahn/Bus:** Bus 630, 640 bis Kirchhorst-Stellmacherstraße. **Auto:** A7 Ausfahrt 55 Altwarmbüchen Richtung Kirchhorst, Steller Straße, 1. Straße rechts Ausschilderung zum Parkplatz. **Rad:** Radweg von Misburg mit Anschluss an Grünen Ring. **Zeiten:** frei zugänglich, Badeaufsicht Mitte Mai – Mitte Sep.

▶ Trotz der nahen Lage zur Autobahn, der er sein Entstehen Ende der 1950er Jahre zu verdanken hat, liegt der Kirchhorster See idyllisch und bietet sich für einen Badeausflug an. Knapp fünf Hektar habt ihr Platz zum Schwimmen. Es gibt einen Badesteg, einen Sandstrand und eine große Liegewiese. Auch ein Beachvolleyballfeld und ein Spielplatz mit Schaukel, Klettergerüst und Tischtennisplatte sind vorhanden.

Segeln & Schifffahren

Segeln mit dem Wassersportverein Altwarmbüchen

Seestraße 23, 30904 Isernhagen-Altwarmbüchen. ✆ 0511/613382, Fax 613382. www.wsv-altwarmbue-chen.de. mail@wsv-altwarmbuechen.de. **Bahn/Bus:** ↗ Altwarmbüchener See. **Preise:** Jahresbeitrag 96 €; Kinder bis 18 Jahre 78 €; Familie 3 Pers 126 €, ab 4 Pers 180 €. **Infos:** Gebühren Jüngstensegelschein 60 €.

▶ Der Wassersportverein Altwarmbüchen bietet Optikurse für Kinder ab 8 Jahre an. Im März geht es los mit Theorie, im Sommer wird einmal wöchentlich auf dem Altwarmbüchener See gesegelt. Zum Saisonende erhaltet ihr nach erfolgreicher Prüfung den Jüngstensegelschein. Fortgeschrittene können weitermachen und das Regattasegeln lernen.

Segeln auf dem Altwarmbüchener See

Detlef Schmalstieg, Pappelweg, 30916 Isernhagen-Altwarmbüchen. ✆ 0511/613545, Fax 834909 und 61659792. Handy 0171/6516456. www.sail-surf-han-nover.de. info@sail-surf-hannover.de. **Bahn/Bus:** ↗ Altwarmbüchener See. **Auto:** Parkplatz über Seestraße, 2 Min Fußweg zur Segelschule. **Zeiten:** ab April/Mai bis zum Herbst, Kurse auch in den Sommerferien. **Preise:** Optikurs 210 €, Opti-Training € 145.

▶ Der Altwarmbüchener See ist nicht nur ein schöner Badesee, sondern eignet sich auch hervorragend zum Segeln. Bei Detlef Schmalstieg und seinem Team könnt ihr es lernen. Der Segelkurs im Optimisten umfasst sechs mal drei Stunden. Ihr werdet in Theorie und Praxis unterrichtet, nach der Prüfung erhaltet ihr den Jüngstensegelschein. Ihr solltet schwimmen können und mindestens 9 Jahre alt sein. Zum Abschluss des Kurses gibt es eine Optiregatta und ein Grillfest. Kinder zwischen 6 und 8 Jahren können am Opti-Training teilnehmen.

Hunger & Durst

Biergarten Apré Sport, Seestraße 8, Isernhagen. ✆ 0511/ 2614857. www.apre-sport.de.tl. Di – Fr 15 – 22 Uhr, Sa, So 11 – 21 Uhr.

An der Segelschule werden auch Tret- und Ruderboote verliehen.

Schiffstouren mit der Ihme-Schifffahrt

Hannoversche Personenschifffahrt, Gustav-Bratke-Allee 7, 30169 Hannover. ☎ 0511/14064, Fax 4106676. www.wasserstadt-garbsen.de. office@ihme-schiff-fahrt.de. **Bahn/Bus:** Stadtbahn 10, Bus 100, 200 bis Glocksee. **Auto:** Anleger Spinnereistraße/Leinertbrücke vor Üstra-Depot Glocksee; weitere Anleger Nordhafen, Garbsen, Lohnde. **Zeiten:** April – Dez nach Fahrplan. **Preise:** Piratenfahrt 16,50 €, historische Schleusenfahrt 17 €, Nikolausfahrt 15,50 – 17,50 €, alle anderen nach Fahrplan; Kinder 5 – 12 Jahre Piratenfahrt 12,50 €, Nikolausfahrt 11,50 – 13,50 €, sonstige Fahrten die Hälfte, Ferienangebote mit kostenlosen Fahrten für Kinder bis 14 Jahre in Begleitung der Eltern.

▶ Wollt ihr das Piratenpatent erhalten? Dann geht doch auf eine zünftige Piratenfahrt. An Bord der Ihme-Schifffahrt lernt ihr Seemannsknoten, unterscheidet bald Backbord und Steuerbord und besteht dann problemlos das Piratenquiz! Beliebt bei Familien sind außerdem die historischen Schleusenfahrten und die Nikolausfahrt. Viele weitere Touren finden nach Fahrplan statt.

Achtung! Fahrten finden nur statt, wenn mindestens 30 Personen mitfahren. Eine telefonische Anmeldung ist notwendig!

Schiffstouren auf dem Leineschloss

Leineschloss Hannover, 30823 Garbsen. ☎ 0511/3888797, Fax 0571/63598. Handy 0172/9448479. www.leineschloss-hannover.de. info@leineschloss-hannover.de. **Auto:** Anleger Vahrenwald über Windausstraße; Anleger Garbsen Mühlenbergsweg; Anleger Seelze über Werftstraße, Im Kanaleck; Anleger Linden über Kochstraße. **Zeiten:** April – Dez nach Fahrplan, Anmeldung erforderlich, mehr als 40 verschiedene Touren unterschiedlicher Länge. **Preise:** z.B. Grachtenfahrt ab Garbsen 15 €, ab Seelze 14 €; Hindenburgschleuse ab Vahrenwald 17,50 €, ab Garbsen 20 €, ab Seelze 21 €; Kinder 4 – 12 Jahre die Hälfte.

▶ Mit dem Ausflugsschiff *Leineschloss* könnt ihr eine Vielzahl von Touren unternehmen. Zum Beispiel eine

Achtung! Für alle Fahrten ist eine Anmeldung erforderlich!

Tagestour nach Hildesheim, bis Bückeburg oder zum SchokoLand nach Peine. Oder wie wäre es mit einer Stadtführung vom Wasser aus? So habt ihr Hannover noch nicht gesehen! Das Schiff besitzt natürlich ein Sonnendeck, sodass ihr bei gutem Wetter die Fahrtluft genießen könnt.

FRISCHE LUFT & SPORT

Radfahren & Spazieren

Auf dem Grünen Ring vom Wietzeblick zum Altwarmbüchener See

Länge: 12,5 km Streckentour. **Strecke:** Wietzeblick – Isernhagen-Süd – Basselthof – Altwarmbüchener See. **Bahn/Bus:** Stadtbahn 1 bis Langenhagen (Endhaltestelle), über Königsberger Straße, Kolberger Straße zum Ausgangspunkt. **Auto:** A2 Ausfahrt 45 Bothfeld, Richtung Langenhagen, Theodor-Heuss-Straße, Parkplatz An der Neuen Bult. **Rad:** Anschluss an Grünen Ring durch den Stadtpark Langenhagen.

▶ Der **Wietzeblick** ist eine kleine Anhöhe von 29 m, von der sich eine weite Aussicht ins ansonsten flache Land bietet. Hier verläuft der Grüne Ring und bringt euch nach Überquerung der *Wietze* entlang alter Eichen nach Osten. In **Isernhagen-Süd** stoßt ihr auf den Kahlendamm und schließlich auf die Hauptstraße. Ein kurzes Stück fahrt ihr nach rechts und biegt dann links zur Kreuzkämpe ein. Am Ende geht es links auf Breitentrift, wieder rechts auf Steinriede und mit einem letzten Schlenker auf die Kircher Straße. Ihr radelt Richtung Altwarmbüchen nach rechts und die nächste Straße links hinein. Das ist der Alte Postweg, auf dem einst die Pferdekutschen Post und Reisende transportierte. Vor dem **Basselthof,** in dem früher die Pferde gewechselt wurden und heute ein Reiterhof seine Heimat hat, fahrt ihr nach rechts. Nach Überqueren der Wietze liegt linker Hand die *Flemmingsche Tonkuhle.* Hier wurde bis 1975 Ton abgebaut und per Loren in die Ziegelei nach Altwarm-

Happy Birthday!

Wollt ihr einen ganz besonderen Kindergeburtstag in Isernhagen feiern? Dann werdet doch Mini-Paläontologen (für 4- bis 8-Jährige) oder baut euer eigenes Schaf (ab 10 Jahre). Der Bildhauer Jens-Uwe Scholz hat kreative Angebote! Mehr Infos unter www.fossil-art.de.

büchen transportiert. Auf der alten Trasse geht es weiter bis auf die Hannoversche Straße. Die überquert ihr und kommt am Friedhof vorbei zum **Altwarmbüchener See.** Badepause! Die Rückfahrt könnt ihr mit der Stadtbahn 3, Haltestelle Ernst-Grote-Straße, antreten. Sie fährt bis zum Hauptbahnhof, von wo ihr alle Richtungen in Hannover erreicht.

Spaziergang am Berenbosteler See

Seeweg, 30823 Garbsen. ✆ 05131/707-430, Fax 707-434. www.garbsen.de. reinhard.hilscher@garbsen.de (Abt. Stadtgrün). **Länge:** 1,3 km. **Bahn/Bus:** Bus 420, 430 bis Schulzentrum II. **Auto:** B6 bis Garbsen, Berenbosteler Straße. **Rad:** Grüner Ring.

▶ Am Berenbosteler See treffen sich Jogger, Walker, Radfahrer und Wanderer bei ihrer Runde um die ehemalige Tongrube. Kinder lieben die Nordostecke, denn dort liegt ein großes Spielschiff im Sand! Es gibt auch eine Matschanlage mit Pumpe, einen Balltrichter und eine Fußballwand. Im Winter lockt der **Rodelberg** am Südufer (zwischen Mayenfelder Straße und dem See). 115 m weit trägt euch der Schlitten.

© pmv, Foto: Kirsten Wagner

Schwimmt fast davon: Das Spielschiff am Berenbosteler See

Wietzepark und Hufeisensee

Reuterdamm, 30916 Isernhagen. ✆ 0511/6153-0, Fax -480. www.isernhagen.de. dirk.beckmann@isernhagen.de. **Bahn/Bus:** Bus 640 bis Im Gehäge. **Auto:** A352 Ausfahrt 2 Langenhagen-Kaltenweide, in Langenhagen links Reuterdamm. **Rad:** Grüner Ring.

▶ Zu beiden Seiten der Wietze ist seit dem Jahr 2000 ein großer Landschaftspark entstanden. Er verbindet Langenhagen und Isernhagen miteinander. In

Seehaus Wietzepark, Landwehrdamm 1, Isernhagen. ℗ 0511/ 2351500. www.seehaus-wietzepark.de. Di – So ab 11 Uhr. In Sichtweite zum Strand, mit Terrasse und Biergarten. Bayerische Spezialitäten.

ihm lässt sich wunderbar spazieren gehen und Rad fahren. Es gibt Obstgärten, große Wiesen zum Ballspielen, mehrere Seen, Stege und Brücken. Im **Seehaus** sitzt ihr gemütlich und an warmen Tagen könnt ihr sogar baden. Der südliche Bereich des **Hufeisensees** besitzt nämlich zwei Sandstrände. Auch Beachvolleyball könnt ihr spielen.

Spielen & Spazieren im Park

Sport und Spiel im Stadtpark Garbsen

Berenbosteler Straße, 30823 Garbsen. ℗ 05131/ 707-0, Fax 707-777. www.garbsen.de. lars.scheumann@garbsen.de. **Bahn/Bus:** Bus 430, 440, 450 bis Beicke (Eingang Ost) oder Bus 421, 430 bis Kahlriethe (West). **Auto:** B6 bis Garbsen-Mitte, Berenbosteler Straße, Fledermausweg. **Rad:** Grüner Ring (über Kastendamm am Stadtpark vorbei).

▶ Robinie, Mehlbeere, Bergulme, Holzapfel, Feldahorn und viele weitere Bäume wachsen im Stadtpark von Garbsen. Dort wurde im westlichen Bereich ein **Baumlehrpfad** mit mehr als 50 verschiedenen Bäumen eingerichtet. Diese stehen nur wenige Meter voneinander entfernt, sodass ihr von einem Baum zum nächsten nicht weit laufen müsst. Ihr passiert den ehemaligen Ringofen der Ziegelei, die früher auf dem Gelände war. Er dient heute vielen Fledermäusen als Unterkunft. Der Ziegelei ist auch die Entstehung des **Schwarzen Sees** im östlichen Bereich zu verdanken, denn von hier holte man sich Sandstein. Ihr könnt ihn zu Fuß oder mit dem Rad umrunden. In Richtung Theodor-Lessing-Ring am Südrand findet ihr einen tollen **Spielplatz** mit einer Kletterwand, einer Hangrutsche, einer Drehscheibe und einem Streetballkorb. Eure Fitness könnt ihr auf die Probe stellen, wenn ihr den Eingang am Kastendamm nehmt, wo Geräte dazu einladen, Bizeps und andere Muskeln zu trainieren. Richtung Granatstraße und Kupfergasse,

> ▶ Findet ihr im Stadtpark Lehrte, auf dem Baumlehrpfad in Garbsen oder auf einer anderen Wanderung eine Eiche? Dann schaut sie euch doch einmal genau an! Viele Tiere lieben Eichen und wohnen auf ihr, einige sind sogar nach der Eiche benannt: das Eichhörnchen, der Eichelhäher, der Eichenprozessionsspinner (ein Schmetterling), die Eichengallwespe oder der Eichenwickler (ein Nachtfalter). Eichen beherbergen hunderte von Insektenarten in ihrer Krone!
>
> Unter den Bäumen liegen meistens viele Eicheln, die Früchte der Eichen. Früher mästete man Schweine damit. Aus Eicheln kann man kleine Männchen oder Tiere basteln, indem man sie mit Zahnstochern zusammensteckt. Die Fruchtbecher geben hübsche Hüte ab! ◀

DIE EICHE

Unverkennbar wegen ihrer Form: Eichenblätter
© pmv, Foto: Kirsten Wagner

ist Treffsicherheit gefragt – entweder am Fußballtor oder auf der Tischtennisplatte.

Der Hohnhorstpark von Lehrte und sein See

Hohnhorstweg, 31275 Lehrte. ✆ 05132/505-141, Fax 505-230. www.lehrte.de. info@lehrte.de.
Bahn/Bus: ↗ Hallenbad Lehrte.

▶ Markantes Wahrzeichen nicht nur von ganz Lehrte, sondern auch vom neu entstandenen Hohnhorstpark ist der 1912 erbaute Wasserturm. Nachts wird er hübsch beleuchtet, tagsüber bietet er eine gute Orientierung. Zu seinen Füßen erstreckt sich der jüngste Teil des Parks mit zwei Wasserbecken und einer Boulderwand, an der ihr eure Kletterkünste probieren könnt. Früher stand hier die Zuckerfabrik. Auf der anderen Seite des Hohnhorstwegs liegen der »alte« und dahinter der »neue« Stadtpark. Im vorderen Bereich findet ihr unter Bäumen einen modernen Spielplatz, ganz in der Nähe steht das Fachwerkhaus des Lehrter Männerchors, in dem verschiedene Veran-

Im Stadtpark liegt der Rodelberch, den die Lehrter tatsächlich mit -ch schreiben. Auf jeden Fall ist er immer für eine Schlittenpartie gut – wenn denn Schnee liegt!

staltungen stattfinden. Nach Norden hin könnt ihr bis zum **Hohnhorstsee** wandern oder radeln. Dabei passiert ihr mehrere Seen, die Hundewiese und die Obststreuwiese mit mehr als 170 Bäumen. Am See klären zwei Infotafeln über die Geschichte des Gewässers auf und zeigen auf Fotos, wie es früher einmal hier aussah. An manchen Tagen könnt ihr zuschauen, wie die Wasserfahrzeuge der Schiffsmodellbauer über den See schippern.

Hüpfen oder Fliegen

Kids Fun World Garbsen

Baßriede 2, 30827 Garbsen. ✆ 05131/8384, Fax 476733. www.kidsfunworld.de. info@kidsfunworld.de. **Bahn/Bus:** Bus 480. **Auto:** A2 Ausfahrt 42 Herrenhausen, B6 Richtung Garbsen, links Schönebecker Allee, Havelser Straße. **Rad:** Nähe Grüner Ring. **Zeiten:** Di – So 15 – 19 Uhr. **Preise:** 2 €; Kinder bis 13 Jahre 6 €; 30 Min Bungee-Trampolin 16 €.

▶ Viel Spaß beim Toben und Spielen verspricht Kids Fun World in Garbsen. In der 3500 qm großen Halle findet ihr ein riesiges Klettergerüst über drei Etagen, eine Riesenrutsche, Hüpfburgen und Trampoline. Für die Kleinen bis 2 Jahre gibt es eine Mini-Kids-Ecke. Gleich nebenan kann man auch Bowling spielen oder auf dem Bungee-Trampolin springen. Außerdem gibt es Spielfelder für Tennis, Badminton und Squash.

Welt der Luftfahrt: Erlebnisausstellung am Airport

Hannover Airport, Flughafenstraße, 30855 Langenhagen. ✆ 0511/977-1238, Fax 977-1360. www.weltderluftfahrt.de. weltderluftfahrt@hannover-airport.de. **Bahn/Bus:** Straßenbahn 5, Bus 470. **Auto:** A2 Ausfahrt 44 Langenhagen oder A352, Parkhaus P1 (1 Std 4 €, 3 Std 10 €). **Rad:** Nähe Grüner Ring (Everstorfer Straße), weiter über Benkendorffstraße. **Zeiten:** Mo –

Achtung! Für den Flugsimulator ist eine vorherige Anmeldung erforderlich!

Im Tower und am Steuer-
knüppel: In der Erlebnis-
ausstellung am Airport
gibt es viel zu entdecken
© pmv, Foto: Kirsten Wagner

Fr 9 – 18, Sa, So 10 – 19 Uhr. **Preise:** Großer Rundflug 4,80 €, Kleiner Rundflug 2,50 €; Flugsimulator: Schnupperflug 20 Min 18,50 € (Altersempfehlung ab 12 Jahre); Kinder ab 5 Jahre und Schüler 3,50 €, Kleiner Rundflug 1,50 €; Familie (2 Erw, 2 Kinder) 13,50 €. **Infos:** Buchung Flugsimulator: m.preuss@hannover-airport.de.

▶ Der Hannover Airport in Langenhagen hat mit seiner Welt der Luftfahrt eine Erlebnisausstellung rund um das Thema Fliegen geschaffen. Einchecken und abheben kann man im »Kleinen Rundflug« mit Fokus auf der Aussichtsterrasse oder aber im »Großen Rundflug«, der sämtliche Bereiche umfasst. Wie aus dem Traum vom Fliegen Visionen wurden und schließlich die ersten Flugapparate abhoben, lässt sich anhand von Exponaten und Mitmachstationen genau verfolgen. Mit der Quizkarte, die alle Kinder erhalten, müssen an den gelben Tafeln Fragen beantwortet werden. Am Schluss des Rundgangs gibt es dann im Shop eine Überraschung! Windtunnel, Instrumentenquiz und das Flugzeugfahrrad laden zum Ausprobieren ein. Wer sich vor dem Besuch für den

Umweltfreundlicher als mit dem Flugzeug reist ihr mit der Bahn!

Hunger & Durst

Gate 66, Flughafenstraße, Langenhagen. ☎ 0511/977-2687. www.weltderluftfahrt.de. Zeiten wie Welt der Luftfahrt.

Flugsimulator angemeldet hat, kann nun im Airbus A320 virtuell abheben und sich wie ein echter Pilot fühlen. Nach ausgiebigen Starts und Landungen geht es zur Aussichtsterrasse, von wo die echten Flugzeuge gut zu beobachten sind. Hier warten weitere spannende Infos und Spiele. So lässt sich erfahren, wie viel Reifengummi in Langenhagen jährlich von den Landebahnen gekratzt werden muss. Was meint ihr? Auf dem Spielplatz mit dem knallgelben Flugzeug könnte man jetzt noch Pilot spielen, während die Eltern im Gate 66 eine Schweizer Wähe oder ein Stück Kuchen verzehren.

Sport auf dem Eis

Eishalle Langenhagen Soccio Center

Lenny Soccio Ice & Event Center GmbH, Brüsseler Straße 1, 30853 Langenhagen. ✆ 0511/89790-0, Fax 89790-35. www.soccio-center.de. info@soccio-center.de. **Bahn/Bus:** Bahn 4, 5 bis Langenhagen-Mitte, Bus 470, 612, 616. **Auto:** A2 Ausfahrt 44 Langenhagen, Flughafenstraße, Ausfahrt Langenhagen-Mitte, am Kreisel in Straße Tonkuhle, 1. rechts. **Rad:** Niedersachsenstraße (Grüner Ring), Karl-Kellner-Straße, Rathenaustraße. **Zeiten:** Di – Fr 8.15 – 10.15 und 14.30 – 15.45, Di, Do auch 16 – 17.15, Fr auch 16 – 17.30, Sa, So 10.30 – 12.30 und 15.30 – 17.30 Uhr, Eisdisco Sa 19.30 – 22 Uhr, Ferien auch Di – Fr 10.30 – 12.30 und 13 – 14.15 Uhr, Sommerpause Mai – Juli. **Preise:** Mo – Fr 3 €, Sa, So 4 €; Kinder 3 – 16 Jahre Mo – Fr 2,50 €, Sa, So 3,50 €. **Infos:** Eisdisco 4,50 €, Schlittschuhverleih 3 €.

▶ Fast das ganze Jahr über Eislaufen? Das geht in Langenhagen, seit der Eishockeyspieler **Lenny Soccio** dort seine Eissporthalle eröffnete. Auf der 1800 qm großen Eisfläche werden täglich zwei bis vier Laufzeiten angeboten. Zu heißen Rhythmen lauft ihr euch schnell warm an jedem Samstagabend,

@ www.sport-club-langenhagen.de, www.hannoverscorpions.de.

Der Kanadier ***Lenny Soccio*** *(geb. 1967) spielte 1996 – 2006 für die Hannover Scorpions.*

Hunger & Durst

Leonards, Brüsseler Straße 1, Langenhagen. ✆ 0511/89790-17. www.soccio-center.de. Mo – Fr ab 16, Sa, So ab 10.30 Uhr. Mo Pizza-Tag (2 for 1), Mi Pasta-Tag 5 € pro Portion.

wenn die Eisdisco einge-
läutet wird. Wer gerne
einmal Eisstockschießen
ausprobieren möchte,
kann sich dafür anmel-
den, dazu solltet ihr zwei
Teams à vier bis sechs
Personen bilden können.
Oder lieber Eiskunstlauf
lernen? Das Schnupper-
training ist kostenlos, anschließend müsstet ihr
Mitglied werden im *SC
Langenhagen* (monatlich
10 €, mehr Infos unter
Handy 0170/7314237).
Oder wollt ihr den Kindergeburtstag in der Soccio-
Halle feiern? Das Paket I
kostet 10 € je Kind, Pa-
ket II mit Geburtstagska-
bine 15 €. Animation
durch eine Eiskunstläufe-
rin ist für 24 € zu buchen.

© pmv, Foto: Kirsten Wagner

Buntes Treiben auf dem Eis: Im Soccio Center

Betriebsbesichtigungen

Besichtigung des Flughafens Langenhagen: Airlebnisführungen

Besucherdienst Flughafen Hannover – Hannover Airport, Dietmar Aselmeier, Flughafenstraße, 30855 Langenhagen. ✆ 0511/977-1353, Fax 977-1355.
www.weltderluftfahrt.de. d.aselmeier@hannover-air-
port.de. **Bahn/Bus:** ↗ Welt der Luftfahrt. **Zeiten:** nach
Absprache täglich außer Fei, mindestens 10 Pers. **Preise:** Führung I – IV 6 – 10 €, Exklusiv-Führung 30 €, min
60 € (ab 10 Jahre); Kinder 3,50, 4,50, 6, 7 € (Führung
I und II ab 5 Jahre, Führung III und IV ab 10 Jahre).

HANDWERK UND GESCHICHTE

Infos: Treffpunkt Flughafenmodell Ankunftsebene zwischen Terminal B und C.

▶ Wie sieht es hinter den Kulissen eines Flughafens aus? Wohin verschwinden die Koffer nach dem Einchecken und wie arbeitet die Flughafen-Feuerwehr? Gruppen ab 10 Personen können eine Führung über Hannovers Airport buchen. Dabei stehen vier Varianten zur Auswahl. Alle beinhalten einen Rundgang zu Fuß und eine anschließende Rundfahrt über das Außengelände am Luftfrachtzentrum, an der Enteisungsanlage, der Polizei und der Flugsicherung vorbei. Von der Aussichtsterrasse, die zur ↗ *Welt der Luftfahrt* gehört, lässt sich zum Abschluss nicht nur ein weiterer Blick auf das Rollfeld werfen, sondern auch spielen und spannende Fakten erfahren. Zu Führung III und IV gehört auch ein Besuch bei der Feuerwehr. Die Exklusiv-Führung, die auch für Einzelpersonen buchbar ist, beinhaltet außerdem eine Fahrt über die Start-und-Landebahn, einen Besuch bei der Hubschrauberstaffel und den Großen Rundflug in der Welt der Luftfahrt.

Der Ausstoß von Schadstoffen ist bei Flugzeugen wesentlich höher als bei Bus und Bahn!

Museumsstellwerk Lehrte Lpf

Richtersdorf 2, 31275 Lehrte. ✆ 05132/56377 (Martin Schiweck), www.mev-lehrte.de. info@mev-lehrte.de. **Bahn/Bus:** S3, S7; Bus 949, 962, 963, 965 bis Neues Zentrum, 700 m Fußweg. **Auto:** Poststraße (B443), über den Bahnübergang in Richtersdorf. **Rad:** Radweg von Ahlten. **Zeiten:** 4. So im Monat 10 – 13 Uhr. **Preise:** 2 €; Kinder 1 €; Familie 4 €. **Infos:** Modelleisenbahnverein Lehrte e.V., Postfach 15 70, 31255 Lehrte.

▶ An einem Stellwerk werden Weichen und Signale der Bahn gesteuert. Heute geschieht das alles elektronisch. Früher aber mussten die Anlagen mechanisch umgestellt werden. Wie das aussah, zeigt das **Museumsstellwerk Lpf** in Lehrte. Es stammt von 1912. Das Gebäude, in dem es sich befindet, ist sogar noch älter, nämlich von 1896. An der 20 m langen Hebelbank dürft ihr auch selbst einmal Hand an-

Der Name Lpf bedeutet: Lehrter Personenbahnhof Fahrdienstleiter.

legen. Wie der Lehrter Bahnhof, einst einer der Hauptknotenpunkte im Eisenbahnverkehr, um 1960 aussah, zeigt eine große Modellbahnanlage im ehemaligen Spannwerkraum.

Freilichtmuseum Wöhler-Dusche-Hof

Nordhannoversches Bauernhaus-Museum Isernhagen e.V., Am Ortfelde 40, D-30916 Isernhagen-Niederhägener Bauerschaft. ✆ 0511/6153-0 (Gemeinde), 0160/95118550, Fax 6153-480. www.isernhagen.de. gemeinde-isernhagen@isernhagen.de. Bahn/Bus: Bus 635, 650 bis Dehne. Auto: A7 Ausfahrt Großburgwedel, über HB nach NB. Rad: Vom Grünen Ring über Prüßentrift. Zeiten: Mai – Sep So 11 – 17 Uhr, mehrere Aktions- und Backtage. Preise: Eintritt frei.

▶ Wie ein Bauernhof Ende des 16. Jahrhunderts aussah und wie man dort arbeitete, lässt sich im Freilichtmuseum des Wöhler-Dusche-Hofes erfahren. Alle Gebäude stehen an ihrem ursprünglichen Platz. Das Haupthaus ist ein Zweiständerbau, es steht also auf zwei Ständerreihen, die das Haus tragen. Dies ist die ältere Bauweise, später baute man eher Vierständerhäuser. Erhalten sind auch die Scheune, der Bauerngarten, die Weide und das Backhaus. Mehrmals im Jahr wird darin der Ofen angefeuert und Kuchen und Brot gebacken. In der Diele werden wechselnde Ausstellungen gezeigt.

Für Bücherwürmer

Isernhagen liest vor

Gemeindebücherei Isernhagen, Helleweg 4, 30916 Isernhagen-Altwarmbüchen. ✆ 0511/6151237, Fax 6153-480. www.isernhagen.de. gemeindebuecherei@isernhagen.de. Zeiten: 2. und 4. Mo im Monat, 16 Uhr. Preise: frei.

▶ *Isernhagen liest vor* ist der Name eines ganz besonderen Projektes. In diesem Arbeitskreis haben

Einmal im Monat könnt ihr Urmel, dem Sams oder anderen Figuren im **Kinderkino NB** begegnen (Am Ortfelde 74c). Eintritt frei, Termine werden unter www.isernhagen.de veröffentlicht.

BÜHNE, LEINWAND & AKTIONEN

Bücherei, Mo, Do 15 – 18, Di 15 – 19, Mi 10 – 12 Uhr.

sich Menschen aus Isernhagen zum Ziel gesetzt, das Lesen zu fördern. Die Vorleser kommen nicht nur zu euch in die Grundschule, sondern auch in die Bücherei von Altwarmbüchen. Jeden 2. und 4. Montag im Monat wird für Kinder zwischen 5 und 10 Jahre aus einem spannenden Buch vorgelesen. Regelmäßig steht auch Basteln auf dem Programm. Zweimal im Jahr könnt ihr an einer Lesenacht teilnehmen.

Natürlich könnt ihr euch auch für die Bücherei einen Leseausweis holen. Für die Gebühr von 1,50 € dürft ihr dann zwei Jahre lang Bücher, CDs und Kassetten ausleihen.

FESTKALENDER HANNOVERS NORDEN

März:	Isernhagen: **Konzert für Kinder** in der Musikschule Isernhagen und Burgwedel e.V.
Ostern:	Ostersamstag, Lehrte: **Osterfeuer** der Siedlergemeinschaft Glück auf, Knappenweg 51, ab 17 Uhr Zwergenfeuer.
April:	Lehrte: **Frühlingsfest** auf dem Schützenplatz.
	Lehrte: **Volkslauf** Hämelerwald mit Kinderlauf.
Juni:	Jeden Sa 11 – 14 bzw. 16 Uhr, Lehrte: **Samstags in Lehrte** – besondere Veranstaltungen in der Lehrter Innenstadt, am letzten Samstag mit Kinderfest.
	Berenbostel: **Matjesfest** im Bürgerpark Berenbostel.
August:	Anfang, Langenhagen: **Seefest** am Silbersee. Mit Kinderfest unter dem Motto Cowboys und Indianer.
	Letzter Sa, Altwarmbüchen: Moorfest. Mit Musik, Tombola und Feuerwerk.
September:	Letzter So, Steinwedel bei Lehrte: **Drachenfest.**
Oktober:	Anfang, Erntedank, Isernhagen-Neuwarmbüchen: **Erntedankfest** bei der Gärtnerei Rothenfeld. Strohspielplatz, Trampolin, Selber-Ernten einer Gemüsekiste.
November:	Anfang, Isernhagen: **Lichterreise** mit dem Waldkindergarten Isernhagen.
	Isernhagen-Kirchhorst: **Herbstfest** im Jugendtreff Alte Schule mit vielen Aktionen für Kinder.

Gleich sechs Städtchen liegen südlich von Hannover. Gehrden, Ronnenberg und Pattensen gehören zum Calenberger Land, einer historischen Landschaft zwischen Leine und Deister, in der einst das Fürstentum Calenberg seinen Sitz hatte. Östlich schließen sich Hemmingen, Laatzen und Sehnde an.

Laatzen ist von der Bebauung her direkt mit Hannover verbunden, besitzt jedoch mit dem Park der Sinne, dem aquaLaatzium und dem Flugzeugmuseum selbst einige herausragende Anziehungspunkte. Mit der westlich gelegenen Leineaue und dem östlich gelegenen *Kronsberg* – eine natürliche Anhöhe, auf der zwei künstliche Aussichtshügel geschaffen wurden – sind zwei ganz unterschiedliche Erholungsgebiete mit vielen Wander- und Radwegen gut zu erreichen. In **Sehnde** hingegen war der Kalibergbau ein bedeutender Industriezweig, wovon bis heute die Kalihalde am Ortsrand zeugt. Im Ortsteil Wehmingen befindet sich das Straßenbahnmuseum.

ADFC-Regionalkarte Hannover und Umgebung. Radwanderkarte 1:75.000. 6,80 €.

Bäder & Seen

aquaLaatzium

Hildesheimer Straße 18, 30880 Laatzen. ✆ 0511/860249-0, Fax 860249-77. www.aqualaatzium.de. info@aqualaatzium.de. **Bahn/Bus:** Stadtbahn 2 bis Stadtbad. **Auto:** Messeschnellweg Ausfahrt Messe-Ost, Kronsbergstraße, am Ende links, Hildesheimer Straße nach rechts folgen. **Rad:** Leine-Heide-Radweg, dann über Peterskamp. **Zeiten:** Mo 11 – 22, Di – Fr 6.30 – 22, Sa, So 9 – 22 Uhr. **Preise:** 3 Std 5,50 €, Sa, So 6 €, jede weitere halbe Std 1 €; Kinder bis 6 Jahre 3 Std 1,30 €, Sa, So 1,50 €; Kinder 6 – 17 Jahre 3 Std 3,70 €, Sa, So 4 €, jede weitere halbe Std 0,60 €; Happy Hour Mo – Fr 12 – 14.30 und Sa 9 – 12 Uhr Kinder bis 6 Jahre 0,60 €, 6 – 17 Jahre 1,80 €, Erw 3 €.
▶ Das zweigeteilte Planschbecken im aquaLaatzium ist für kleine Wasserratten einfach klasse. Über eine

TIPPS FÜR WASSER-RATTEN

Happy Birthday!
14 € pro Person kostet die Geburtstagsfeier im aquaLaatzium. Enthalten sind 3 Std Badespaß, Animation und ein Menü.

Teamarbeit im Park der Sinne: Gemeinsam kriegt ihr das Mühlrad sicher ins Laufen

flache Elefantenrutsche gleitet ihr sanft ins Wasser, während es auf der Rutsche gleich nebenan etwas flotter zugeht. Schlange und Delfin spritzen fröhlich vor sich hin und an einer Pumpe könnt ihr das Wasser zum Fließen bringen. Weil auch ältere Kinder gern rutschen, gibt es noch eine 80 m lange Version, die sich ins Erlebnisbecken schlängelt. Dort könnt ihr euch im Strömungskanal mitziehen lassen oder unter einem Wasserfall in eine Grotte tauchen, in der es bunt leuchtet. An anderen Stellen sprudelt und schwallt das Wasser vor sich hin. Wer lieber springt, den zieht es ins 25 m lange Schwimmbecken, das ein 1-m-Brett und einen 3-m-Turm besitzt. Ganzjährig nach draußen schwimmen könnt ihr im Sole-Außenbecken, dessen salzhaltiges Wasser besonders gesund ist. Noch wärmer ist es im Whirlpool, in dem es lustig blubbert.

Freibad Empelde

Hansastraße, 30952 Ronnenberg-Empelde. ✆ 0511/ 2610043, Fax 4600-201. www.ronnenberg.de. info@ronnenberg.de. **Bahn/Bus:** Stadtbahn 9 bis Endstation, 10 Min Fußweg; Bus 510. **Auto:** B65 von Ricklingen Ausfahrt Empelde, Berliner Straße, rechts Nenndorfer Straße, 3. Straße rechts, am Ende links. **Rad:** Grüner Ring. **Zeiten:** Mitte – Ende Mai Mo – Fr 13 – 20, Sa 11 – 19, So 10 – 19 Uhr, Juni – Mitte Sep Mo – Fr 9 – 20, Sa, So, Fei 9 – 19 Uhr. **Preise:** 2,50 €; Kinder ab 6 Jahre 1,50 €; Mondscheintarif ab 2 Std vor Schließung 1 €.

▶ Schon in den 1930er Jahren suchten die Bergleute der nahen Kalihalde Erfrischung im Empelder Freibad. Der schräge Beckenrand und die Länge von 33 m zeugen vom damaligen Bauwesen. Mit der breiten Wellenrutsche trifft die Tradition heute auf die Moderne. In allen Variationen wird hier in den Nichtschwimmerbereich abgetaucht. Das Wasser ist nicht beheizt, doch das tut der Badefreude keinen Abbruch. Zum Aufwärmen stehen ein Beachvolleyballfeld, Tischtennisplatten, ein Kicker und ein Spielplatz zur Verfügung.

Freizeitbad Pattensen – pab

Am Hallenbad 1, 30982 Pattensen. ☎ 05101/84051, Fax 852476. www.pattenser-bad.de. info@pattenser-bad.de. **Bahn/Bus:** Bus 340, 341. **Auto:** B3 bis Pattensen, am Kreisel in den Ort, Göttinger Straße, rechts Bruchweg, am Ende rechts, nächste links (Schützenallee), 2. Straße links, 1. Straße rechts. **Rad:** Radweg Bennigsen – Koldingen. **Zeiten:** Hallenbad Mo 6 – 9, Di 6 – 10 und 12.30 – 18, Mi 6 – 10 und 11 – 19, Do 6 – 18, Fr 6 – 20, Sa 12 – 18, So 8 – 17 Uhr, Ferien Mo auch 10.30 – 17, Di, Do 6 – 18, Mi 6 – 19, Fr 6 – 20, Sa 11 – 18, So 8 – 17 Uhr, Freibad Mai – Sep Mo 10.30 – 19, Di – So 9 – 19 Uhr. **Preise:** 3,50 €; Kinder 4 – 17 Jahre 2 €.

© pmv, Foto: Kirsten Wagner

Zufriedener Eisbauch: Im pab könnt ihr alle Sommerfreuden genießen

▶ Ab ins Wasser, kann man da nur sagen! Im Pattenser Bad, kurz pab genannt, ist sommers wie winters Baden angesagt. Das **Freibad** besitzt ein 50-m-Mehrzweckbecken mit einer 45 m langen Wasserrutsche. Im Planschbecken lassen sich die Kleinen mit Vergnügen vom Wasserpilz berieseln. Neben Beachvolleyball könnt ihr Tischtennis, Fußball oder Badminton spielen. Auch ein Spielplatz ist vorhanden und als besondere Höhepunkte Trampoline und ein Streichelzoo.

Ab September geht es dann ins **Hallenbad.** Das hat nicht nur drei Becken, sondern als Clou sogar eine

Sa 14 – 17 Uhr ist Spielenachmittag mit aufblasbarer Rutsche, Pontons, Reifen, Ringen und Aquaball.

Kletterwand direkt am und über dem Wasser. Jüngere Kinder rutschen gern über den Elefanten ins nasse Element. Zum Angebot gehören Babyschwimmen, Schwimm- und Tauchkurse.

Delfi-Bad

Lange Feldstraße 15, 30989 Gehrden. ℂ 05108/1450, Fax 6404-13. www.delfi-bad.de. info@delfi-bad.de. **Bahn/Bus:** Bus 350, 500, 522, 523, 571 bis Lange-Feld-Straße. **Auto:** ↗ Gehrden, Stadtweg, 2. Straße links. **Rad:** Nähe Grüner Ring. **Zeiten:** Hallenbad Juni – Aug Mo – Fr 6.15 – 19, Sa, So 8 – 19 Uhr, Sep – Mai Mo – Fr 6.15 – 13, Di – Fr auch 15.30 – 20, Sa, So 8 – 18 Uhr; Freibad Mai – Sep Mo – Fr 6.15 – 19, Sa, So 8 – 19 Uhr. **Preise:** 3,30 € (Sparpreis 2,20 €); Kinder 2,20 € (Sparpreis 1,10 €); Sparpreis: Winter Mo – Fr vormittag, Di – Fr ab 18 Uhr, Sa, So ab 17 Uhr, Sommer täglich ab 18 Uhr.

▶ Das Delfi-Bad besitzt einen Innen- und einen Außenbereich. Mit der Sanierung 2003 entstand im **Hallenbad** eine moderne Wasserlandschaft. Zum 25-m-Sportbecken gehört eine Sprunganlage, an der ihr aus bis zu 5 m Höhe ins nasse Element eintauchen könnt. Wasserpilz und Schwallduschen locken ins Jugendbecken, während im Planschbecken eine Walrutsche und eine spritzende Wasserschlange zu finden sind.

Das Mehrzweckbecken im **Freibad** ist 50 m lang. Hinein kommt ihr auch rutschend. Das gilt auch für das Kinderbecken mit seiner Delfinrutsche. Zu sportlicher Betätigung auf dem Trockenen laden Beachvolleyballfelder und Tischtennisplatten ein.

Strandbad Hemmingen: Südsee bei Hannover

Hohe Bünte 10, 30966 Hemmingen. ℂ 0511/414117, Fax 3241007. www.strandbad-hemmingen.de. info@baden-in-hemmingen.de. **Bahn/Bus:** Bus 363, 365 (ab Hannover/Wallensteinstraße), 366 (ab

© pmv, Foto: Kirsten Wagner

Schwimmbrille auf und tief Luft holen: Im Südsee könnt ihr mal so richtig untertauchen

Hannover, Peiner Straße oder Pattensen) bis Hemmingen/Börie, 10 Min Fußweg. **Auto:** Südschnellweg Ausfahrt Maschsee, Schützenalle, rechts Brückstraße, rechts Berliner Straße, 2. Straße rechts. **Rad:** Maschsee, Dreieckstich (Ricklinger Teiche, Düsternstraße), nach Unterquerung Südschnellweg rechts, hinter der Holzbrücke links. **Zeiten:** Mai – Sep Mo – Fr 13 – 20, Sa, So, Fei, Ferien 10 – 20 Uhr. **Preise:** 2,50 €; Kinder ab 4 Jahre und Schüler 1,20 €.

▶ Das Baden im See ist immer ein ganz besonderes Vergnügen. In Hemmingen gibt es dazu sogar einen Sandstrand. Flach geht es hier ins Wasser, sodass auch Kleinkinder ihren Planschspaß bekommen. Übers Wasser führt ein Holzsteg, der Nichtschwimmerbereich ist durch Bojen gekennzeichnet. Es gibt auch einen schwimmenden Ponton. Die umstehenden Bäume spenden Schatten und mehrere Spielgeräte laden zum Klettern und Wippen ein, nicht zu vergessen Tischtennisplatten, Rasenschach und Bauspielplatz. Am Kiosk erhaltet ihr Eis!

Badesee Heisede

Heiseder Straße, 31157 Sarstedt. ✆ 05066/805-0, Fax 805-70. www.sarstedt.de, www.pasi96.npage.de. rathaus@sarstedt.de. **Bahn/Bus:** Stadtbahn 2 bis Gleidingen/Süd oder Heisede. **Auto:** B6, Heiseder Straße. **Rad:** Von Ruthe über Marienburger Straße oder Radweg

Hunger & Durst
Seegarten Strandart und Café Shinebar, Hohe Bünte 10, Hemmingen. ✆ 0511/ 70030177. www.strandart.de. Mo – Fr 12 – 23, Sa, So 10 – 23 Uhr. Hängematten, Bambusmöbel und ein Beduinenzelt sorgen für orientalisches Flair.

von Hotteln (Delmweg). **Zeiten:** Kiosk, Duschen und Umkleiden in der Saison täglich 9 – 21 Uhr. **Preise:** 1 €; Kinder 0,80 €.

▶ Zwischen Gleidingen und Heisede lädt ein Badesee zur sommerlichen Erfrischung ein. Sogar einen Kinderstrand gibt es. Dort geht es flach ins Wasser und im Sand buddeln könnt ihr natürlich auch. Wer schon gut schwimmt, kann bis zur Badeinsel kraulen. Ein sonniges Plätzchen auf der Liegewiese findet sich ebenso wie Schatten unter hohen Bäumen. Der Kiosk versorgt euch mit Essen und Trinken.

FRISCHE LUFT & SPORT

Auf Pfaden & Bergen

LandschaftsKunstPfad Ronnenberg

Hansastraße, 30952 Ronnenberg. ℡ 0511/4600-353, 4600-370, Fax 4600-201. www.ronnenberg.de. christian.harder@ronnenberg.de. **Länge:** 4 km Rundweg, kinderwagentauglich, auch als Radtour möglich. **Start:** Freibad in Empelde. Weitere Zugänge zum Pfad: Salinenstraße in Benthe oder Eingang Hannover an Lenther Chaussee mit Bushaltestelle und Parkplatz. **Bahn/Bus:** Bus 510 bis Empelde/Rathaus, Bus 580 Lenther Chaussee. **Auto:** Parkplatz am Freibad (Hansastraße). **Rad:** Grüner Ring.

Blick auf die Halde von Empelde: Das Landschaftsfenster eröffnet neue Perspektiven

© pmv, Foto: Kirsten Wagner

▶ Der Name verrät es schon: Auf diesem Pfad gibt es neben Landschaft auch Kunst zu sehen. Dabei wurden die Kunst-Stationen überwiegend aus natürlichen Materialien geschaffen. Da hängen kleine Waldgeister im Zauberwald, laden Noten in den Bäumen zum Singen ein und besondere Bänke zum Niederlassen. Der Blick von diesen Sitzen fällt durch große Landschaftsfenster. Da seht ihr die begrünte Halde von Empelde, Getreide wiegt sich im Wind und in der Ferne blitzt das Rathaus von Hannover auf.

Vom Freibad in **Empelde** folgt ihr dem Schachtweg durch die bunt bemalte Straßen-Unterführung. Auf diesem Stück findet ihr schon die ersten Stationen. Am Monolith-Stelen-Platz geht es dann geradeaus weiter. Auf der Weide rupfen vielleicht gerade ein paar Yaks geräuschvoll Gras. Ihr stoßt schließlich auf die Salinenstraße in **Benthe,** die rechter Hand zum Höhenweg wird. Am Fuße des ↗ Benther Berges führt der Weg weiter bis zum Abzweig, der euch rechts zum Talweg bringt. Am Baumtor erklingen bei Wind sanfte Töne aus der Salweide und am Eschteich bilden weiße Seerosen einen Blickfang.

© pmv, Foto: Kirsten Wagner

Warum nicht mal unterwegs ein Liedchen singen? Text und Noten sind schon da!

Wanderung auf dem Gehrdener Berg
Länge: 2,5 km Rundtour, kurzer Anstieg am Sürser Berg. **Bahn/Bus:** Bus 500 bis Schwesternschule, Fußweg zum Berggasthaus. **Auto:** ↗ Gehrden, Große Bergstraße, Parkplatz am Berggasthaus. **Rad:** Grüner Ring Umlandschleife Gehrden.

▶ Mit dem Anschluss Gehrdens an die Straßenbahn aus Hannover im Jahre 1898 sollten auch Touristen auf den kleinen Höhenzug westlich des Ortes gelockt werden. So errichtete die Straßenbahngesellschaft ein Ausflugslokal und ließ von ihrem Gartenbaudirektor Julius Trip einen Park anlegen. Von der großen Freitreppe blickt man auch heute noch weit ins Calenberger Land. Auf der Infotafel an ihrem Fuße zeigt

Hunger & Durst

Berggasthaus Niedersachsen, Köthnerberg 4, Gehrden. ✆ 05108/3101. www.berggasthaus-niedersachsen.de. Mi – Fr ab 15 Uhr, Sa, So, Fei ab 12 Uhr. Frische, regionale Küche. Leckere, hausgemachte Torten.

👀 *Die **Cherusker** waren ein germanischer Volksstamm. Sie lebten bis zum 4. Jahrhundert im Gebiet des heutigen Niedersachsen. Mit Nachbarstämmen wie den Chatten kam es immer wieder zu Konflikten.*

Der Burgbergturm Gehrden: Wohnte hier einst Rapunzel?

eine Zeichnung die feinen Damen und Herren bei ihrem Ausflug aufs Land. Die Straßenbahn hält hier zwar nicht mehr, aber in der alten Remise wurde das Berggasthaus wieder eröffnet.

Dort beginnt ein knapp 2,5 km langer **Rundweg.** Findet ihr bei eurer Wanderung Kletten, Glockenblumen und Efeu? Schon nach 300 m lässt sich über die Mergelkuhle hinweg weit in Richtung Deister und Barsinghausen blicken. Folgt an der Kreuzung dem Weg geradeaus, der sich als schmaler Abenteuerpfad durchs Grün windet. Geht am Ende links und noch einmal links den *Sürser Berg* hinauf. Oben findet ihr das Holle-Denkmal. Ihr stoßt schließlich wieder auf einen Weg, dem ihr kurz nach links folgt, dann wieder nach rechts, zum Berggasthaus zurück.

Zum Burgbergturm auf dem Gehrdener Berg

Große Bergstraße, 30989 Gehrden. ✆ 05108/6404-40, Fax 6404-13. www.gehrden.de. info@gehrden.de. **Länge:** 500 m bergauf, nicht kinderwagentauglich. **Auto:** ➚ Gehrden, Parkplatz an der Großen Bergstraße. **Rad:** Grüner Ring Umlandschleife Gehrden. **Zeiten:** 1. und 3. So im Monat, Okt – Feb 10 – 12 Uhr, März – Sep 14 – 16 Uhr. **Preise:** Eintritt frei, Gruppen 10 €.

▶ Einst soll es auf dem Gehrdener Burgberg eine Fluchtburg der **Cherusker** gegeben haben. Zu erkennen ist mit etwas Fantasie noch eine Ringwallanlage. Deutlicher hebt sich der Aussichtsturm hervor. Hier könnte auch Rapunzel zu Hause sein! Der 20 m hohe Turm wurde 1898 als Teil der weiter südlich gelegenen Ausflugsgaststätte (heute Berggasthaus) angelegt.

© pmv, Foto: Kirsten Wagner

Renoviert lädt er wieder zum Aufstieg ein. Ein ausgeschilderter Weg beginnt an dem kleinen Parkplatz an der Bergstraße.

Pflanzen & Tiere erleben

Park der Sinne

Am Holze, 30880 Laatzen. ✆ 0511/8756874, Fax 8205-373. www.verein-park-der-sinne.de. parkdersinne@gmx.net. **Bahn/Bus:** Bus 340, 341 bis Park der Sinne. **Auto:** Messeschnellweg Ausfahrt Messe-Ost, Kronsbergstraße, links Gutenbergstraße, 1. rechts Am Holze (wenige Parkplätze), besser weiter auf Gutenbergstraße, 2. rechts Mergenthaler Straße, rechts Seite parken. **Rad:** Nähe Grüner Ring. **Zeiten:** ganzjährig frei zugänglich, Informationsbüro im Gartenhaus: April – Okt Mo – Fr 9 – 18, Sa, So 11 – 18 Uhr, Führungen Mai – Okt 2 x monatlich So 14.30 Uhr. **Preise:** Eintritt frei, Führung 3 €; Kinder 12 – 18 Jahre Führung 1 €. **Infos:** Stadt Laatzen, Marktplatz 13, 30880 Laatzen, ✆ 0511/8205-343 und -461, renkewitz@laatzen.de.

▶ Mitten in der Stadt eine Oase von Grün, mit einem Bachlauf, Hügeln, einer Schlucht, Wiesen, Blumen und Teichen. Das ist der Park der Sinne, entstanden auf einer ehemaligen Hausmülldeponie, nun Anziehungspunkt für Groß und Klein. Ganz viel gibt es zu entdecken, natürlich mit allen Sinnen. Es gibt ein Labyrinth mit einem Märchenweg, ein begehbares Insektenauge, eine Klangschale, einen Wasserspielplatz und einen Garten der Düfte. Ihr könnt am Kräuter-

Blick durchs Facettenauge: So sehen also Insekten

© pmv, Foto: Kirsten Wagner

Café im Park 12 – 17.30 Uhr, Reservierung Handy 0176/ 17433317.

tisch Platz nehmen, euch etwas über die Parabolspiegel zuflüstern, den Kopf in den Summstein stecken, balancieren und wundersame Spiegelbilder entziffern. Im Infopavillon ist ein Faltblatt zu den Stationen erhältlich (0,50 €).

NABU Laatzen in der Alten Feuerwache in der Leineaue

Ohestraße 14, 30880 Laatzen-Grasdorf. ✆ 0511/ 8790110, Fax 8756709. www.nabu-laatzen.de. info@nabu-laatzen.de. **Bahn/Bus:** Stadtbahn 2, Bus 346 bis Neuer Schlag, 10 Min Fußweg. **Auto:** Hildesheimer Straße bis Grasdorf, Langer Brink. **Rad:** Grüner Ring, Leine-Heide-Radweg. **Zeiten:** Di, Do 14 – 17, So 11 – 17 Uhr, Nov – März jeweils bis 16 Uhr.

▶ In der alten Feuerwache von Grasdorf hat die Laatzener Gruppe des Naturschutzbundes seit 2004 Quartier bezogen. Haus und Gelände liegen direkt an den Naturschutzgebieten der südlichen Leineaue und bieten sich so als Ausgangspunkt für einen Spaziergang an. In zwei Ausstellungen könnt ihr euch vorab darüber informieren, was hier an und in der Leine kreucht und fleucht. Welche Tiere nachts unterwegs sind, erfahrt ihr, wenn ihr aufmerksam lauscht! Draußen gibt es einen großen Garten mit Heil-, Duft- und Giftpflanzen, ein Insektenhotel und einen Hochteich, der zum bequemen Beobachten des Lebens im Wasser einlädt.

Für ältere Kinder ist eine Vogelstimmenwanderung oder ein Ausflug zu Fledermäusen spannend. Der Veranstaltungskalender kann über die Website des NaBu Laatzen aufgerufen werden.

Regelmäßig werden einmal im Monat an einem Samstag Kinderaktionen angeboten. Dafür ist eine Anmeldung erforderlich, die Kosten betragen 5 € (Mitglieder 2 €). Mal geht es auf eine Naturrallye, mal erfahrt ihr alles über Störche oder stellt leckere Bio-Burger her.

Rund um den Großen Koldinger See

Länge: 4 km, leichter Rundweg. **Bahn/Bus:** Bus 340, 341. **Auto:** B443 Laatzen – Pattensen, in Koldingen über Amtberg in Holländerei, dort Parkplätze, zu Fuß

Am Kälbergraben, an der B443 über die Leine, Pfad rechts. **Rad:** Grüner Ring Umlandschleife.

▶ Die *Koldinger Seen,* rund ein Dutzend, entstanden durch Kiesabbau. Wo bis 2004 noch große Bagger und Planierraupen sich durchs Erdreich wühlten, leben heute seltene Pflanzen und Tiere. Kormorane, Haubentaucher, Gänsesäger und viele andere Wasservögel lassen sich besonders gut vom Aussichtsturm am Großen Koldinger See beobachten. Ein 3,9 km langer Rundweg führt um den See herum. Am westlichen Ufer ist er breit und ausgebaut, am östlichen Rand naturbelassen.

Wie heißen die fünf Sinne?

Lösung: Sehen, Hören, Riechen, Schmecken und Tasten.

Erlebnisgarten und Alter Garten Gehrden

Ziegeleiweg, 30989 Gehrden. ✆ 05108/5028 (Hedda Ernst), hedda.ernst@gmx.de. **Bahn/Bus:** Bus 522 bis Steintor. **Auto:** ↗ Gehrden, Bahnhofstraße, Knülweg. **Rad:** Grüner Ring. **Zeiten:** Sa 9 – 12, April – Okt 1. So 15 – 18 Uhr. **Preise:** Eintritt frei. **Infos:** Naturschutzbund e.V. – NABU, Ortsgruppe Gehrden – Benthe, Gisela Wicke, Am Gut Erichshof 2, ✆ 05108/ 7113.

▶ Am Ziegeleiweg in Gehrden leben Ziegen, Gänse und Hühner in einem naturbelassenen **Erlebnisgarten.** Er wird vom NABU bewirtschaftet. Samstags trifft sich dort eine offene Kindergruppe (9 – 11 Uhr), an der ihr teilnehmen könnt. Ihr dürft im Gemüsegarten beim Säen und Ernten helfen, den Stall der Vorwerkhühner ausmisten und natürlich auch die Thüringer Waldziegen streicheln. Immer wieder werden besondere Aktionen angeboten wie Apfelsaft pressen oder im Heu übernachten.

100 m näher zur Stadt gibt es noch den **Alten Garten** mit kleinem

Wenn ihr sie nicht stört, ist sie ganz friedlich: Biene beim Bestäuben

© pmv, Foto: Kirsten Wagner

Teich und Trockenmauern. Er ist frei zugänglich. Hier lassen sich gut Vögel, Eidechsen und Insekten beobachten.

Land & Wasser erkunden

Wasserlehrpfad Laatzen-Grasdorf

Besucherdienst Enercity, Reinekamp 1, 30880 Laatzen-Grasdorf. ✆ 0511/430-2607, Fax 430-2165. www.enercity.de. kommunikation@enercity.de. **Länge:** 4 km, 18 Stationen, kinderwagentauglich. **Bahn/Bus:** Stadtbahn 2 bis Laatzen/Krankenhaus. **Auto:** Hildesheimer Straße stadtauswärts bis Agnes-Karl-Krankenhaus in Laatzen, rechts Langer Brink, rechts Reinekamp, Parken vor der Brücke. **Rad:** Leine-Heide-Radweg.

Führungen für Gruppen können beim Besucherdienst von Enercity angemeldet werden.

▶ Der Wasserlehrpfad in Grasdorf beginnt am Wasserwerk und führt 4 km durch die Leineauen. Sowohl zu Fuß als auch mit dem Rad lassen sich die 18 Stationen zwischen der *Alten Leine* und der *Leine* auf dem Rundweg erkunden. Unbedingt dafür erforderlich ist die Begleitbroschüre. Sie ist bei Enercity, den Stadtwerken von Hannover, erhältlich. Start ist am Wasserwerk, an dem es geradeaus auf dem Pfingstanger geht. Am Ende folgt ihr dem Wehrkamp nach rechts bis zum Aussichtsturm ins Naturschutzgebiet. Ihr erfahrt, was ein Versickerungsbecken ist, warum sich Pappel und Storch hier wohl fühlen und wie aus dem Leinewasser frisches Grundwasser wird. Ihr folgt nun dem gleichen Weg zurück und bleibt auf diesem. Vor der historischen Brücke und der Tafel zur Kopfweide biegt ihr nach rechts ab. Der Weg heißt Große Masch. Am Brunnenplatz geht es nach rechts und auf dem Grasweg wieder nach links zum Auwald. An

Wenn ihr unterwegs die Augen aufhaltet, könnt ihr sie entdecken: Libellen in schillernden Farben

© Annette Sievers

Station 14 geht oder fahrt ihr wieder nach links, am Schöpfwerk, der Kaskade und den Brunnen vorbei. Immer geradeaus kommt ihr nun durch die Kleinen Wiesen zum Ausgangspunkt zurück. Als schöne Radtour lässt sich die Fahrt natürlich auch ohne die Broschüre verwirklichen.

Naturlernpfad am Benther Berg

Vogelsangstraße, 30952 Ronnenberg-Benthe. www.benthe.org. kontakt@benthe.org. **Länge:** 2 km, Start Hotel Benther Berg (Vogelsangstraße 18, Benthe). **Bahn/Bus:** Bus 510, 523, 560 bis Am Steinweg. **Auto:** B65 (Nenndorfer Straße) bis Abzweig Benthe, im Ort Ausschilderung Hotel Benther Berg folgen, Parkplatz am Hotel vorbei. **Rad:** Grüner Ring von Empelde oder Badenstedt.

▶ Ein Naturlernpfad bringt euch einmal über den Benther Berg und zurück. Der Rundweg hat seinen Ausgangspunkt oberhalb des **Hotels Benther Berg.** Hier findet ihr eine Übersichtstafel mit den Standorten der 19 Stationen. Manche Tafeln bezeichnen kurz, welchen Baum ihr seht, zum Beispiel die Rosskastanie, andere berichten ausführlich über die Waldrandbepflanzung, die Streuobstwiesen oder das Feuchtbiotop. Ihr seht auch eine 180-jährige Buche und einen Windbruch. Auf halber Strecke könnt ihr im Berggasthaus einkehren.

Mühle & Museen

Kindermühle am Gehrdener Berg

Norbert Gardlo, Köthnerberg 3, 30989 Gehrden. ✆ 05108/912508, Fax 912508. www.kindermuehle-gehrden.de. info@kindermuehle-gehrden.de. **Auto:** ↗ Gehrden, Große Bergstraße, Parkplatz am Berggasthaus. **Rad:** Grüner Ring Umlandschleife Gehrden. **Zeiten:** Feb – Okt So 15 – 18 Uhr. **Preise:** Eintritt frei, Spenden willkommen für Schulprojekt in Guatemala.

Hunger & Durst

Berggasthaus, Benther-Berg-Weg 21, Gehrden-Northen. ✆ 05108/3598. Täglich 12 – 23 Uhr.

HANDWERK UND GESCHICHTE

▶ Wie war das früher, als sich überall Windmühlen drehten, um aus dem Getreide Mehl zu mahlen? In Struckmeyers Mühle von 1878 lässt sich die Arbeit eines Müllers nacherleben. Ihr dürft nämlich den Kinder-Müller-Pass erwerben! Dazu gehören die Ernte, das Dreschen, das Reinigen, Mahlen und am Ende das Backen! So manche Helfer begleiten euch auf dem Weg. Unvergesslich bleibt bestimmt auch die Blaue Himmelsleiter.

Luftfahrtmuseum Hannover-Laatzen

Ulmer Straße 2, 30880 Laatzen. ✆ 0511/879179-1, Fax 879179-3. www.luftfahrtmuseum-hannover.de. info@luftfahrtmuseum-hannover.de. **Bahn/ Bus:** Stadtbahn 8 bis Messe/Nord, zu Fuß über Hermesallee und Karlsruher Straße. **Auto:** Hildesheimer Straße stadtauswärts, links Münchner Straße, links Stuttgarter Straße, am Ende rechts. **Rad:** Leine-Heide-Radweg, durch Alt-Laatzen, Hildesheimer Straße überqueren, über Münchener und Stuttgarter Straße. **Zeiten:** Di – So 10 – 16.45 Uhr. **Preise:** 8 €; Kinder ab 5 Jahre und Schüler 4 €.

Fertig zum Start? Erste Flugversuche in der Alouette

▶ Vom Heißluftballon der *Brüder Mongolfier* im Jahre 1783 bis zum modernen Hubschrauber dreht sich in den Hallen des Luftfahrtmuseums alles rund ums Fliegen. 36 Flugzeuge, mehr als 600 Modelle und Zubehör wie Fliegerbekleidung oder Triebwerke gehören zum Inventar. Ihr seht den Eindecker von **Hans Grade,** eine Spitfire (Jagdflugzeug) der Royal Air Force, ein Segelflugzeug, einen Hängegleiter und und und. Wie vier Flugzeuge JU 52 am Polarkreis ge-

© pmv, Foto: Kirsten Wagner

borgen wurden, wird spannend dokumentiert. Anhand der verschiedenen Flugzeuge wird auch deutlich, dass Flugzeuge in Kriegen als Waffen dienten, in Friedenszeiten als Verkehrs- und Transportmittel. Wollt ihr in einem Hubschrauber Platz nehmen? In der Alouette II dürft ihr das und euch einmal wie ein echter Pilot fühlen. Kinder bis 4 Jahre können sich im Holz-Doppeldecker niederlassen.

__Hans Grade__ war ein Flugpionier. 1910 gelang ihm der erste Dauerflug mit einem von ihm selbst gebauten Eindecker – er war 4 1/2 Stunden in der Luft.

Niedersächsisches Museum für Kali- und Salzbergbau in Empelde

An der Halde 8, 30952 Ronnenberg-Empelde. ✆ 0511/4340744, Fax 4340744. www.nds-kalisalz-museum.de. bernd.wilke@sk-services.de. **Bahn/Bus:** Bus 510 bis Rathaus. **Auto:** B65 Ausfahrt Gewerbegebiet Empelde. **Rad:** Grüner Ring. **Zeiten:** So 10 – 14 Uhr. **Preise:** Eintritt frei. **Infos:** Führungen So 10 – 13 Uhr stündlich.

▶ Salz kennt ja jeder, aber was ist eigentlich Kalisalz? Das erfahrt ihr bei einem Besuch im Museum für **Kali- und Salzbergbau.** Bis 1973 baute man in Empelde Kalisalz ab. Wie das vor sich ging und warum überhaupt Salz unter der Erde entstand, wird bei der Führung genau erklärt. Kinder dürfen sich als Bergmann mit Helm und Fahrmarke auf den Weg machen. Am nachgebauten Abbauort könnt ihr dann mit Hammer und Meißel Salzstücke zerkleinern. Im Außenbereich dürft ihr euch in den Grubenzug setzen und Lokführer spielen. Auch ein Grubenfahrrad steht für eine Runde bereit.

Die große Halde in Empelde erinnert an den jahrzehntelangen __Kalibergbau.__ Man hat sie allerdings inzwischen begrünt.

HANNOVERS SÜDEN

Hannoversches Straßenbahnmuseum

Hohenfelser Straße 16, 31319 Sehnde-Wehmingen. ✆ 0511/865501, 6463312, Fax 6463312. www.wehmingen.de. info@wehmingen.de. **Bahn/Bus:** Stadtbahn 1 bis Gleidingen/Nord, weiter Bus 390 bis Wehmingen. **Auto:** A7 Ausfahrt Laatzen, B443 Richtung Wassel, rechts über Müllingen nach Wehmingen, 1. Straße rechts. **Rad:** Radweg am Mittellandkanal.

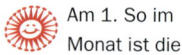 Am 1. So im Monat ist die Modellstraßenbahn zu sehen. Jeweils Viertel vor und Viertel nach den vollen Stunden setzt sich die Bahn in Betrieb.

Zeiten: April – Okt So, Fei 11 – 17 Uhr, Nikolausfahrt im Dez. **Preise:** 7 €; Kinder 3,50 €; Familie 19 €.

▶ Ein Museum für Straßenbahnen muss ja ziemlich groß sein! Platz jedenfalls hat man in Wehmingen auf dem Gelände eines ehemaligen Kaliwerkes. Zu sehen sind Straßenbahnen unterschiedlichen Alters und unterschiedlicher Herkunft. Die Mitglieder des Museums haben nicht nur viele von ihnen vor dem Verschrotten gerettet, sondern sie auch wieder hergerichtet und fahrtüchtig gemacht. Während ihr im Lokschuppen etwa den Nachbau einer Pferdebahn oder eines Heidelberger Sommerwagens begutachten könnt, bimmelt es draußen schon zur Fahrt über die Gleise. Alle 20 Minuten dreht eine historische Straßenbahn ihre Runde und ihr dürft natürlich mitfahren!

FESTKALENDER HANNOVERS SÜDEN

Mai:	Pattensen: **Familien-Triathlon** am Pattenser Bad.
Juni:	Ronnenberg: **Stadtfest** mit Kinderland.
Juli:	So Sommerferien, Barsinghausen, Goltern: **Luftmatratzenrennen** im Freibad Goltern.
August:	1. Wochenende, Sehnde: **Bergfest** auf der Kalihalde. Mit Karussell, Hüpfburg und einem bunten Familienprogramm.
	Gehrden, 1. Wochenende nach den Sommerferien: **Stadtfest** mit Bühnenprogramm, Hüpfburg, Torwandschießen und Kinderflohmarkt.
	Ende, Laatzen: **Stadtfest.**
November:	Martinstag: **Laternenumzüge** in verschiedenen Ortsteilen, z.B. in Arnum oder Hiddestorf.
Dezember:	1. Advent, Sehnde: **Weihnachtsmarkt** auf dem Gutshof Rethmar.
	Sa vor dem 3. Advent, Pattensen: **Weihnachtsmarkt** mit dänischem Dorf.
	3. Advent: **Weihnachtsmärkte** in Gehrden und Hemmingen-Westerfeld.

20 km

Verden
Walsrode
Bad Fallingbostel
LÜNEBURGER
HEIDE
Aller-leine-Tal
Celle
Nienburg
Weser
Steinhuder
Meer
Leine
Neustadt
Burgdorfer
Aller
Rehburg
Steinhuder Meer
Land &
Wunstorf
Burgdorf
Rodenbergen
HANNOVER
Lehrte
Peine
Peine
Stadthagen
Barsingh..
Braunschweig
Obern-
kirchen
Deister
Stadthagen
Hameln
Pattensen
Springe
Sarstedt
Wolfenbüttel
Bad Münder
Hameln
Hildesheim
Hessisch
Oldendorf
Salz-
hemmendorf
Hildesheim
Gronau
Bad
Pyrmont
Bockenem
Alfeld
HARZ
Langelsheim
Goslar

Das Burgdorfer Land liegt nordöstlich von Hannover und ist bekannt für seinen Spargel. Wälder und Moore prägen die Landschaft, Fachwerkhäuser säumen die Straßen. Neben der Stadt Burgdorf gehören die Gemeinden Burgwedel, Wedemark und Uetze zum Burgdorfer Land.

Und für Kinder? Pferdefreunde haben es gut, denn hier werden traditionell Hannoveraner gezüchtet. Viele Reiterhöfe laden zum Urlaub ein und zwischen April und September wird einmal im Monat der Pferdemarkt abgehalten. Junge Sportsfreunde zieht es zum Swingolf, in eines der Hallen- und Freibäder, an den Springhorstsee oder zum Eislaufen nach Mellendorf.

Schnell sind von Burgdorf aus nicht nur Hannover und Celle erreicht, sondern auch das östlich liegende **Peine.** Die Stadt mit 50.000 Einwohnern bietet neben Einkaufsmöglichkeiten ein tolles Freibad mit vielen Rutschen und das Schoko-Land – mmh!

Bäder & Badeseen

Spaßbad Wedemark

Am Freizeitpark 2 – 4, 30900 Wedemark-Mellendorf. ☏ 05130/9594-0, Fax 9594-99. www.spassbad-wedemark.de. info@spassbad-wedemark.de. **Bahn/Bus:** Bus 697 bis Freizeitanlage, S-Bahn 4 bis Mellendorf. **Auto:** A7 Ausfahrt 52 Mellendorf, über Celler Straße. **Rad:** Radweg von Elze an der Großen Beeke. **Zeiten:** Mitte Mai – Mitte Sep Mo – Fr 6.30 – 20, Sa 8 – 20, So 8 – 18 Uhr. **Preise:** 2,50 €; Kinder bis 18 Jahre 1,50 €; Mo – Fr ab 18 Uhr 1,30 €.

▶ Das Mellendorfer Freibad liegt nicht nur ruhig am Ortsausgang, sondern kann sich auch zu recht Spaßbad nennen. Schließlich gibt es neben dem 25 m langen Schwimmbecken ein Spaßbecken. Darin findet ihr einen Wasserpilz, eine Schwalldusche und sogar einen Strömungskanal. Am Sprungbecken tummeln

MOORE UND WÄLDER DER HIGHLANDS

Falk Stadtplan Extra Standardfaltung, Burgdorf. 4,95 €. ADAC Stadtpläne, Peine mit Ilsede. Mit großer Umgebungskarte. 4,95 €.

TIPPS FÜR WASSER-RATTEN

Egal, ob Wasserratte oder -frosch: Badespaß ist auch im Burgdorfer Land angesagt

sich gern die größeren Kinder, um in allen möglichen Varianten ins erfrischende Nass zu hüpfen. Für die kleinen Badegäste gibt es einen Wasserspielgarten direkt an der Sonnenterrasse. Beim Beachvolleyball wird im Sand gepritscht und gebaggert.

Freibad Peine: Das Rutschenparadies

Neustadtmühlendamm 11, 31226 Peine. ✆ 05171/ 46274, Fax 46299. www.stadtwerke-peine.de. info@stadtwerke-peine.de. **Bahn/Bus:** RE, Bus 505 bis Madamenweg. **Auto:** A2 Ausfahrt Peine Richtung Zentrum, Schwarzer Weg, Celler Straße, Werder Straße links, links Richard-Langenheine-Straße, über Nord-Süd-Brücke, rechts Wiesenstraße. **Rad:** Berkumer Weg, Horst. **Zeiten:** Mai – Sep täglich 6 – 20 Uhr. **Preise:** 2 Std 3 €, Tag 6 €; Kinder bis 16 Jahre 2 Std 2 €, Tag 3,50 €; Familien 2 Std 3,50 – 5 €, Tag 6,50 – 11 €, Schüler-Sommerferienticket 2,50 €.

▶ Mit einer Länge von stolzen 150 m (!) besitzt das Freibad in Peine die längste freistehende Rutsche Deutschlands und somit einen ganz besonderen Anziehungspunkt. Zum wahren Rutschenparadies wird

Ab geht die Post! Auf der Riesenrutsche saust ihr mit Tempo abwärts

es dann durch die Turborutsche, in der es besonders rasant Richtung Wasser geht, und die gemütlichere Breitwasserrutsche, auf der man ins Nichtschwimmerbecken gleitet. Wasserkanone, Strömungskanal und Whirlpool lassen hier genauso wenig Langeweile aufkommen wie das Piratenschiff und die Mini-Rutsche im Planschbecken. Sogar kostenlose Kinderbetreuung wird angeboten, nämlich in der Schatzinsel. Da können die Großen sich ruhigen Gewissens im StrandBistro niederlassen. Wer doch lieber aktiv sein möchte, schwimmt sich auf den 50-m-Bahnen aus. Sprunganlage, Spielplatz, Beachvolleyball? Alles vorhanden!

Hallen- und Freibad Burgdorf

Am Nassen Berg 24, 31303 Burgdorf. ✆ 05136/5500, Fax 898-112 (Rathaus). www.burgdorf.de. info@burgdorf.de. **Bahn/Bus:** Bus 926 bis Nasser Berg. **Auto:** A37 Ausfahrt 2 Burgdorf, in Burgdorf Richtung Otze (Vor dem Celler Tor). **Zeiten:** Hallenbad Mo 13 – 18.30, Di, Do 13 – 20, Mi 13 – 21, Fr 10.30 – 21, Sa 8 – 18.30, So 8 – 16 Uhr, Ferien Di – Fr 8 – 20 Uhr, im Sommer wie Freibad: Mai – Sep Mo 8 – 20, Di – Fr 7.30 – 20, Sa, So 8 – 18.30 Uhr. **Preise:** 3 €, Warmbadetag (Fr, Sa) zzgl. 1,50 €; Kinder 4 – 16 Jahre 1,50 €, Warmbadetag zzgl. 0,75 €; Familien 6,50 €.

▶ Das Burgdorfer **Hallenbad** punktet mit einer 38 m langen Rutsche, die sich offen ins Erlebnisbecken schlängelt. Für kleine Planscher gibt es gleich zwei Becken. Am ganz flachen Wasser spritzt ein roter Seehund, nebenan sind erste Rutschversuche möglich. Ein Schwimmbecken gibt es natürlich auch. Es ist 25 m lang und im vorderen Bereich für Nichtschwimmer ausgewiesen. Auf der anderen Seite steht die Sprunganlage mit 1- und 3-m-Brett.

Im dazugehörigen **Freibad** stehen gleich drei Becken zur Auswahl. Das 50 m lange Schwimmerbecken besitzt eine Sprunggrube, das Nichtschwimmerbecken (25 x 35 m) eine Rutsche. Das Planschbecken ist mit

Kinderspieltage in der Wintersaison 1. und 3. Sa im Monat 12 – 16.30 Uhr, Ferien Di 12 – 16.30 Uhr. Dann schwimmt ein grüner Kletterberg im Wasser!

Hunger & Durst

La Piscina, Am Nassen Berg 24, Burgdorf. ✆ 05136/873110. Zeiten wie Hallenbad. Eiscafé und Pizzeria im Hallenbad Burgdorf.

50 qm eines der größten der Region. Wer dann doch mal aus dem Wasser kommt, kann auf dem Spielplatz rutschen, schaukeln und klettern oder Beachvolleyball spielen.

Freibad Uetze

Bodestraße 11, 31311 Uetze. ☎ 05173/1656, Fax 970-097 (Gemeinde Uetze). www.uetze.de, www.freibad-uetze.de. koehler@uetze.de, info@freibad-uetze.de.
Bahn/Bus: Bus 950 bis Marienstraße. **Auto:** B188, Zentrum Uetze, Richtung Dollbergen, links Mittelweg.
Rad: Radweg von Katensen oder Dedenhausen.
Zeiten: Mai – Mitte Sep Mo – Fr 6 – 7 und 10 – 19.30 Uhr, Sa, So 10 – 19 Uhr. **Preise:** 3,50 €, ab 18 Uhr 2 €; Kinder 3 – 17 Jahre 1,50 €.

▶ Zentral und doch idyllisch von großen Liegewiesen umgeben liegt das Freibad in Uetze. 50 m misst das Schwimmerbecken, dem eine Sprunggrube angeschlossen ist. Dort geht es vom 1- und 3-m-Brett bzw. von der 5-m-Plattform hinein ins Wasser. Das 800 qm große Nichtschwimmerbecken besitzt eine kleine Rutsche. Im separaten Planschbecken spielen die Kleinen fröhlich, während es auf dem Beachvolleyballfeld oder an der Tischtennisplatte sportlich zugeht. Auch ein Spielplatz ist vorhanden.

Springhorstsee

Springhorstsee 1, 30938 Burgwedel. ☎ 05139/3347, Fax 980992. www.springhorstsee.de. info@springhorstsee.de. **Bahn/Bus:** Metronom bis Großburgwedel, Fußweg 2 km. **Auto:** A7 Ausfahrt 54 Großburgwedel, Richtung Zentrum, links Berkhopstraße, Schulze-Delitz-Straße, Richtung Bissendorf, im Kreisel geradeaus, 1. rechts. **Rad:** Bahnhofstraße, Mühlenbruchdamm, unter der Bahn hindurch, geradeaus, nächste links. **Zeiten:** Mai – Okt 9.30 – 20.30 Uhr. **Preise:** 1,50 €; Kinder 1 €.
Infos: keine Badeaufsicht.

▶ Der Springhorstsee bei Großburgwedel entstand durch Kiesabbau und ist heute ein beliebtes Ziel

Drachenbootevent im Juli, Springhorstsee in Flammen im August.

nicht nur zum Baden. Ist es aber warm genug, lockt ein kleiner Sandstrand am nordwestlichen Ufer. Hier geht es flach ins Wasser, sodass auch kleine Planscher auf ihre Kosten kommen. Hunger und Durst stillt der Kiosk. Wer sich lieber gepflegt niederlassen möchte, geht ins Restaurant. Auf der Terrasse und im Wintergarten sitzt es sich herrlich, im Sand und auf dem Spielplatz wird gebuddelt und geklettert.

Eixer See

Sundernweg, 31228 Peine. **Bahn/Bus:** Bus 505 von Peine bis Eixe Süd, Fußweg über Am Mühlenberg. **Auto:** A2 Ausfahrt 52 Peine, Schwarzer Weg/Celler Straße (B444), rechts Sundernstraße, Parkplatz ausgeschildert. **Rad:** Radweg von Peine über Sundernstraße.

▶ Der Eixer See ist eine ehemalige Tongrube. Im Sommer strömen viele Badelustige an den Sandstrand im westlichen Bereich. Wenn am DLRG-Standpunkt die Fahne weht, wisst ihr, dass eine Badeaufsicht da ist. Da der See kühle Strömungen aufweisen kann, solltet ihr auch nur dann ins Wasser steigen. Es gibt einen kleinen Spielplatz mit Schaukel und Wipptieren sowie ein Beachvolleyballfeld.

Radtouren

Radtour von Peine zur Ilseder Hütte mit Industriepfad und Arboretum

Peine. **Länge:** 14 km gesamt, eine Strecke 7 km, Hinweg wie Rückweg, Stadtpark Peine – Ilseder Mühle – Groß Ilsede. **Bahn/Bus:** ↗ Peine. **Auto:** Parkplatz Schützenplatz im Zentrum.

▶ Am **Stadtpark** geht es los: Ab in den Süden! Vom Peiner Zentrum aus geht es über die Nord-Süd-Brücke, die ebenfalls die Richtung vorgibt. Nun noch den Mittellandkanal und den Pisserbach (der heißt wirklich so!) überqueren und hinter der *Ilseder Mühle* rechts abbiegen. Über die Weidestraße geht es nun

Hunger & Durst

Restaurant und Café am Springhorstsee, Springhorstsee 1, Burgwedel. ✆ 05139/3347. www.springhorstsee.de. Mai – Sep Di – Fr 15 – 24, Sa, So 12 – 22, Okt – April Di – Sa 15 – 24, So 12 – 18 Uhr.

Eine Rundtour mit dem Rad um den Eixer See dauert knapp 15 Minuten.

FRISCHE LUFT & SPORT

 www.ilseder-huette.de.

Seltsames Gebilde: Der Kugelwasserturm der Ilseder Hütte

an der Bahn entlang nach **Groß Ilsede.** Dort folgt ihr dem Weidenweg, der Bahnstraße, der Nikolaistraße und dem Hüttenweg, überquert die Eichstraße und seid am ehemaligen Eingang zur **Ilseder Hütte,** dem Tor 5.

Wo früher Eisen und Stahl erzeugt wurden, ist heute ein Gewerbepark entstanden. Doch nicht nur das. Auf dem Gelände lässt sich ein **Industriepfad** erwandern. Der beginnt am Tor 5, wo auch eine Übersichtstafel den Verlauf des Pfades zeigt. Die ersten zehn Stationen befinden sich auf dem alten Hochofenplateau rund um den Wasserturm, die letzten zehn Stationen auf dem Gelände an der Fuhse. Hinter dem einstigen Kühlturm gelangt ihr zu einem **Arboretum,** wo Flamingo-Ahorn, Gingko, Himalaya-Birke und viele andere Bäume gepflanzt wurden. An den Teichen quaken Frösche und lassen den Kontrast zu den alten Industrieanlagen besonders deutlich werden.

An der anderen Seite der *Fuhse* gibt es beim Jugendzentrum Badehaus (An der Fuhse 2) einen tollen **Naturspielplatz.** Nur wenige Meter entfernt in die andere Richtung findet ihr wahre **Puppenträume.** Hunderte von Barbies zeigen sich in überwiegend von *Christel Stöter-Behme* selbst geschneiderten Kostümen und zu bestimmten Themen. So präsentieren die langbeinigen Damen etwa Mode seit 1960! Im dazugehörigen Café gibt es Kuchen und Getränke.

PuppenTräume: Museum und Café, Eichstraße 1, Groß Ilsede. ✆ 05172/9478642. Mi – Mo 10 – 20 Uhr. Eintritt 2 € pro Person.

Radtour von Uetze nach Hänigsen

Uetze. **Länge:** 12 km Rundtour, Uetze (Marktstraße) – Spreewaldseen – Riedel – Hänigsen – Spreewaldseen – Uetze. **Bahn/Bus:** Uetze. **Auto:** Parkplatz am Markt.

▶ Hinter dem **Rathaus in Uetze** beginnt der Herrschaftsweg. Der ist nach einem Wald benannt, auf den er zuführt. Am Waldrand biegt ihr jedoch links ab und kommt nördlich der **Spreewaldseen** heraus. Hinter der Schutzhütte biegt ihr rechts ab und den nächsten Weg wieder links. Der nächste Weg geht noch einmal nach rechts, hinter der Schutzhütte an der Kreuzung rechts und auf dem Klintweg nach **Riedel,** einem Ortsteil von **Hänigsen.** Überquert die Landstraße und folgt dem Riedelweg, dann links in den Kasparsweg. Nun seid ihr in Hänigsen. Ihr könnt einen Abstecher zum ↗ *Freibad* machen oder am

© pmv, Foto: Kirsten Wagner

Mühlenweg die *Bockwindmühle* begutachten. Am Mühlentag (1. So im Sep) ist sie geöffnet. Ihr könnt auch die *Teerkuhle* ansehen (Am Kuhlenberg). Hier tritt Erdöl an die Erdoberfläche. Auch einige Geräte zur Erdölförderung sind ausgestellt.

Der **Rückweg** nach Uetze beginnt am Schilfkampweg, dem ihr am Ende nach links folgt. Dann biegt ihr rechts in den Wald ein. Durch den Wald radelt ihr dann direkt auf die Spreewaldseen zu. Wendet euch dann nach rechts und ihr kommt wieder auf den Hinweg. Der Herrschaftsweg bringt euch zurück nach Uetze.

Hänigsen wird manchmal auch Kasparland genannt. Bis etwa 1850 trugen viele Hänigser den Vornamen Kaspar. Auch die Bahn nach Burgdorf nannte man Kasparbahn, noch heute gibt es den Kasparsweg.

Spielen & Toben

Stadtpark Burgdorf

Marktstraße, 31303 Burgdorf. ℅ 05136/1862 (Stadtmarketing), Fax 9721420. www.burgdorf.de, www.nabu-burgdorf-uetze.de. info@burgdorf.de, info@nabu-burgdorf-uetze.de. **Bahn/Bus:** Bus 905 bis Spittaplatz. **Auto:** Zentrum. **Rad:** Von Steinwedel über Paradiesweg, Drei Eichen, links über die Burgdorfer Aue, rechts in den Stadtpark.

▶ Zu beiden Seiten der Burgdorfer Aue erstreckt sich ein Park. Am Schloss wird er Amtsgarten genannt, im westlichen Bereich Stadtpark. Ihr könnt darin spa-

Hunger & Durst

Pyramide, Kleiner Brückendamm 29, Burgdorf. ✆ 05136/9718585. www.pyrami.de. Mo – Sa ab 8.30 Uhr, So ab 10 Uhr. Speisen in einer gläsernen Pyramide! Kinderkarte. Sa Frühstücksbuffet, So Brunch.

Wer alle Bahnen durchspielt, benötigt etwa 4 Stunden. Getränke können vor Ort gekauft werden.

Hoffest am 1. Juni-Wochenende mit Strohburg, Treckerfahrten, Riesensandkiste.

zieren gehen, Rad fahren, Bäume suchen, rodeln und natürlich spielen. Einen **kleinen Spielplatz** mit Schaukel und Sandkasten findet ihr, wenn ihr dem Lönsweg folgt und am Rodelberg vorbei geht. Geht ihr weiter und am Teich vorbei, kommt ihr zum **großen Spielplatz** mit Seilbahn, Wipptieren, Rutsche, Schaukeln, Klettergerüst, Torwand und einem Bolzplatz. Viele verschiedene Bäume wachsen im Stadtpark. Sie wurden zu einem **Baumlehrpfad** eingerichtet. Gekennzeichnet sind sie nur durch Steinplatten im Boden vor dem Baum, sodass sie nicht ganz leicht zu finden sind. Aber vielleicht macht ihr ein Suchspiel daraus! Wer findet den Amberbaum, die Japanische Blütenkirsche, die Pyramideneiche oder den Tulpenbaum? Hilfreich ist auch das Faltblatt, das im Stadtmuseum und im Rathaus ausliegt oder im Internet heruntergeladen werden kann. Gruppenführungen können über das Stadtmarketing-Büro gebucht werden.

Swingolf und Mini-Zoo: Der Erlebnishof Lahmann

Burgdorfer Straße 26, 31303 Burgdorf-Otze. ✆ 05136/83737, Fax 9724926. www.lahmann-otze.de. info@lahmann-otze.de. **Bahn/Bus:** Hannover Hbf, S6, 7; Bus 926 ab Burgdorf. **Auto:** A2 Ausfahrt Lehrte, B443 Burgdorf, B188 Richtung Uetze, links Bahnhofstraße, Theodorstraße, Gartenstraße, links Vor dem Celler Tore bis Otze. **Rad:** Radweg von Burgdorf (Otzer Landstraße). **Zeiten:** Swingolf März – Okt nach Wetterlage täglich ab 10 Uhr; Wellblechpalast Juli – Okt täglich ab 10 Uhr. **Preise:** 10 €; Kinder 8 – 16 Jahre 8 €; Ballpfand 2 €.

▶ In Otze könnt ihr Swingolf spielen. Wer das noch nicht kennt, sollte es einmal ausprobieren! Jeder darf mitmachen, Vorkenntnisnsse werden genauso wenig benötigt wie eine teure Ausrüstung. Den Schläger leiht ihr direkt am Hof aus und nach einer kurzen Einweisung in die Schlagtechnik geht es los. Die 18 Bahnen sind nach Obst- und Gemüsesorten benannt.

Wer puttet als erster der Familie an der Kirsche ein, wer an der Gurke?

Der Erlebnishof hat noch mehr zu bieten. Im **Mini-Zoo** leben Strauße, Nandus, Hühner und Damwild. Es gibt einen **Spielplatz** und den **Wellblechpalast.** Das ist eine alte Nissenhalle, in der früher Mähdrescher standen. Heute könnt ihr darin Kartoffelpuffer, Fischstäbchen oder Schnitzel bestellen.

Urtiere im Erse-Park Uetze

Abbeile 2, 31311 Uetze. ✆ 05173/352, www.erse-park.de. info@erse-park.de. **Bahn/Bus:** Bus 140; B188 von Burgdorf. **Auto:** B188 bis Uetze, nach Ortsausgang rechts. **Zeiten:** Oster- bis Herbstferien Nds. täglich 10 – 18 Uhr. **Preise:** 16 €; Kinder ab 2 Jahre 14 €.

▶ Der Erse-Park bei Uetze ist nicht nur ein **Freizeitpark** mit Wikingerschiff, Achterbahn und Wildwasserrutsche, sondern auch ein Urzeitpark. Die Reise in längst vergangene Zeiten führt zu Dinosauriern, Mammuts, Säbelzahntigern und dem Riesenhai. Nachbildungen zeigen auch, wie die Menschen der Steinzeit als Jäger und Sammler lebten. Zurück von eurer Zeitreise dürft ihr dann das Wildwasserrondell testen, die Sommerrodelbahn hinabsausen oder eine Runde im nostalgischen Karussell drehen. Jüngere Familienmitglieder freuen sich auf eine Fahrt im Oldtimer oder auf der Pferdchenbahn.

© pmv, Foto: Kirsten Wagner

Mit viel Schwung zur Fahne hin: Jonathan übt sich im Swingolf

Wintersport

Eisstadion Mellendorf – IceHouse Wedemark

Am Freizeitpark 2 – 4, 30900 Wedemark-Mellendorf. ✆ 05130/9594-0, Fax 9594-99. www.eisstadion-mellendorf.de. info@sportundfreizeit.net. **Bahn/Bus:** S4 oder Bus 697 bis Freizeitanlage. **Auto:** A7 Ausfahrt 52 Mellendorf, über Gailhof, am Ortseingang links. **Rad:** Radweg von Elze an der Großen Beeke entlang; von

Eisdisco Do 19 – 21 Uhr, Eislaufkurs 4 x Do 16.30 – 17.30 Uhr 45 €, Eisstockschießen Mo 19.30 – 23 und Fr 19 – 22.30 Uhr.

Hunger & Durst

Ice House, Am Freizeitpark 2 – 4, Mellendorf. ✆ 05130/9594-77. www.eisstadion-mellendorf.de. Di – Fr ab 17, Sa, So ab 14 Uhr.

UMWELT ER-FORSCHEN

Es werden vom Frühling bis zum Herbst Führungen zu den Bewegten Steinen angeboten, darunter auch spezielle für Kinder. Informationen und Anmeldung unter ✆ 05130/581-365. 5 €, Kinder ab 13 Jahre 2 €.

Wennebostel über Nachtigallenweg. **Zeiten:** Sep – März Do – Mo 14.45 – 16 und 16.15 – 17.30 Uhr, Fr auch 7.15 – 8.30 Uhr, Sa, So auch 10.15 – 11.30 Uhr, So auch 8.45 – 10 Uhr. **Preise:** 1 Laufzeit 3 €; Kinder 2 €; Eisdisco 3 €, Schlittschuhverleih 2,60 €, Pinguin 1,50 €, Schulklassen 1,20 € pro Std.

▶ Kein Frost in Sicht? Wer trotzdem die Kufen schwingen will, geht zwischen September und März einfach ins Ice-House! 1800 qm stehen dort zum Schlittschuhlaufen zur Verfügung. Donnerstagabends läuft es sich bei der Eisdisco besonders schwungvoll. Zum Angebot gehören auch Kurse im Eiskunstlauf (ab 5 Jahre). Außerdem könnt ihr bei Eishockeyspielen zuschauen oder den Kindergeburtstag aufs Eis verlegen (13,50 € pro Person inklusive Essen im Restaurant).

Mitte April bis Anfang August steht die Halle allen **Inline-Skatern** kostenlos offen (Mo – Fr 15 – 18 Uhr). Wer sich auf den Rollen noch unsicher fühlt, bucht einen Kurs.

Steine, Wasser & Wald erkunden

Bewegte Steine – ein eiszeitlicher Erlebnispfad

Wedemark. ✆ 05130/581-365, Fax 581-165. www.bewegte-steine.de, www.landart.de, www.wedemark.de. ursula.schwertmann@wedemark.de. **Länge:** 5,5 km Rundweg, Start: mit Kindern am besten in Oegenbostel (Am Hügel) oder Bennemühlen (Am Klagesfeld), von der Marktstraße in Brelingen längster Fußweg zum Pfad; Parkplätze am Straßenrand. **Bahn/Bus:** Bus 694 fährt alle drei Orte an. **Auto:** A7 Ausfahrt Berkhof, über Berkhof und Elze nach Bennemühlen oder weiter nach Oegenbostel; Brelingen über Mellendorf. **Rad:** Von Elze über Fillerheide.

▶ Steine zum Klingen bringen, Steine sortieren, Sand pusten, ja sogar durch steinerne Fernrohre

schauen – all das ist möglich auf dem 2009 einge-
weihten Erlebnispfad in den Brelinger Bergen. Der
trägt den Titel Bewegte Steine. Die Steine, die die
Skulpturen und Stationen bilden oder die als Wegweiser dienen, wurden ja bewegt, und zwar an ihren jet-
zigen Standort, vor langer, langer Zeit. In der Eiszeit
nämlich brachten Gletscher sie vom hohen Norden
bis zu uns: die sogenannten Findlinge.

In den Brelinger Bergen haben sie zusammen mit
den (kleineren) Steinen, die durch das Urstromtal der
Weser herangetragen wurden, die Landschaft geformt. Der Mensch griff ein, indem er wiederum Kies
abbaute. Durch dieses abwechslungsreiche Gelände
bringt euch nun der Erlebnispfad. Es geht durch den
Wald, am Feldrand entlang und zum Rand des Kies-
abbaugebietes. Blickt einmal vorsichtig über den
Wall, zum Beispiel an der Eis-Skulptur!

Jede Station wird mit einem Text erläutert. Probiert
aus und staunt!

**Sie sehen keineswegs alle
gleich aus: Steine in der
Sortiermaschine**

 **Brelinger Heidel-
beerplantage,**
Scharreler Weg 101,
Wedemark-Brelingen.
☎ 05130/8914.
www.heidelbeeren.net.
Heidelbeeren saison-
bedingt Jul, Aug Mo, Mi,
Sa 8 – 18 Uhr, Hofladen
täglich 8 – 18 Uhr. Hei-
delbeeren, Marmela-
den, Gelees und Obst-
brände. Kaffeegarten
Sa, So 10 – 18 Uhr.

Wasser-Erlebnispfad im Fuhrberger Feld

Burgwedel-Fuhrberg. **Länge:** 8 km, Start: Parkplatz zwischen Fuhrberg und Allershoop. **Bahn/Bus:** Bus 650

@ Unter www.ener-city.de steht eine Begleitbroschüre zum Herunterladen bereit. Neben dem Wegverlauf findet ihr dort zu jeder Station eine Quizfrage. Die Lösung gibt es am Wasserwerk!

Fast wie beim Advents-kalender: Was verbirgt sich wohl hinter dem nächsten Türchen?

Am Wasserturm ist im Winter eine Rodelbahn ausgewie-sen.

von Langenhagen nach Fuhrberg, 2 km Fußweg. **Auto:** A7 Ausfahrt 52 Mellendorf, Richtung Celle, 2 km hinter Fuhrberg Parkplatz links. **Rad:** Ab Bhf Mellendorf 12 km. **Infos:** Führungen und Begleitbroschüre: Ener-city, ☎ 0511/430-0, Fax 430-2650, www.enercity.de, info@enercity.de.

▶ Wo kommt eigentlich unser Trinkwasser her? Das erfahrt ihr auf dem Wasser-Erlebnispfad im Fuhrber-ger Feld. Dort nämlich wird das Trinkwasser für mehr als 600.000 Menschen in und um Hannover gewonnen. Der Rundweg ist zu Fuß oder mit dem Rad gut zu bewältigen. 13 Stationen findet ihr am Wegesrand. Da dürft ihr selbst pumpen, eine Schale oder Hölzer zum Klingen bringen, einen Blick in den Waldboden werfen oder mega-mäßig die Ohren aufsperren. Man-che Bäume hier besitzen Türchen zum Aufklappen! Die blaue Welle weist euch immer den Weg. Nach der Hälfte könnt ihr bei Hase und Igel ein Picknick einplanen. Fotoap-parat nicht vergessen, denn am Wasserwerk dürft ihr eure Köpfe durch eine Wand stecken und ein lustiges Erinnerungsfoto schießen.

Waldlehrpfad im Herzbergwald Peine

Stadt Peine, Tiefbau, Abteilung Stadtgrün, Sundernstra-ße, 31224 Peine. ☎ 05171/49429, Fax 49207. www.peine-online.de. tiefbau@stadt-peine.de. **Länge:** 1,6 km, Übersichtstafel Sundernstraße/Kastanienal-lee. **Bahn/Bus:** Bus 525. **Auto:** A2 Ausfahrt 52 Peine, Richtung Ilsede, Parkplatz an Celler Straße/Kastanien-allee. **Rad:** Sundernstraße vom Eixer See.

▶ Erkennt ihr Buche, Eibe, Kiefer und Robinie? Im Herzbergwald informiert ein Waldlehrpfad über die Bäume, die hier wachsen. An 15 Stationen erklären kleine Tafeln, wie Blätter und Früchte aussehen und welche Tiere oder Pflanzen den jeweiligen Baum besonders gern mögen. Beim Rundgang kommt ihr am Ehrenmal vorbei. Der liegende Soldat wirkt mit seiner Länge von 4 m fast ein bisschen unheimlich. Er soll an die Peiner Soldaten erinnern, die vor 100 Jahren im Ersten Weltkrieg gestorben sind. Ein Stück weiter schimmert der Wasserturm durch die Bäume. Mit seinen Zinnen wirkt er wie ein Überbleibsel einer verwunschenen Burg.

Habt ihr Lust auf ein Quiz? Dann findet heraus, für welches Tier die Blätter der Sommerlinde eine Delikatesse sind, welcher Pilz nur unter der Lärche wächst und wer gern in alten Eichen wohnt!

Süße Betriebsbesichtigung

SchokoLand
Wilhelm-Rausch-Straße 4, 31228 Peine. ✆ 05171/990-120, Fax 990-160. www.rausch-schokolade.de. info@rausch-schokolade.de. **Bahn/Bus:** Bus 525 bis Spenglerstraße. **Auto:** A2 Ausfahrt 52 Peine, geradeaus Dieselstraße Richtung Gewerbegebiet Nord.
Zeiten: Mo – Fr 10 – 18, Sa 10 – 16, So 12 – 17 Uhr.
Preise: Eintritt frei.

▶ Wie kommt der Hohlraum in den Schoko-Weihnachtsmann? Das bleibt im SchokoLand kein Geheimnis mehr! Neben seiner Schokoladenfabrik betreibt die *Confiserie Rausch* ein Museum, in dem sich alles um die süße Köstlichkeit dreht. Ihr verfolgt den Weg der **Kakaobohne** von der Ernte bis zur fertigen Praline und wandelt durch den Kakaobaumgarten. Ihr erfahrt, was die Azteken mit Kakao zu tun haben und wie Schokolade vor 100 Jahren hergestellt wurde. An der Schauproduktionsstraße werden Trüffel und Schokolollis vor euren Augen verziert. Die fertigen Produkte könnt ihr dann im Fabrikladen erstehen, mmmh!

HANDWERK UND GESCHICHTE

Hunger & Durst
Im **SchokoCafé** schmecken Schokotorte und heiße Schokolade neben dem blubbernden Schoko-Vulkan.

*Die meisten **Kakaobohnen** werden heute in Afrika angebaut, Côte d'Ivoire und Ghana liefern zusammen mehr als die Hälfte des Bedarfs. Schaut mal, wo Ghana auf der Karte liegt!*

Museen & Stadtführung

Rund um den Marktplatz in Peine

Marktplatz. **Bahn/Bus:** ↗ Peine. **Auto:** Zentrum.

▶ Im Zentrum von Peine befindet sich der **Marktplatz.** Hübsche Bauten umsäumen ihn, darunter das **Alte Rathaus** von 1827. Mehrmals täglich erklingt ein *Glockenspiel,* das der Turmbläser ankündigt (11 und 12 Uhr sowie stündlich 15 – 18 Uhr). In der Mitte steht ein Brunnen aus Dresdener Sandstein. Ihr findet auf dem Platz auch eines von sieben *Bronzebüchern,* die etwas über die Geschichte von Peine erzählen. Vom Markt führen Straßen in alle Richtungen. Am Amthof bringt euch zum Burgpark, wo ihr die spärlichen Reste der einstigen **Burg** seht. Über die Burgstraße nach rechts kommt ihr zur Stederdorfer Straße, wo das **Kreismuseum** durch eine große Stahlskulptur angekündigt wird. Zurück auf dem Markt folgt ihr der Breiten Straße. Das älteste Haus in der Fußgängerzone ist das Gasthaus **Weißer Schwan** von 1664. Ein kleines Stück weiter ragt die **Jakobikirche** empor. Findet ihr auf ihr die Eule, das Peiner Wahrzeichen? Auch die Wegweiser sind von einer Eule bekrönt. Geht ihr weiter bis zum **Gröpern,** kommt ihr zum Bronzedenkmal des *Gunzelin.* Der Graf aus Wolfenbüttel gründete Peine 1223. Folgt ihr hier der Schützenstraße nach links und überquert die Richard-Langeheine-Straße, kommt ihr zum **Stadtpark.** Dort wurde der Peiner Eule ein weiteres Denkmal gesetzt.

Kreismuseum Peine

Stederdorfer Straße 17, 31224 Peine. ✆ 05171/401-3408, Fax 401-7729. www.kreismuseum-peine.de. u.evers@landkreis-peine.de. **Bahn/Bus:** Bus 525 bis Marktstraße. **Auto:** Zentrum. **Zeiten:** Di – So 11 – 17 Uhr. **Preise:** Eintritt frei.

▶ Eine bunte Mischung aus der Geschichte Peines präsentiert das Kreismuseum: Feuersteine aus der

Am Stadtpark könnt ihr neben Tischtennis auch **Minigolf** spielen; Hindenburgstraße, 31224 Peine, ✆ 05171/ 24763, www.mgc-peine.de, info@mgc-peine.de. April – Sep Di – Fr 14 – 20 Uhr, Sa, So 13 – 20 Uhr. 2,50 €, Kinder bis 13 Jahre 1,50 €.

Happy Birthday!
Ihr könnt den Kindergeburtstag im Museum feiern, zum Beispiel als Pirat, Detektiv oder Ritter! 90 € für 8 Kinder ab 6 Jahre.

PEINE UND DIE EULE

▶ Wer mit offenen Augen durch Peine wandert, sieht einige Eulen an den Häusern, auf Schildern oder als Skulpturen. Sie wurde zum Wahrzeichen der Stadt, obwohl die Sage, die sich um sie rankt, eher zum Gespött der Peiner gereicht.

Einst soll nämlich eine Eule in die Scheune eines Peiners gelangt sein. Der Knecht erschrak und holte den Bauern zu Hilfe, der sich genauso fürchtete. Nach und nach versammelte sich die ganze Stadt. Selbst ein mutiger Bürger, der sich bereit erklärte, die Eule zu fangen, kehrte unverrichteter Dinge zurück. Schließlich beschloss man, die ganze Scheune anzuzünden. Die Eule musste mit ihr verbrennen. ◀

Frühgeschichte, Ofenplatten, einen Raum zur Ilseder Hütte, Möbel und Kleidung aus Uromas Zeiten. Ein ganzer Raum ist den 1950er Jahren gewidmet. Schaut euch an, was kleine Kinder damals trugen, wie Nierentisch und Fledermaussessel aussehen, welche Kleider und Hüte Frauen damals anzogen. Eindrucksvoll ist der Konsum-Laden, der zeigt, wie man früher einkaufte. Zur Ausstellung gehören auch viele Schuhe, denn Peine war einst berühmt für seine vielen Schuhmacher. Im historischen Klassenzimmer können Gruppen Schulunterricht von anno dazumal erleben (30 €).

Blicken euch von überall her an: Eulen in Peine
© pmv, Foto: Kirsten Wagner

Stadtmuseum Burgdorf

Schmiedestraße 6, 31303 Burgdorf. ✆ 05136/4458, 1862, Fax 873744. www.vvvburgdorf.de. vvvburgdorf@aol.com. **Bahn/Bus:** Bus 910, 920, 930 bis

 Am **Rathaus** (Marktstraße 55) erklingt viermal täglich ein Glockenspiel, um 10.15, 12.15, 15.15 und 18.15 Uhr.

Die Schotten kommen: Highland Gathering in Peine

© pmv, Foto: Kirsten Wagner

Bahnhofstraße; S6, 7. **Auto:** Zentrum. **Zeiten:** Sa, So 14 – 17 Uhr. **Preise:** Eintritt frei.

▶ Das Besondere am Burgdorfer Stadtmuseum ist, dass es keine Dauerausstellung zeigt, sondern stets wechselnde Sonderausstellungen, in der Regel vier im Jahr. So gibt es immer Neues zu entdecken in dem hübschen Fachwerkhaus. Manchmal gibt es einen Bezug zu Burgdorf wie bei den Schauen zum Schulwesen oder wenn die berühmte Zinnfiguren-sammlung präsentiert wird. Die ist immerhin die größte Deutschlands. Manchmal stehen aber auch andere Themen im Mittelpunkt. So gab es schon Ausstellungen zu Playmobil, Lego oder Startrek. Das aktuelle Programm erfahrt ihr im Internet.

FESTKALENDER BURGDORFER LAND & PEINE

Mai: 1. Wochenende, Peine: **Highland Gathering,** Versammlung der Schotten im Stadtpark. Pipe- and Drumbands spielen, Highland Games, auch mit Kindern.

Pfingsten, Brelingen, Wedemark: **Kultur im Dorf.** Mitmachprogramm für Jung und Alt.

Otze bei Burgdorf: **Hoffest** auf dem Erlebnishof Lahmann.

Anfang, Peine: **Schützenfest** Peiner Freischießen. Eröffnung mit Großfeuerwerk.

August: Anfang, Sprockhof, Wedemark: **Milchfest** auf dem Milchhof Hemme.

September: 2. Wochenende, Uetze: **Zwiebelfest.**

Oktober: 1. Wochenende, Burgdorf: Stadtfest **Oktobermarkt** mit Musik, Theater und Regenwette, Vergnügungspark auf dem Spittaplatz, Luftballon-Weitflugwettbewerb, Laternenumzug.

Anfang, Brelingen: **Apfelfest** auf dem Biohof Rotermund-Hemme. Basteln für Kinder.

Dezember: 1. Advent bis 27. Dez, Peine: **Weihnachtsmarkt.**

Verden
Walsrode
Bad Fallingbostel
27
7
20 km
LÜNEBURGER
HEIDE
Aller-leine-
Tal
Celle
Nienburg
Weser
Steinhuder
Meer
Leine
Burgdorfer
Aller
Neustadt
Land &
Rehburg
Steinhuder Meer
Peine
Wunstorf
Burgdorf
Rodenbergen
HANNOVER
Lehrte
Peine
2
Stadthagen
Barsingh.
Braunschweig
Obern-
kirchen
Deister
Pattensen
Sarstedt
Wolfenbüttel
2
Stadthagen
Springe
Hameln
Hessisch
Bad Münder
Hildesheim
Hameln
39
Oldendorf
Salz-
Gronau
Hildesheim
395
hemmendorf
Bad
Bockenem
HARZ
Pyrmont
Alfeld
Langelsheim
7
Goslar

Was fällt Erwachsenen ein, wenn sie an Hildesheim denken? Der 1000-jährige Rosenstock und das Roemer- und Pelizaeus-Museum! Was aber hat die Stadt 30 km südlich von Hannover Kindern zu bieten? Das erfahrt ihr auf den folgenden Seiten!

Hildesheim grenzt im Südwesten an das *Innerstebergland,* zu dem auch der *Hildesheimer Wald* gehört. Im Nordosten schließt sich die flache und waldarme *Hildesheimer Börde* an, die schon zur norddeutschen Tiefebene gehört. Auf ihrem fruchtbaren Lössboden werden Zuckerrüben, Getreide und Kartoffeln angebaut. Eine kontrastreiche Landschaft also! Da macht es Spaß, zu wandern, Rad zu fahren und baden zu gehen.

Zehn Ortschaften gehören zu **Hildesheim,** darunter *Marienburg* mit seiner Domäne in einer alten Wasserburg und *Himmelsthür,* das bekannt ist für sein Himmlisches Postamt. In der Stadt selbst, die von der Innerste durchflossen wird, dominieren mehrere Kirchen das Bild. Der Dom und St. Michaelis gehören sogar zum Weltkulturerbe. Immerhin wurde Hildesheim schon im Jahr 815 zum Bistum. Dabei spielte die Rose eine besondere Rolle. Sie stand auch Pate für die Rosenroute, auf der ihr heute zu den Sehenswürdigkeiten der Hildesheimer Innenstadt geführt werdet.

Rund um Hildesheim liegen mehrere kleine Städte und Gemeinden: Sarstedt, Salzhemmendorf, Nordstemmen, Gronau, Bad Salzdetfurth, Alfeld und Bockenem. Sie haben so manche Überraschung zu bieten, etwa eine GPS-Schatzsuche, ein Tiermuseum oder eine Dinowelt.

Falk Stadtplan Hildesheim mit Umgebungskarte. 5,50 €. Hilfreich bei der Freizeitgestaltung: Rad- und Wanderkarte Hildesheim mit Leine und Innerste, Publicpress, 1:50.000. 4,95 €.

Wunschzettel gehen An den Weihnachtsmann in Himmelsthür 31137 Hildesheim.

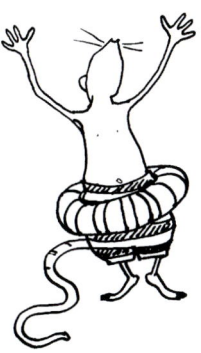

Schwimmen drinnen & draußen

Freibad Gronau

Kuhmasch 2, 31028 Gronau (Leine). ☎ 05182/2480, Fax 902199. www.gronau-leine.de. n.winnefeld@gro-

TIPPS FÜR WASSER-RATTEN

Auf Tuchfühlung mit den Bewohnern: Sottrum-Park

Am Freibad an der Kuhmasch könnt ihr auch Minigolf spielen. 2 €, Kinder 1 €.

nau-leine.de. **Bahn/Bus:** Bus 2510 bis Lehder Berg. **Auto:** Hauptstraße, Leintor. **Rad:** Leine-Heide-Radweg, Lehder Berg. **Zeiten:** Mitte Mai – Mitte Sep Mo – Fr 6 – 20, Sa, So 8 – 19 Uhr. **Preise:** 3 €; Kinder 1,50 €.

▶ In der Leineaue liegt Gronaus beheiztes Freibad. Wettkampftauglich ist das 50-m-Schwimmbecken. Parallel dazu liegen das Nichtschwimmerbecken mit Rutsche und das Sprungbecken mit 5-m-Turm. Etwas abseits befindet sich das runde Planschbecken, in dem die Kleinsten der Familie im niedrigen Wasser spielen können.

Wasserparadies Hildesheim

Bischof-Janssen-Straße 30, 31134 Hildesheim. ✆ 05121/1507-0, Fax 1507-33. www.wasserparadies-hildesheim.de. info@stadtwerke-hildesheim.de. **Bahn/Bus:** Weserbahn, Fußweg ab Hbf ca. 3 Min; Bus 2, 3, 8 bis Kardinal-Bertram-Straße. **Auto:** B1 (Kaiserstraße oder Schützenallee), Parkhaus Rose oder Parkhaus am Kreishaus. **Zeiten:** Mo – So 9 – 22 Uhr. **Preise:** 2 Std 5,50 €, Tag 8 €; Kinder unter 5 Jahre 1 €, 6 – 17 Jahre 2 Std 3,80 €, Tag 5,50 €; Familien (4 Pers) 22 €.

Wer mit der Weserbahn anreist, kann beim Ticketkauf Rabattgutscheine für den Eintritt ins Wasserparadies erhalten!

▶ Das Wasserparadies in Hildesheim macht seinem Namen alle Ehre. Neben einer 70 m langen Black-Hole-Rutsche versprechen eine steile Steinwandrutsche, Wasserkanonen, Strömungskanal und Wildbach jede Menge Spaß im Wasser. Architektonisch besticht das Erlebnisbad durch seine Felslandschaft mit Grotten, Höhlen und Wasserfällen. Kleine Leute zieht es zum Planschbecken mit Wasserkarussell und Bootskanal. Der Sprungbereich am Sportbecken und ein Außenbecken sind weitere Anziehungspunkte. Wasserpause gefällig? Dann spielt doch Tischtennis oder besucht den Spielraum mit Kicker und Rutsche. Im Paradieso-Restaurant gibt es neben Pommes auch Spaghetti, Schnitzel und Kartoffelpuffer. Eine große Saunalandschaft und ein Wellnessbereich überzeugen vielleicht eure Eltern, mal wieder baden zu gehen!

Freibad Johanneswiese — die JoWiese

Lucienvörder Allee 1, 31139 Hildesheim. ℂ 05121/ 35575, Fax 408387. www.jowiese.de. info@jo-wiese.de. **Bahn/Bus:** Bus 6 bis Leibnizstraße. **Auto:** Schützenwiese (B243), Dammstraße, Johannisstraße, Große Venedig, rechts über die Innerste. **Rad:** An den Sportplätzen. **Zeiten:** Mai – Sep Mo – Fr 6 – 20 Uhr, Sa, So 7 – 20 Uhr. **Preise:** 3 €; Kinder 6 – 16 Jahre 1,30 €; ab 19 Uhr die Hälfte.

▶ Das Freibad JoWiese liegt nicht nur zentral und gleichzeitig idyllisch, sondern ihr habt auch die Wahl, in einem der Becken oder im Hohnsensee abzutauchen. Dessen Nordhälfte mit einem 150 m langen Sandstrand gehört nämlich ebenfalls zum Freibad. Lange Bahnen schwimmen könnt ihr im 50-m-Becken, außerdem gibt es ein separates Sprungbecken, ein Spaßbecken mit einer 80 m langen Rutsche und einen Wasserspielgarten für die Kleinen. Was will das Herz mehr? Höchstens noch Beschäftigung an Land. Die bietet der Spielplatz mit Seilbahn, Kletterhaus, Rutschen und Sandkiste.

Hunger & Durst

Im Bistro der JoWiese schmecken Chicken Wings, Milchreis oder Kartoffelpuffer.

Hallen- und Freizeitbad Sarstedt: Das Innerstebad

Steinstraße 7, 31157 Sarstedt. ℂ 05066/69989-40, -42, Fax 69989-45. www.sarstedt.de. innerstebad@sar-stedt.de. **Bahn/Bus:** Bus 2232; Stadtbahn 1 von Hannover. **Auto:** Vossstraße, Holztorstraße. **Rad:** Nähe Radweg zur Kunst. **Zeiten:** Mo 10 – 20, Di – Sa 6 – 20, So 8 – 20 Uhr, im Winter Mo – Do bis 21, Fr bis 22 Uhr. **Preise:** 5 €; Kinder 4 – 17 Jahre 2,50 €. **Infos:** Fr Zuschlag Warmbaden 1 €.

Babyschwimmen und Schwimmkurse gehören zu den Kursangeboten im Innerstebad.

▶ Im Hallenbad von Sarstedt saust ihr durch die gelbe Riesenrutsche hinab oder lasst euch im Wildbach durchs Wasser ziehen. Wasserpilz, Brodelliegen, zwei Whirlpools und ein Geysir sind weitere Attraktionen. Im Außenbecken dampft es im Winter ordentlich! In den warmen Monaten zieht es dann alle Wasserratten ins Freibad. 1500 qm laden zum Schwim-

men und Planschen ein. Aus bis zu 5 m Höhe könnt
ihr ins Becken springen oder euch auch hier in einen
Wildbach begeben. Nichtschwimmer und Kleinkinder
besitzen eigene Becken. An Land gibt es einen Spielplatz und ein Beachvolleyballfeld.

Freibad Bad Salzdetfurth

Jahnplatz 5, 31162 Bad Salzdetfurth. ✆ 05063/
270307, Fax 999-111. www.bad-salzdetfurth.de.
info@bad-salzdetfurth.de. **Bahn/Bus:** Bus 2454,
2455. **Auto:** Bodenburger Straße. **Rad:** Radweg zur
Kunst. **Zeiten:** Mai – Sep Mo – Fr 6 – 20, Sa, So 8 – 20
Uhr. **Preise:** 3 €; Kinder ab 4 Jahre 1,50 €.

▶ Mitten im Ort befindet sich das Freibad von Bad
Salzdetfurth. Im beheizten Wasser macht das
Schwimmen auch an (noch) kühleren Frühlingstagen
Spaß. Dem 50-m-Becken mit Sprunganlage ist längs-
seits das Nichtschwimmerbecken angeschlossen. In
das gelangen viele der jungen Badegäste mit großem
Vergnügen über die 66 m lange Wasserrutsche. Auch
das große, separate Planschbecken kann sich sehen
lassen. Neben Baden könnt ihr aber auch auf dem
Spielplatz toben, Tischtennis oder Beachvolleyball
spielen.

Stadtbad Bockenem

Mahlumer Straße 29, 31167 Bockenem. ✆ 05067/
1626, 698772, Fax 698773. www.sfv-bockenem.net.
info@stadtbad-bockenem.de. **Bahn/Bus:** Bus 461,
836, 2455, 2456. **Auto:** B243, Bürgermeister-Sander-
Straße, Am Alten Friedhof. **Zeiten:** Mai – Sep Mo – Fr
6.30 – 20, Sa, So 9 – 20 Uhr. **Preise:** 3,50 €, ab 18
Uhr 2 €; Kinder 6 – 16 Jahre 1,50 €, ab 18 Uhr 0,50 €.

▶ Wie eine Unterkunft der Schlümpfe sieht es aus,
das Haus im Planschbecken des Bockenemer Freibads! Hinein könnt ihr auch, und zwar, um auf der anderen Seite herauszurutschen. Seid ihr schon etwas
größer, könnt ihr euch auf die Wasserrutsche am
Nichtschwimmerbecken freuen. Das grenzt direkt

ans 50 m lange Schwimmerbecken, gleich dabei ist auch das Sprungbecken. Der 2008 neu gestaltete Spielplatz lädt zum Schaukeln im Nest, Klettern am Netz, Rutschen, Wippen, Balancieren und Hangeln ein.

© pmv, Foto: Kirsten Wagner

Freibad Nordstemmen

Am Freibad 4, 31171 Nordstemmen. ✆ 05069/7317, Fax 800-91. www.nordstemmen.de. friedrich.falke@nordstemmen.de. **Bahn/Bus:** Eurobahn, Metronom, Bus 2503, 2509. **Auto:** Hauptstraße, am Kreisel Rathausstraße, An der Zuckerfabrik, Marienbergstraße, links. **Rad:** Leine-Heide-Radweg, Börde-Radweg Berlin – Hameln. **Zeiten:** Mai – Sep täglich 6 – 20 Uhr. **Preise:** 3,40 €, ab 17 Uhr 2,20 €; Kinder 1,60 €, ab 17 Uhr 1,10 €.

▶ In Nordstemmen badet ihr mit Blick auf die Marienburg. Das Wasser wird umweltfreundlich mit der Abwärme einer Biogasanlage beheizt. An besonders kühlen Tagen könnt ihr auch von der Wärmehalle direkt nach draußen schwimmen. Das Kombibecken besitzt eine Sprunganlage, von der aus bis zu 5 m eingetaucht werden kann, und eine gebogene Rutsche. Im separaten Planschbecken vergnügen sich fröhlich die jüngsten Badegäste. Die größeren spielen auch gerne Beachvolleyball oder eine Partie Großschach.

Freibad und Schwimmhalle Coppenbrügge

Felsenkeller, 31863 Coppenbrügge. ✆ 05156/8365, Fax 7819-40. www.coppenbruegge.de. flecken@coppenbruegge.de. **Bahn/Bus:** Eurobahn, Bus 53 bis Bhf,

Sonnencreme nicht vergessen: Dann kann das wohlverdiente Sonnenbad beginnen

HILDESHEIM

Fußweg 10 Min. **Auto:** B1 Hildesheim – Hameln, Ithstraße. **Rad:** Börde-Radweg. **Zeiten:** Freibad Juni – Aug täglich 11 – 20 Uhr, Sa bei gutem Wetter ab 7 Uhr, Hallenbad Sep – Mai Di 15 – 20, Mi 15 – 18.30, Do 14 – 18.30, Fr 15 – 20, Sa 10 – 12.30 und 14 – 17, So 9 – 12 Uhr, wechselnde Wassertiefen; Mutter und Kind Mi, Fr 14 – 15 Uhr. **Preise:** 2 €, Hallenbad 2,50 €; Kinder bis 16 Jahre 1 €, Hallenbad 1,20 €; Familien 5 €, Hallenbad 6 €.

▶ *Bad am Ith* nennt sich das Freibad in Coppenbrügge. Und das kann es auch, denn mit Blick auf den kleinen Bergzug lässt es sich hier angenehm planschen. Das 50-m-Becken besitzt einen Nichtschwimmerbereich mit Rutsche. Ins tiefe Wasser kommt ihr auch über das 3- und 1-m-Brett. Abseits vom Geschehen liegt das Planschbecken, ebenfalls mit kleiner Rutsche. Eine Tischtennisplatte, zwei Volleyballfelder und eine Minigolfanlage laden zu Spiel und Sport an Land ein.

Wenn das Freibad im Herbst schließt, öffnet das kleine Hallenbad nebenan seine Pforten.

Müggelsee

Am Müggelsee 4, 31135 Hildesheim. ✆ 05121/ 53151, Fax 514018. www.mueggelseehi.de. bode@mueggelseehi.de. **Bahn/Bus:** Bus 1, 13 bis Kennedydamm. **Auto:** Bavenstedter Straße, Herbert-Quandt-Straße. **Rad:** Über Brandisweg. **Zeiten:** Mitte Mai – Mitte Sep täglich 10 – 19 Uhr. **Preise:** 2,80 €; Kinder 4 – 14 Jahre 1,40 €.

▶ Am Müggelsee im Hildesheimer Stadtteil Drispenstedt gibt es nicht nur einen Campingplatz, sondern auch ein Freibad. Ein Nichtschwimmerbereich ist im See abgeteilt. Für alle, die gern durch die Luft ins Wasser fliegen, gibt es sogar Sprungtürme. Auf der Liegewiese findet ihr einige Spielgeräte zum Rutschen, Wippen und Schaukeln, außerdem könnt ihr Tischtennis spielen.

Kanufahren & Segeln

Mit dem Kanu auf der Leine

Natur aktiv, Ingo Möller-Runge, De-Haen-Platz 13, 30163 Hannover. ℡ 0511/667241, Fax 667241. www.natur-aktiv.org. info@natur-aktiv.org. **Preise:** 42,50 €. **Infos:** VHS Hildesheim, Pfaffenstieg 4 – 5, 31134 Hildesheim, ℡ 05121/9361-0, Fax 9361-66, www.vhs-hildesheim.de, info@vhs-hildesheim.de.

▶ Neben Kanutouren für Gruppen und Schulklassen bietet Ingo Möller-Runge auch Familien die Möglichkeit, die Leine paddelnd zu erkunden. Dabei weist der Biologe auf eine Libellenlarve hin oder zeigt, was da so unter dem Boot schwimmt. So geht es dann z.B. von Gronau bis zur Marienburg. Familientouren sind direkt zu buchen oder aber über die Volkshochschule Hildesheim.

Wassersport in Hildesheim

Kanu- und Segel-Gilde, Lönsbruch 3, 31141 Hildesheim. ℡ 05121/82444, Fax 876322. www.ksgh.de. vorstand@ksgh.de. **Bahn/Bus:** Bus 2. **Auto:** Hohnsen. **Rad:** Radweg an der Innerste. **Preise:** Mitgliedschaft im Jahr 140 €; Kinder 7 – 14 Jahre 52 €, 15 – 18 Jahre 70 €; Familien 172 €.

▶ Segeln, Surfen, Kanu fahren in Hildesheim? Das bietet die Kanu- und Segel-Gilde an. Gesegelt wird auf dem nahen Hohnsensee. Für den Jüngstensegelschein wird die Ausbildung im Optimisten durchgeführt. Einige Trainingseinheiten finden auch auf dem ↗ Steinhuder Meer statt, wo der Verein in Mardorf ein weiteres Vereinsheim besitzt. Dort werden zwei-

Hunger & Durst

Die Insel, Dammstraße 30, Hildesheim. ℡ 05121/14535. Täglich 11 – 24 Uhr. Mit Blick auf die Kanustrecke. Kinderteller.

Wassersport mitten in der Stadt: Kanuten auf dem Hohnsensee

mal im Jahr Surfkurse angeboten. Wer lieber ins Kanu steigen will, sollte ebenfalls Mitglied der Gilde werden. Das Clubhaus direkt an der Innerste bietet ideale Bedingungen für den Einstieg. An der Bischofsmühle (Dammstraße) weiter nördlich liegt die Wildwasserstrecke, die auch für Rennen genutzt wird.

FRISCHE LUFT & SPORT

Radeln & Skaten

Per Rad oder auf Inlinern durch die Leinewiesen

Auf der Hackelmasch, 31061 Alfeld. **Länge:** 9 km Rundweg, leicht.

▶ Ein schöner Rundweg führt durch die Alfelder Leineauen. Vom Parkplatz Auf der Hackelmasch verläuft der Weg zunächst parallel zum Leine-Heide-Radweg. Erst nach der Überquerung der Leine teilen sich die Wege. Der Leinewiesenweg wendet sich nun nach Süden, zurück nach Alfeld. An der Straße Am Alten Wasserwerk geht es nach links, am Eimser Weg nach rechts und geradeaus zurück zum Startpunkt (Ravenstraße, Perkwall, Bahnhofstraße).

Auf dem Hi-Ring

Hildesheim. www.hi-radtouren.de. post@adfc-hildesheim.de. **Gesamtlänge:** 45 km, 4 Teilstrecken möglich.

▶ Rund um Hildesheim führt der Hi-Ring, ein Radrundweg von insgesamt 45 km Länge. Ihr könnt euch jede beliebige Strecke aussuchen oder aber eine der vier vom ADFC empfohlenen Touren wählen. Sie sind alle 10 bis 12 km lang und führen selten bergauf. Im Nordosten beginnt die erste Etappe in Asel, sie führt bis Achtum und dann bergauf zum Gelben Turm mit Aussichtsplattform und Sternwarte. Vom dortigen Galgenberg geht es über Itzum nach Marienburg, wo es ein Schulmuseum gibt, und über Ochtersum zum Kloster Marienrode. Die dritte Strecke führt weiter

Hunger & Durst

Waldgasthaus Zum Kuckuck, Försterstraße 3, Harsum. ✆ 05127/409788. www.kuckuck-harsum.de. Täglich 11.30 – 23 Uhr.

zum Hildesheimer Wald. An dessen Rand geht es bis Sorsum und weiter bis Emmerke. Vollendet wird der Ring über die Orte Giesen und Hasede, ehe wieder Asel in Sicht kommt.

Vom Hohnsensee zur Domäne Marienburg

Hildesheim. **Länge:** 6 km, Start: Hohnsensee. **Bahn/ Bus:** Bus 2. **Auto:** Parkplatz am Hohnsensee.

▶ Die Domäne Marienburg südlich von Hildesheim war im 14. Jahrhundert als Wasserburg erbaut worden. Ab 1806 wurde es als Gut genutzt und befand sich in staatlichem Besitz. Der Begriff Domäne hat sich bis heute erhalten, obwohl heute die Universität Hildesheim Eigentümer ist. Sie unterhält in den Räumen ein Schulmuseum.

Dorthin führt ein schöner Radweg. Start ist am Hohnsensee. An der Fußgängerampel über den Hohnsen beginnt der Radweg. Zunächst geht es durch die Kleingärten, dann immer weiter an der Innerste entlang und durch die Wiesen. In Marienburg müsst ihr nur noch die Straße überqueren und schon seid ihr auf der Domäne.

Im **Schulmuseum** seht ihr ein Klassenzimmer aus Uromas Zeiten. Gruppen können sich auch zum Unterricht anmelden. Zu einer Pause lädt das **Hofcafé** (Winter täglich 14.30 – 18, Sommer 12 – 20 Uhr) ein. Der Rückweg erfolgt auf der gleichen Strecke.

Auf dem Ambergau-Radweg von Derneburg nach Bockenem

Holle-Derneburg. **Länge:** 17 km Streckentour, mäßige Steigungen, für Kinder ab 10 Jahre. **Strecke:** Derneburg – Sottrum – Wohldenberg – Gut Nienhagen – Henneckenrode – Nette – Werder – Bockenem.
Bahn/Bus: ↗ Schloss Derneburg.

▶ Die Landschaft rund um Bockenem heißt historisch *Ambergau*. Durch sie hindurch führt ein Radweg, der die Orte Nette, Holle und Bockenem mitei-

Vor der Radtour erst 'ne Pause: Am Hohnsensee

 Schulmuseum der Stiftung Universität Hildesheim, Domänenstraße, Hildesheim-Domäne Marienburg. ✆ 05121/883-430. www.uni-hildesheim.de. Di 9 – 12, Mi 15 – 18, Mai – Okt auch 1. So im Monat 15 – 18 Uhr, für Schulklassen und Gruppen nach Vereinbarung Di, Do. Eintritt frei, Spenden erbeten.

nander verbindet. Die Gesamtlänge von 38 km ist kein Pappenstiel, deshalb hier ein Vorschlag für die Strecke zwischen Derneburg und Bockenem.

Am **Schloss Derneburg** beginnt die Tour. Wer sich vorab stärken will, kehrt ins Café im Glashaus ein (↗ Laves-Kulturpfad). Über die Schlossstraße folgt ihr der Straße Am Hagen, die an der *Nette* entlang direkt bis **Sottrum** führt. Dort biegt ihr in die Ziegeleistraße und gleich wieder links in den Hohen Weg. Ihr überquert die Nette und kommt nach **Wohldenberg.** Der Radweg führt rechts herum unterhalb der Burgruine vorbei. Wer die Aussicht von oben genießen und den Bergfried aus der Nähe betrachten möchte, kann einen Abstecher wagen. Über *Gut Nienhagen* geht es weiter nach **Henneckenrode.** Hier gibt es ein Schloss, das seit 1831 als Waisenhaus und Kinderheim dient, und eine Wassermühle. An der Landstraße Richtung Nette geht es weiter, bis links ein Weg abzweigt, der euch zunächst nach **Werder** bringt und dann über *Schlackenmühle* nach **Bockenem** – immer fließt links die Nette. Mit dem Bus 461 könnt ihr zurück nach Derneburg fahren.

Wandern & Spazieren

Auf dem Schneewittchenpfad zum Himmelbergturm

Alfeld. www.alfeld.de. info@stadt-alfeld.de. **Länge:** 10 km, Start am Parkplatz der Berufsbildenden Schulen (Hildesheimer Straße 55). **Bahn/Bus:** Bus 2, 2513, 2516 bis Alter Friedhof. **Auto:** Walter-Gropius-Ring, Hildesheimer Straße, Albert-Schweitzer-Straße. **Rad:** Radweg von Langenholzen.

▶ Da, wo sich die **Sieben Berge** befinden, muss es natürlich auch einen Schneewittchenpfad geben. Der Ausgangspunkt ist der Parkplatz an den Berufsbildenden Schulen. Über die Albert-Schweitzer-Straße geht es mäßig bergauf. Rechter Hand könnt ihr

*Die **Sieben Berge** heißen von Süd nach Nord Himmelberg, Heimberg, Lauensberg, Ostenberg, Saalberg, Tafelberg, Hörzen. Mit diesem Spruch kann man sich die Reihenfolge merken: Hier haben Leute oft schöne Touren hergemacht!*

den **Zwergentunnel** nehmen oder ihn euch für den Rückweg aufsparen. Weiter geht es zum **Himmelberg.** Auf einer Höhe von 308 m angekommen, könnt ihr noch einmal höher hinaus, denn es gibt einen 22 m hohen Aussichtsturm. Der Betonbau von 1985 ist zwar nicht der schönste seiner Art, aber von ihm überblickt ihr Schneewittchens ganzes Reich! Sonntags zwischen April und Oktober öffnet der Wirt am Himmelbergturm, dies ist an der Fahne auf dem Turm zu erkennen. Dann könnt ihr euch zu einer Stärkung niederlassen.

Der Rundweg führt euch dann weiter zur Adamishütte mit dem **Zwergenrastplatz.** In Richtung Eimsen geht es nun über den Herrendienstweg. Hinter dem Parkplatz biegt ihr wieder links ab und kommt zum Ausgangspunkt zurück.

Hier sind kleine Leute klar im Vorteil: Auf dem Schneewittchenpfad

Zum Aussichtsturm im Hildesheimer Wald

Hildesheim. **Länge:** je Strecke 2 km, nicht Kinderwagen tauglich, Hinweg ansteigend, Start an den Bosch-Werken im Ortsteil Hildesheimer Wald. **Bahn/Bus:** Bus 3, 13 bis Endstation Hildesheimer Wald, zu Fuß Richtung Diekholzen, hinter Bosch-Werken rechts. **Auto:** B243 (Alfelder Straße), über Steinbergstraße nach Neuhof und Hildesheimer Wald (Ortsteil), dort parken, zu Fuß zum Start an der Robert-Bosch-Straße; Turm ist auch direkt erreichbar, dann weiter Richtung Diekholzen und rechts der Ausschilderung folgen. **Rad:** Hi-Ring.

Waldgaststätte am Aussichtsturm, Turmweg 1, Hildesheim. ✆ 05121/6970692. Täglich 12 – 20 Uhr, Turm April – Okt. Biergarten, Spielplatz, Mittagstisch, sonntags selbst gebackener Kuchen.

▶ Seit dem 7. Juli 1881 lässt sich der *Hildesheimer Wald,* ein Höhenzug südwestlich der Stadt, von oben überblicken. An diesem Tag nämlich wurde der Aussichtsturm auf dem *Sonnenberg* (149 m) eingeweiht. Die Waldgaststätte am Turm ist auch bei Kindern beliebt, denn es gibt einen Spielplatz mit Trampolinen. An der Robert-Bosch-Straße beginnt der Wanderweg, der euch zum Turm bringt. In Stadtplänen wird er als Schlangenweg bezeichnet, denn er schlängelt sich nach oben. Als Wanderweg wird er jedoch Turmweg genannt und mit einem T gekennzeichnet, das ihr aufgemalt an den Bäumen findet. Auf dem Weg bergauf überquert ihr die Mittelschneise sowie den Unteren und Oberen Hangweg, bis ihr schließlich beim Turm ankommt.

Aussichtsturm und Sternwarte: Der Gelbe Turm

© pmv, Foto: Kirsten Wagner

Am Spitzhut rund um den Gelben Turm

Am Brockenblick, 31141 Hildesheim. **Länge:** 2,5 km, Kinderwagen tauglich, mäßige Steigungen. **Auto:** B6 (Goslarsche Landstraße), Am Brockenblick. **Rad:** Hi-Ring. **Zeiten:** Aussichtsplattform Gelber Turm März – Okt Sa, So 14 – 18, Nov – Feb Sa, So 13 – 17 Uhr.

🐛 Weitere tolle Freizeittipps findet ihr in *Harz mit Kindern,* pmv, ISBN 978-3-89859-417-2, 14,95 €.

Brockenblick, Am Brockenblick 1, Hildesheim. ✆ 05121/34585. www.hotelbrockenblick.de. Mo – Fr 14 – 22, Sa, So 12 – 22 Uhr. DZ ab 91 €.

▶ Bei dieser kleinen Wanderung am *Spitzhut* – so heißt der 206 m hohe Berg hier – begleitet euch ein Naturlehrpfad. Unterhalb des **Hotels Brockenblick** startet ihr am Wanderparkplatz, geht am Hotel vorbei und wendet euch nach rechts. Ihr geht direkt auf den **Gelben Turm** zu, der am Wochenende für den Aufstieg geöffnet ist. Anschließend geht es rechts weiter bis zur dritten Infotafel. Dort wendet ihr euch nach links, ebenso jeweils hinter den nächsten Tafeln. Folgt immer dem Gelben Punkt. So kommt ihr wieder zum Brockenblick, wo ihr zu Kuchen, Eis oder Schnitzel einkehren könnt.

Wanderung zum Galgenberg

Länge: 1,5 km, Kinderwagen tauglich, mäßige Steigungen. Alternative für ausdauernde Wanderer: 11 km bis zum Knebelberg und zurück. **Bahn/Bus:** Bahn bis Hildesheim-Ost, Fußweg über Windmühlenstraße. **Auto:** B6 (Goslarsche Landstraße), An der Ortsschlumpquelle, Parkplatz Heiligenweg.

▶ Der *Galgenberg* (164 m) ist die erste von drei Erhebungen östlich von Hildesheim, ihm folgen *Spitzhut* (206 m) und *Knebelberg* (243 m). Manchmal wird auch der ganze Höhenzug Galgenberg genannt. Vom Parkplatz am Heiligenweg folgt ihr dem leicht ansteigenden Pfad zum Aussichtspunkt mit dem netten Namen *Bratpfanne* und weiter zum 20 m hohen **Bismarckturm.** Den 1905 geweihten, massiven Steinturm solltet ihr unbedingt erklimmen. Von oben bietet sich nämlich eine tolle Fernsicht auf Hildesheim. Auf dem Kammweg (Hildesheim-Harz-Weg, Rotes Dreieck) seid ihr in Kürze am **Restaurant Galgenberg.**

Wer noch weiter wandern möchte, folgt dem Roten Dreieck und geht am Gelben Turm und dem Restaurant Brockenblick vorbei bis zum **Knebelberg.** Nach dessen Umrundung geht es auf dem gleichen Weg zurück.

Spaziergang auf dem Laves-Kulturpfad am Schloss Derneburg

Schlossstraße, 31188 Holle-Derneburg. ✆ 05062/908484, Fax 2635. www.glashauskultur.de. **Länge:** 2,5 km, Start: das Glashaus. **Bahn/Bus:** Bus 461 von Seesen, 2320 von Hildesheim. **Auto:** A7 Ausfahrt 63 Derneburg-Salzgitter, B6 Richtung Hildesheim, bei Astenbeck links. **Rad:** Radweg von Holle oder Sottrum (Am Hagen). **Infos:** Eine gute Orientierung bietet die Broschüre zum Pfad. Sie ist im Glashaus erhältlich. Der

Beim Restaurant Galgenberg befindet sich die offizielle Rodelbahn von Hildesheim.

Hunger & Durst

Der Galgenberg, Galgenberg 2, Hildesheim. ✆ 05121/32875. www.der-galgenberg.de. Mi – So 10 – 18 Uhr. Regionale Küche.

HILDESHEIM

© pmv, Foto: Kirsten Wagner

Fast wie in Ägypten: Pyramide auf dem Laves-Kulturpfad

dort angegebene Weg unterscheidet sich von den Infotafeln an der Straße!

▶ Pyramiden gibt es nicht nur in Ägypten, sondern auch in Derneburg! Nun, zumindest eine könnt ihr auf dem Laves-Kulturpfad sehen. Der Rundweg ist benannt nach *Georg Ludwig Laves* (1788 – 1864).

Der Architekt aus Hannover war im Auftrag des Grafen *Ernst zu Münster* (1766 – 1839) in Derneburg tätig, baute das Schloss um und errichtete mehrere Gebäude. Dorthin führt euch der auch landschaftlich abwechslungsreiche Weg. Zunächst geht es bergauf durch den Wald zum Teehaus, das wie ein griechischer Tempel aussieht. Bergab erreicht ihr dann die Pyramide. 11 m ist sie hoch. Wie bei den Ägyptern dient sie als Grabmal. Der Graf, seine Frau und mehrere Töchter sind darin begraben. Nun kommt ihr zur Straße, geht an den Fischerhäuschen im englischen Stil vorbei und biegt hinter der Nette rechts ab. Hinter dem Bootshaus überquert ihr die Laves-Brücke mit dem Fischbauchträger. An der Mühle vorbei umrundet ihr das Schloss, könnt noch das hübsche Kutschenhaus bewundern und seid wieder am Glashaus angelangt. Das war früher das Gewächshaus der Schlossgärtnerei, heute gibt es dort leckeren Kuchen.

Hunger & Durst

Glashaus, Schlossstraße 17, Holle-Derneburg. ✆ 05062/2665. www.cafe-im-glashaus.de. Mi – Fr 14 – 18, Sa 11 – 18, So 10 – 18 Uhr, Nov – Feb nur Sa, So.

Spiel- & Erlebniswelten

Rasti-Land

Quanthofer Straße 9, 31020 Salzhemmendorf. ✆ 05153/9407-0, Fax 9407-13. www.rasti-land.de. info@rasti-land.de. **Bahn/Bus:** Eurobahn bis Osterwald, 20 Min Fußweg. **Auto:** B1 Hildesheim Richtung

Hameln, 3 km hinter Mehle. **Zeiten:** April, Sep Sa, So 10 – 17 Uhr, Mai – Aug täglich 10 – 18 Uhr, Herbstferien 10.30 – 17 Uhr, Weihnachtsmarkt Sa, So im Advent. **Preise:** 19,50 €; Kinder 3 – 11 Jahre 17,50 €.

▶ Im Rasti-Land geht es spritzig zu! Dafür sorgen die vielen Fahrgeschäfte rund ums nasse Element. Da gibt es eine Rafting-Bahn, die direkt durch das Reich des T-Rex führt, eine Wildwasserbahn, Boots-Wasserrutschen und Bumper-Spaßboote. Weitere Attraktionen sind die Bobkartbahn, die Achterbahn, Autoscooter, die Hochbahn und die Riesen-Schiffsschaukel. Auf Robinsons Insel könnt ihr euch sogar auf Flößen fortbewegen. Für die jüngsten Familienmitglieder sind Fahrten mit dem Oldtimer, dem Truck, auf der Kinderautobahn und im Ballonkarussell die großen Renner.

Kids Dinoworld

Quanthofer Straße 9, 31020 Salzhemmendorf. ☎ 05153/6874, Fax 940713. www.kids-dinoworld.de. info@kids-dinoworld.de. **Bahn/Bus:** ↗ Rasti-Land. **Zeiten:** Mo – Fr 14 – 18 Uhr, Sa, So, Ferien 11 – 18 Uhr. **Preise:** 4,90 € (inkl. 1 Heißgetränk); Kinder 3 – 14 Jahre 7,90 € (inkl. 1 Softdrink); mit Rasti-Land-Karte vom selben Tag 50 % Rabatt.

▶ Eine Wildwasserbahn in einer Halle – das gibt es in Deutschland nur in der Kids Dinoworld. Der 2006 eröffnete Indoorspielplatz neben dem Rasti-Land hält auf 2500 qm noch so manch weitere Attraktion bereit. Auf der Trethochbahn verschaffen sich alle einen Überblick, ehe das Kletterlabyrinth zum Erkunden einlädt oder Hüpfburg und Trampoline springend ausprobiert werden. Entsprechend dem Motto begegnen euch natürlich jede Menge Dinosaurier.

Montag ist Großelterntag: Oma und Opa haben in Begleitung eines Enkels freien Eintritt!

Hopplahopp

Kruppstraße 5, 31125 Hildesheim. ☎ 05121/20635-35, Fax 20635-40. www.hopplahopp.com. info@hopplahopp.com. **Bahn/Bus:** Bus 7 bis Siemensstraße. **Auto:**

Happy Birthday!
Geburtstagsangebote inklusive Menü oder am Sonntag mit Frühstücksbuffet 11 € je Kind.

So 10 – 12.30 Uhr Frühstücksbuffet. Erw 7 €, Kinder 2 €.

Hier fühlen sich Jungpiraten wohl: Piratenturm im Freizeitpark Sottrum

Bavenstedter Straße, Borsigstraße. **Zeiten:** Mo – Fr 14 – 19 Uhr, Sa, So, Ferien 10 – 19 Uhr, Outdoor-Spielplatz besucher- und wetterabhängig Mo – Fr 15.30 – 17.30 Uhr, Sa, So 12 – 18.30 Uhr. **Preise:** 3 €, Di freier Eintritt für Oma und Opa; Kinder ab 2 Jahre 6 €.

▶ Hopplahopp kommt ihr in Schwung in dem gleichnamigen Indoorspielplatz im Hildesheimer Stadtteil Drispenstedt. Schließlich verbergen sich in der großen Halle Trampoline, eine Hüpfburg in Wal-Form, ein riesiges Kletterlabyrinth, ein Luftkissenberg und eine Kartbahn. Ein separater Bereich ist für die kleinsten Besucher vorgesehen. Draußen geht das Spielvergnügen dann weiter, denn dort warten noch ein Bungee-Trampolin, der Mississippi-Zug und eine Riesenrutsche auf alle jungen Eroberer.

© Familienpark Sottrum

Freizeitpark Sottrum
Ziegeleistraße 28, 31188 Holle-Sottrum. ✆ 05062/ 8860, Fax 899772. www.familienparksottrum.de. mail@familienpark-sottrum.de. **Bahn/ Bus:** Bahn bis Derneburg, Bus 461. **Auto:** A7 Ausfahrt 63 Derneburg-Salzgitter, über Holle nach Sottrum, dort Richtung Henneckenrode. **Zeiten:** April – Mitte Okt täglich 10 – 18 Uhr. **Preise:** 9,50 €; Kinder 2 – 14 Jahre 8,50 €.
▶ Nicht Achterbahn und Karussell spielen die Hauptrolle in diesem Freizeitpark der besonderen Art, sondern Natur, Tier, Spiel und Sport. Springen auf einem riesigen Hüpf-

kissen, balancieren in der Seiltänzerschule oder sich auf dem Floß per Handkraft zum anderen Ufer zu ziehen, das macht auch vielen Großen einen Heidenspaß. Spielerisch wird nebenbei und oft mit einem Schmunzeln so manches rund um Biologie und Geologie vermittelt. So wandelt man auf dem Urzeitpfad durch die Erdgeschichte, entdeckt das Reich der Sinne oder erfindet ein magisches Quadrat. Es gibt ein Zwergenland, eine Pirateninsel, ein Streichelgehege, einen Ufolandeplatz und und und.

Im Wald & Am Fluss

Wildgatter am Steinberg in Ochtersum

Steinberg/Am Wildgatter, 31139 Hildesheim-Ochtersum. ℰ 05121/264963, Fax 301-308. www.wildgatter-hildesheim.de. info@wildgatter-hildesheim.de. **Bahn/Bus:** Bus 5 bis Rex-Brauns-Straße, Fußweg An der Kupferschmiede. **Auto:** B243 Richtung Seesen, rechts Kurt-Schumacher-Straße, rechts Steinberg, Ausschilderung bis Kupferschmiede oder Rex-Brauns-Straße, Parkplatz Am Wildgatter/An der Kupferschmiede. **Zeiten:** frei zugänglich.

▶ Wildschweine suhlen sich im Schlamm, Frettchen gucken verschmitzt in die Luft und der Rothirsch zeigt stolz sein Geweih. Im Wildgatter am Steinberg im Süden von Hildesheim könnt ihr genau das erleben. Dam- und Sikawild, Waldkauz und Kolkrabe, Kaninchen, Mufflons und Zwergziegen gehören ebenfalls zu den tierischen Bewohnern. Unterhalb der Gaststätte Kupferschmiede führt der Weg an zahlreichen Volieren vorbei, in denen u.a. die Pfleglinge der angeschlossenen Auffangstation für Eulen und Greifvögel untergebracht sind. Hier findet ihr auch eine große Holzlok zum Spielen. Parallel zu den Wildgehegen verläuft ein Waldlehrpfad. Dessen Tafeln informieren über die Entwicklung des Geweihs beim Hirsch oder darüber, welche Tiere sich in Steinhaufen wohl füh-

UMWELT ERFORSCHEN

Hunger & Durst

Gasthof Kupferschmiede, Steinberg 6, Hildesheim-Ochtersum. ℰ 05121/6977931. www.gasthofkupferschmiede.de. Täglich 11 – 24 Uhr. Ausflugslokal von 1899 im elsässischen Landhausstil, Kindergerichte 3,50 €.

len. Einen zweiten, kleinen Spielplatz findet ihr am unteren Parkplatz an der Ecke des Weges An der Kupferschmiede.

Lippoldshöhle

Glenetalstraße, 31061 Alfeld-Brunkensen. www.brunkensen.de. info@brunkensen.de. **Bahn/Bus:** Bus 2512 bis Brunkensen, 1 km Fußweg über Am Gänsestein, Allee. **Auto:** B3, in Godenau nach Brunkensen, dort Richtung Coppengrave, an der Glenetalstraße bis zum Wanderparkplatz, Ausschilderung folgen. **Zeiten:** frei zugänglich.

▶ Eine echte Räuberhöhle könnt ihr in Brunkensen besichtigen. Hoch über der Glene lebte einst der Räuber Lippold. Der hatte die schöne Tochter des Alfelder Bürgermeisters von ihrer eigenen Hochzeitsfeier entführt. In seiner Höhlenburg musste sie jahrelang mit ihm hausen. Die Hufeisen seines Pferdes ließ der Räuber verkehrt herum anbringen, sodass es aussah, als wäre er daheim, wenn er weggeritten war. Erst nach vielen Jahren konnte das Mädchen befreit werden.

Vom Parkplatz aus, wo auch eine Kurzfassung der Lippold-Sage nachzulesen ist, erreicht ihr die Höhle in wenigen Minuten. Mehrere Räume der Höhle stehen mutigen Kindern offen! Sie sind zum Teil durch Gänge miteinander verbunden. Ihr seht den Pferdestall, die Küche und den Kamin. Wie wäre es anschließend mit einem Picknick unten am Fluss? Oder ihr kehrt im Räuber-Lippoldskrug ein.

Walderlebnispfad Sinneswald

Heinrich-Rinne-Straße 35, 31061 Alfeld. ✆ 05181/828558. www.alfeld.de. alfeld@naturfreunde.de. **Länge:** 1,4 km, Start: Naturfreundehaus Schlehberghütte, auch Zugang über Göttinger Straße. **Bahn/Bus:** ↗ Alfeld, Vus 2506, 2512 bis Göttinger Straße. **Auto:** Bahnhofstraße, Schlehbergring, An der Dohnser Schule, Am Schlehberg. **Rad:** Leine-Heide-Radweg.

 Taschenlampe nicht vergessen!

Hunger & Durst
Räuber Lippoldskrug, Glenetalstraße 70, Alfeld-Brunkensen. ✆ 05181/3848-0. www.raeuber-lippoldskrug.de. 11 – 14 und 17 – 22 Uhr, Mi Ruhetag, Do nur abends. Saisonale und regionale Spezialitäten.

▶ Erst 2010 wurde der Walderlebnispfad am Schlehberg eröffnet. 20 Stationen laden dazu ein, die Natur mit allen Sinnen zu erleben. Da gibt es ein Baumtelefon, Fühlkästen und Klangspiele. Begleitet vom Maskottchen Rudi, einem Schwarzspecht, könnt ihr auch ausprobieren, wie weit ihr springen könnt. Im Niedrigseilparcours gilt es dann, die Balance zu halten!

Wandern an der Innerste: Alles im Fluss

Hildesheim. **Länge:** 6 km Rundweg. **Strecke:** Hildesheim (Innerstebrücke) – Domäne Marienburg – Itzum – Hildesheim. **Bahn/Bus:** Stadtbus 2 bis Tappenstraße, Fußweg über Wiesenstraße. **Auto:** Parkplätze entlang der Wiesenstraße, dieser geradeaus folgen, am Sportplatz vorbei zur Brücke. **Rad:** Radweg vom Hohnsen zur Innerstebrücke, Radweg zur Kunst.

Die Broschüre zum Pfad ist in der Tourist-Information erhältlich.

▶ »Alles im Fluss« – so nennt sich ein Naturerlebnisweg an der *Innerste*. Los geht es an der Innerstebrücke. Dort findet ihr die Tafel zur Station 1, die auch den Verlauf des Pfades anzeigt. Am Fluss entlang geht es weiter, unter der Eisenbahnbrücke hindurch und auf dem geteerten Weg durch die Innerstewiesen. So gelangt ihr nun bis zur Station 6 und an die Beusterstraße. Geradeaus liegt die ↗ *Domäne Marienburg* mit Schulmuseum und Hofcafé, links geht es nach Itzum. Wie wäre es mit einer Pause? Kaffee und Kuchen gibt es in der **Scharfen Ecke** auch auf der Terrasse. Der Rückweg erfolgt nun auf der anderen Seite der Innerste – und ist doch ganz anders als der Hinweg. Dafür nehmt ihr den Weg neben dem Tossumer Weg. Er bringt euch direkt zu einer

Bietet schöne Aussichten: Der Naturerlebnisweg an der Innerste

© pmv, Foto: Kirsten Wagner

Hunger & Durst

Zur Scharfen Ecke, Itzumer Hauptstraße 1, Itzum. ✆ 05121/203-0. www.zur-scharfen-ecke.com. Mo, Do, Fr 11.30 – 14 und ab 17.30 Uhr, Sa, So ab 11.30 Uhr. Landgasthof mit vielen Wildgerichten, DZ 59 – 73 €.

Am Gelben Turm befindet sich ein kleiner Naturlehrpfad mit fünf Stationen.

Die Sonne: Ausgangspunkt des Planetenwegs

Pferdekoppel. Um sie zu überqueren, gibt es extra ein Weidetor. An den hübschen Rossen vorbei wandert ihr am Hang des *Rothen Steins* entlang. In dem Naturschutzgebiet leben und wachsen seltene Tiere und Pflanzen wie der Eisvogel, die Gebänderte Prachtlibelle oder Hallers Grasnelke. Der Pfad führt rechts bergan auf den Panoramaweg, der mit einem herrlichen Blick belohnt und euch schließlich zum Ausgangspunkt zurückbringt.

Blick in den Himmel

Sternwarte Gelber Turm

Hildesheim. ✆ 05121/93610, Fax 9361-66. www.vhs-hildesheim.de/gelber_turm. info@vhs-hildesheim.de. **Bahn/Bus:** Bus 2241. **Auto:** (B6) Goslarsche Straße, Am Brockenblick. **Rad:** Hi-Ring. **Zeiten:** Aussichtsplattform März – Okt Sa, So 14 – 18, Nov – Feb Sa, So 13 – 17 Uhr; Beobachtungstermine Fr abends bei klarem Himmel Nov – Feb 19 Uhr, März, Okt 20 Uhr, April, Sep 20.30 Uhr, Mai, Aug 21 Uhr.

▶ Schon seit 1886 thront der Gelbe Turm markant auf dem Spitzhut, einem Gipfel des Galgenbergs. Der gelbe Backstein, aus dem er erbaut wurde, verhalf ihm zu seinem Namen. Fast sollte er Mitte der 1990er Jahre abgerissen werden, als die Idee einer weiteren Nutzung freudig aufgegriffen wurde: der Turm als Sternwarte! Eine Kuppel wurde auf den Bau aufgesetzt und so kann man heute von hier einen Blick ins All werfen! Freitagabends lädt die Volkshochschule zur Sternenbeobachtung ein. Über das Spiegelteleskop sind Sterne zu sehen, die mit bloßem Auge lange nicht mehr zu erkennen sind. Nach wie vor ist der Gelbe Turm mit seiner Aussichtsplattform aber auch ein beliebtes Ausflugsziel.

© prnv, Foto: Kirsten Wagner

Bahnen & Betriebe

Feldbahnmuseum Hildesheim

Kennedydamm, 31135 Hildesheim. ✆ 05121/38708, www.feldbahnmuseum-hildesheim.de. info@feldbahn-museum-hildesheim.de. **Bahn/Bus:** Bus 1, 13 bis Kennedydamm. **Auto:** Unter der B6-Brücke, Zufahrt über Bavenstedter Straße, Güldenfeld. **Zeiten:** 4 Fahrtage zwischen Mai und Aug 10 – 18 Uhr. **Preise:** 4 €; Kinder 2 €; Familien 9 €.

▶ Kennt ihr Feldbahnen? Das sind kleine Eisenbahnen, die überwiegend zwischen 1880 und 1930 zum Einsatz kamen. Man transportierte auf ihnen Torf vom Moor zum Torfwerk, Ton von der Kiesgrube zur Ziegelei oder Rüben vom Feld zur Zuckerfabrik. Nach und nach verschwanden die Feldbahnen: Ziegeleien schlossen, Rüben wurden mit dem Trecker transportiert, Lkw waren wirtschaftlicher. Das Feldbahnmuseum in Hildesheim hat sich der kleinen Züge angenommen, sie gesammelt und wieder flott gemacht. An vier Fahrtagen im Jahr dürfen auch Besucher auf das Gelände und vor allem – mitfahren! So oft ihr wollt, dürft ihr Platz nehmen. Auch auf den Bahnen im Ausstellungsbereich darf Probe gesessen werden. Für die jüngsten Besucher ist ein Sandkasten mit allerlei Fahrzeugen und Geräten bestückt. Kuchen und Bratwurst sind erhältlich. Um 11, 14 und 16 Uhr werden außerdem Führungen angeboten.

© pmv, Foto: Kirsten Wagner

Wann geht's denn endlich los? Warten auf die Abfahrt mit der Feldbahn

HILDESHEIM

Hüttenstollen Osterwald bei Salzhemmendorf

Verein zur Förderung des Bergmannswesens Osterwald e.V., Steigerbrink 25, 31020 Salzhemmendorf-Oster-

wald. ℂ 05153/964846, Fax 964846. www.der-huet-tenstollen.de. kontakt@der-huettenstollen.de. **Bahn/Bus:** Bus 71. **Auto:** B1 Elze – Hemmendorf, in Olden-dorf nach Osterwald. **Rad:** Heidestraße/Hohe-Warte-Straße oder Oldendorfer Straße. **Zeiten:** März – Okt So 13.15 und 14.30 Uhr. **Preise:** 4 €; Kinder 2 €.

▶ Schon im 16. Jahrhundert schürfte man im Oster-wald nach Steinkohle, zwischen 1842 und 1953 wur-de sie dann im Hüttenstollen abgebaut. Wie die har-te Arbeit der Bergleute aussah, könnt ihr euch bei einer Führung gut vorstellen. Durch das Stollenmund-loch gelangt ihr zu den niedrigen Kohleflözen, in de-nen der Abbau im Liegen erfolgen musste – nicht ge-rade bequem! Die Kohle selbst, sogenannte Weal-denkohle aus der Unteren Kreidezeit (vor 100 – 140 Mio Jahren), war eher minderwertig. Sie wurde vor al-lem genutzt, um die Osterwalder Glashütte zu betrei-ben. So kam es zu dem Namen Hüttenstollen.

Hunger & Durst
Antik Café Zauberquell, Steigerbrink 9, Salz-hemmendorf-Osterwald. ℂ 05153/96070. www.zauberquell.de. Fr – So 14 – 18 Uhr, 1. Wochenende im Monat geschlossen. Selbst gebackene Torten und Kuchen.

Bei Fagus-Gropius

Hannoversche Straße 58, 31061 Alfeld. ℂ 05181/790, Fax 79406. www.fagus-gropius.com. gropius@fa-gus.de. **Bahn/Bus:** Metronom von Elze; Bus 2513 von Hildesheim. **Auto:** Bahnhofstraße, Schlehbergring. **Rad:** Nähe Leine-Heide-Radweg. **Zeiten:** So – Fr 10 – 16, Sa 10 – 13 Uhr. **Preise:** 3 €; Schüler 1,50 €.

▶ In Alfeld begann ein weltberühmter Architekt seine Karriere: *Walter Gropius* (1883 – 1969). Er wurde von *Carl Benscheidt* für den Neubau seiner Schuhleisten-Fabrik beauftragt. So wurde das Fagus-Werk zum ers-ten typischen Gebäude der modernen Architektur, der »Neuen Sachlichkeit«. Stahl und Glas spielten ne-ben gelbem Backstein die wichtigste Rolle. Bei ei-nem Besuch könnt ihr am Haupthaus gut erkennen, was das Besondere war: Die Ecken sind nicht durch Mauerwerk oder Pfeiler abgestützt. Stattdessen ge-hen die Fenster um die Ecke, wodurch das Gebäude besonders luftig wirkt. Im ehemaligen Lagerhaus, wo einst zwei Millionen Leisten gestapelt werden konn-

ten, ist heute die **Fagus-Gropius-Ausstellung** untergebracht. Dort erfahrt ihr alles über die Geschichte des Unternehmens und den Bau. Natürlich sind auch Schuhleisten und Schuhe in allen erdenklichen Varianten zu sehen, darunter solche, die einst bekannte Leute trugen, z.B. Ralf Schumacher, Claudia Schiffer oder Luis Trenker. In den Abteilungen sind mehrere Aktivstationen für Kinder, in denen ihr malen, bauen und spielen könnt. Gemeinsam mit den Großen könnt ihr auch Materialien ertasten, ein Holzarten-Memory spielen, an einem Leistenmodell feilen, euch im Zerrspiegel betrachten oder Fußmassage-Roller testen.

Burgen & Schlösser

Schloss Marienburg

Marienberg 1, 30982 Pattensen. ✆ 05069/407, Fax 804318. www.schloss-marienburg.de. museum@schloss-marienburg.de. **Bahn/Bus:** Bus 310 von Pattensen bis Marienburg Abzweig Nord, 1,5 km Fußweg. **Auto:** B1 Hildesheim – Elze, abbiegen nach Nordstemmen, dort links (Rathausstraße) Richtung Adensen. **Rad:** Leine-Heide-Radweg. **Zeiten:** Nov, Dez Sa, So, Märzl – Okt täglich 10 – 18 Uhr, Turmaufstieg ab März 11 – 17 Uhr. **Preise:** 7 €; Kinder 4 – 6 Jahre 4 €, 7 – 12 Jahre 5 €, 13 -16 Jahre 6 €; Turmaufstieg nur ab 7 Jahre, 3,50 € pro Person. **Infos:** Führung Hinter den Kulissen und Ein neugotischer Traum April – Okt, 1. bzw. 2. Mo im Monat 15 Uhr, jeweils 18 €. Nachtführungen mit der Hofdame zu bestimmten Terminen, Kinderführungen ab 15 Pers auf Anfrage, alle mit Anmeldung.

▶ Wer hätte nicht gern ein Schloss als Geburtstagsgeschenk? **Marie,** die Frau von König Georg V. (1819 – 1878) durfte sich 1857 darüber freuen. Für sie ließ Georg die Marienburg erbauen, und zwar namentlich passend auf der kurzerhand *Marienberg* ge-

*Schuhleisten benötigt man zum Anfertigen von Schuhen. Um den Leisten herum wird der Schuh geformt. **Fagus sylvatica** ist der lateinische Name für die Rotbuche. Aus deren Holz wurden die Schuhleisten angefertigt.*

Alexandrine Marie Wilhelmine Katharine Charlotte Therese Henriette Luise Pauline Elisabeth Friederike Georgine von Sachsen-Altenburg – puh! – lebte 1818 – 1907. Sie war verheiratet mit Georg V., dem letzten König von Hannover. Er ging 1866 ins Exil, wohin sie ihm später folgte. Heute ist das Schloss im Besitz der Welfen.

HILDESHEIM

© Schloss Marienburg

Sieht aus wie im Märchen: Schloss Marienburg aus der Ferne

Hunger & Durst

Schlossrestaurant, Marienberg 1, Pattensen. ℡ 05069/516490. www.schloss-marienburg.de. April – Okt So – Mi 11 – 18, Do – Sa 11 – 21 Uhr, Nov/Dez Sa 11 – 21, So 11 – 18 Uhr.

tauften Anhöhe, die vormals Rehberg hieß. Wahrlich märchenhaft mutet das Schloss bis heute an. Es wurde im neugotischen Stil mit vielen Türmen, einem Bergfried, Zinnen und einer Zugbrücke erbaut. Hier kann man sich wirklich als Prinzessin oder Galan fühlen!

Allerdings wurde der Bau erst 1867 fertig als Marie das nun preußisch gewordene Land verlassen musste. Eine Besichtigung von 15 der insgesamt 100 Räume ist während einer Führung möglich. Gemälde, Möbel und persönliche Gegenstände geben einen Einblick in das Leben der Königsfamilie, etwa in den chinesischen Zimmern, dem Speisesaal, der Schlossküche oder den Räumen der Prinzessinnen. Seit 2009 kann der Turm bestiegen werden. Von der Aussichtsplattform bietet sich ein wunderbarer Blick auf das Leinetal und das Calenberger Land.

Burg Coppenbrügge

Schlossstraße 1, 31863 Coppenbrügge. ℡ 05156/ 8623, Fax 8623. www.museum-coppenbruegge.de. burgmuseum@aol.com. **Bahn/Bus:** Eurobahn von Hameln oder Hildesheim, Bus 50 von Hameln. **Auto:** B1, direkt im Ort. **Rad:** Nähe Börde-Radweg Berlin-Hameln. **Zeiten:** Di – So 11 – 16 Uhr. **Preise:** Eintritt frei.

▶ Dicke Mauern und ein breiter Wassergraben lassen erahnen, wie wehrhaft die Damen und Herren von Spiegelberg in Coppenbrügge lebten. Wer fühlt sich da nicht in die Ritterzeit versetzt? Nach Durchschreiten der mit Zinnen besetzten Wehrtürme betretet ihr das Innere der Anlage mit dem Museum. Es informiert über die Geschichte der Burg und des Ortes. Ihr erfahrt, was Zar Peter der Große 1697 hier tat und warum es am Ith einen Wallfahrtsort gab. Ein Modell zeigt die Burg, wie sie um 1540 aussah. Im Innenbereich sind auch Küche, Töpferei und Brunnen zu besichtigen, außen könnt ihr eine Runde auf dem Wall drehen, wo die etwa 600 Jahre alte Peterslinde steht. Weitere Rundgänge sind sowohl innerhalb wie außerhalb des Burggrabens möglich. Auf letzterem findet ihr einen kleinen Barfußpfad, einen Summstein, eine ganz schön große Ratte und einen knieenden Ritter!

Museen

Das Tiermuseum in Alfeld

Am Kirchhof 5, 31061 Alfeld. ℐ 05181/829738, 8070820, Fax 703-216. www.alfeld.de. museum.alfeld@t-online.de. **Bahn/Bus:** Zentrum; Bus 1, 2. **Auto:** Winzenburger Straße, Seminarstraße. **Zeiten:** Di – Fr 10 – 12 und 15 – 17 Uhr, Sa, So 10 – 12 Uhr, Mai – Sep auch 15 – 17 Uhr. **Preise:** Eintritt frei.

▶ Panter, Zebra und Tiger lassen sich selbst im Zoo selten ausgiebig und hautnah beobachten. Im Alfelder Tiermuseum aber ist das möglich. Dort sind nämlich Vögel, Reptilien und Säugetiere aus aller Welt in wunderschönen Dioramen zu sehen. Nach ihrer Herkunft versammeln sich da das Rote Riesenkänguru und der (schon ausgestorbene) Beutelwolf in Australien, während Ameisenbär, Nandu und Faultier in Südamerika zu Hause sind. Auch Afrika, Asien und Nordamerika sind mit ihrer heimischen Tierwelt vertreten. Wer sieht Fransenfinger, Lärmvogel, Makak und Marmorkatze?

Woher kommen diese Tiere? Zwei Tierhandelsunternehmen entstanden ab Mitte des 19. Jahrhunderts in Alfeld. Die Firmen *Reiche* und *Ruhe* handelten zunächst mit Kanarienvögeln, dann mit exotischen Tieren von fernen Kontinenten. Bis in die 1960er Jahre sah man so manche Karawane durch Alfeld ziehen. Tiere, die den Transport nicht überlebten, kamen zu *Alois Brandmüller* (1867 – 1939). Der Alfelder Lehrer baute zunächst eine Sammlung mit präparierten Tie-

In der alten Lateinschule von 1610, einem Fachwerkhaus mit bunten Schnitzereien gleich neben dem Tiermuseum, ist das Stadtmuseum untergebracht. Von der Steinzeit bis in die Neuzeit wandert ihr durch die Geschichte Alfelds. Ganz oben geht es um die Industrie. Papier und Schuhleisten werden bis heute hergestellt.

© pmv, Foto: Kirsten Wagner

Hier trefft ihr nicht nur Zebras: Im Tiermuseum Alfeld

ren für den Naturkunde-Unterricht auf, bis er schließlich 1933 das Tiermuseum eröffnete. Seit 1976 ist der Fang bedrohter Tierarten übrigens verboten und der Handel stark eingeschränkt. So will es – zum Glück – das Washingtoner Artenschutzabkommen. Da außerdem die Zoos inzwischen ihre Tiere weitgehend selbst züchteten, ging der Tierhandel zurück und die Firmen Ruhe und Reiche mussten schließen.

Roemer- und Pelizaeusmuseum

Am Steine 1 – 2, 31134 Hildesheim. ☏ 05121/9369-0, 9369-31 (Infoband), Fax 35283. www.rpmuseum.de. info@rpmuseum.de. **Bahn/Bus:** Stadtbus 1 bis Museum. **Auto:** Über Dammstraße oder Pfaffenstieg, Nähe Zentrum, Museumsparkplatz. **Rad:** Nähe Radweg zur Kunst. **Zeiten:** Di – So 10 – 18 Uhr. **Preise:** 10 €; Kinder 6 – 14 Jahre 4 €, Schüler 8 €; Familien 20 €; Audioguide 2 €.

@ www.rpmuseum-junior.de.

@ Wollt ihr eine Zeitreise ins Alte Ägypten unternehmen? Dann geht auf www.kinderzeitmaschine.de.

▶ Hildesheim darf sich rühmen, in einem Satz mit Kairo, Boston und Wien genannt zu werden, denn diese Städte besitzen die größten und bedeutendsten Sammlungen zum Alten Ägypten. Findet ihr Pyramiden und Pharaonen auch so spannend? Hier könnt ihr ganz viel darüber erfahren. Ihr seht Statuen und Mumien, erfahrt, was Scheintüren sind und wozu Kanopen dienten. Die gesamte Ausstellung wurde 2009 bis 2011 neu konzipiert. Dabei wurde auch an die jungen Besucher gedacht. Im *Alten Reich* warten verschiedene Aufgaben auf euch, im Bereich *Grab und Totenkult* könnt ihr an Drehsäulen alles über die ägyptische Götterwelt herausfinden oder erfahrt, wie das Mumifizieren vor sich ging. Ihr könnt euch auch von einem eigens für Kinder entwickelten Audioguide durch die Räume führen lassen.

Neben 9000 Objekten aus Altägypten besitzt das Museum viele weitere Sammlungen. So solltet ihr nicht verpassen, einen Blick in die ehemalige Martinikirche zu werfen. Dort befinden sich nämlich die Ausstellungen zur Entstehung der Erde, der Entwicklung des Menschen und zu Alt-Peru. Ihr könnt den Wirbel eines Fischsauriers tasten, einen Protoceratops puzzlen, eine peruanische Hockmumie bestaunen, erraten, ob Tomate und Kakao aus Amerika stammen und ins Grab des Senefer steigen.

Warum das Museum Roemer-und-Pelizaeus-Museum heißt, obwohl es gar nichts über die Römer hier gibt? Das hängt mit zwei Männern zusammen. *Hermann Roemer* (1816 – 1894) gilt als Museumsgründer, *Wilhelm Pelizaeus* (1851 – 1930) stiftete seine Sammlung ägyptischer Kunstdenkmäler seiner Heimatstadt Hildesheim.

Stadtmuseum im Knochenhaueramtshaus

Markt 7, 31134 Hildesheim.
☎ 05121/301163, Fax 301162.
www.stadtmuseum-hildesheim.de.
info@stadtmuseum-hildesheim.de.
Bahn/Bus: Bahn bis Hbf, durch die Fußgängerzone zum Markt. **Auto:** Zentrum, Parkhaus Ratsbauhof oder Marktplatz. **Zeiten:** Di – So 10 – 18 Uhr. **Preise:** 3 €; Kinder 6 – 14 Jahre 1 €; Schüler 2 €; Familien 6 €.

▶ In dem altehrwürdigen Knochenhaueramtshaus am Hildesheimer Marktplatz könnt ihr bis unters Dach steigen. Altehrwürdig? Nicht ganz, denn tatsächlich wurde das schöne Fachwerkhaus erst 1986 neu erbaut, nachdem es im Krieg 1945 in

Hunger & Durst

NIL im Museum, Am Steine 1, Hildesheim. ☎ 05121/408595. www.nil-restaurant.de. Täglich 10 – 24 Uhr. Dachpavillon und Terrasse. Kinderkarte. So Familienbrunch 10 – 14 Uhr.

War früher das Gildehaus der Knochenhauer: Das Stadtmuseum Hildesheim

© pmv, Foto: Kirsten Wagner

**Gasthaus im Knochen-
haueramtshaus,** Markt
7, Hildesheim.
☎ 05121/2889909.
www.knochenhauer-
amtshaus.com. Täglich
9 – 1 Uhr. Täglich Früh-
stücksbuffet, Familien-
Brunch an den Advents-
sonntagen.

Schutt und Asche gelegt worden war. Ursprünglich
1529 erbaut, war es das Gildehaus der Knochenhauer, also der Fleischer. Im Hinterhof, dem Hoken, wurde geschlachtet, das Gewölbe diente als Lagerraum
und im Erdgeschoss wurde das Fleisch verkauft.
Heute befindet sich in den unteren Etagen ein Restaurant, darüber das Stadtmuseum. Mit alten Münzen, Zinnkannen, Halseisen und Ritterhelm, Web-
stuhl und Buttermaschine reist ihr durch die Zeit. Ihr
dürft ein Kettenhemd anprobieren, lernt die Hildesheimer Straßenbahn kennen und erfahrt alles über
den berühmten Silberfund. Die originalen Schalen,
Dreifüße und Humpen befinden sich in den Staatli-
chen Museen zu Berlin, doch auch die Nachbildungen sind schön anzusehen. Könnt ihr erkennen, dass
die Stücke aus römischer Zeit stammen?

Unterwegs in der Stadt

Die Rosenroute
Markt, 31134 Hildesheim. ☎ 05121/1798-0, Fax
1798-88. www.hildesheim.de. tourist-info@hildesheim-
marketing.de. **Länge:** 5 km im Zentrum. **Bahn/Bus:**
↗ Hildesheim.

**Im Namen der Rose:
Sie weist den Weg durch
Hildesheim**

© pm, Foto: Kirsten Wagner

▸ Weiße Rosen weisen den Weg zu den Hildesheimer
Sehenswürdigkeiten. Sie wurden auf das Pflaster gemalt und kennzeichnen 21 Stationen auf einem 5 km
langen Rundgang. Start ist am Marktplatz. Dort befindet sich auch die Tourist-Information, in der ihr für
2,50 € eine Broschüre der Rosenroute extra für Kinder erstehen könnt (eine Ausgabe für Erwachsene
gibt es auch, sie kostet 1 €). Mit Hilfe des Büchleins
werdet ihr bequem von Rose zu Rose geführt, erfahrt
allerlei zu den einzelnen Stationen und könnt kleine
Rätsel und Aufgaben lösen. So erfahrt ihr, was der
Gelbe Stern ist, woher der Lappenberg und die Sti-
nekenpforte ihre Namen haben und dürft natürlich
den berühmten Rosenstock am Dom bewundern.

▶ *Ludwig der Fromme* (778 – 840) war der Sohn von *Karl dem Großen* und Kaiser des Fränkischen Reiches. Als er 815 während einer Reise Quartier nahm auf dem Königshof in Aulica, dem heutigen Elze, beschloss er, auf die Jagd zu gehen.

DAS ROSENWUNDER

Als Ludwig einen weißen Hirsch sah, setzte er ihm nach und verlor die anderen Jäger aus den Augen. Schließlich brach sein Pferd erschöpft zusammen und auch der Hirsch war fort. Verzweifelt hängte der Kaiser sein Brustkreuz mit dem Heiligtum der Mutter Maria an die Zweige eines Strauchs und begann zu beten. Schließlich schlief er

erschöpft ein. Als er erwachte, war ringsum Schnee, doch sein Kreuz hing an einem blühenden Rosenstrauch. Als ihn kurz darauf sein Gefolge fand, berichtete er von diesem Wunder. An genau dieser Stelle ließ er eine kleine Kirche bauen. Später wurde daraus der Hildesheimer Dom, an dem bis heute der inzwischen 1000-jährige Rosenstrauch wächst. ◀

Gute Aussichten: Blick von St. Andreas

Andreasplatz 5, 31134 Hildesheim. ✆ 05121/14811, 1798-0, Fax 1798-88. www.andreaskirche.com. info@andreaskirche.com. **Bahn/Bus:** Bus 1, 2, 4, 5 bis Bohlweg. **Auto:** Schuhstraße (Zentrum). **Zeiten:** Turm April – Okt Mo – Sa 11 – 16 Uhr, So, Fei 12 – 16 Uhr; Kirche April – Sep Mo – Fr 9 – 18, Sa 9 – 16, So 11.30 – 16 Uhr, Okt – März Mo – Sa 10 – 16, So 11.30 – 16 Uhr. **Preise:** 1,70 €; Kinder 1,20 €.

▶ 346 Stufen sind kein Pappenstiel, doch habt ihr sie bewältigt, werdet ihr mit einer herrlichen Fernsicht belohnt. Immerhin befindet ihr euch nun auf 77 m Höhe. Insgesamt ist der Kirchturm mit 114,5 m der höchste seiner Art in Niedersachsen. Beim Aufstieg kommt ihr auch an den vier Glocken vorbei, die zu den Gottesdiensten läuten. Die größte von ihnen wiegt 6,5 t.

 Der 1000-jährige Rosenstock am Dom blüht gewöhnlich für zwei Wochen ab Ende Mai. Mo – Sa 10 – 16.30, So 12 – 17 Uhr, 0,50 €, Schüler 0,30 €. Der Dom selbst bleibt wegen Renovierungsarbeiten bis 2014 geschlossen.

 Anders als in der Legende blühen **Rosen** *von Juni bis zum Spätherbst bis zu den ersten Nachtfrösten.*

HILDESHEIM

Bevor die gotische Kirche ab 1389 erbaut wurde, gab es an gleicher Stelle schon eine romanische Basilika. Schaut drinnen einmal das schöne Sterngewölbe an. Berühmt ist auch die große Orgel. Seit 1542 ist die Kirche evangelisch. Damals hielt der Reformator *Johannes Bugenhagen* (1485 – 1558) die erste lutherische Predigt. Ihm wurde mit einem Brunnen ein Denkmal am Andreasplatz gesetzt.

Weißes Gold: Auf Schatzsuche in Bad Salzdetfurth

Solebadstraße 6, 31162 Bad Salzdetfurth. ✆ 05063/ 4629 (Café Bambus), Fax 900-56. www.bad-salzdetfurth.de. info@bad-salzdetfurth.de. **Länge:** 3,8 km. **Bahn/Bus:** Bus 2454 bis Solebad. **Auto:** ↗ Bad Salzdetfurth. **Zeiten:** Ausleihe Mo – Fr 7.30 – 16, Sa, So 7.30 – 14 Uhr, Rückgabe bis 21.30, Sa, So bis 19.30 Uhr. **Preise:** kostenlos, Pfandgebühr/Hinterlegung des Personalausweises für Gerät.

▶ Lust auf eine Schatzsuche? Dazu lädt die Stadt Bad Salzdetfurth ein. Im Café Bambus im Solebad erhaltet ihr die Schatzkarte. Sie führt euch auf der Spur des Weißen Goldes von einer Station zur nächsten – wenn ihr die jeweils richtige Lösung findet. Knackt ihr am Ende den Code, könnt ihr bei eurer Rückkehr die schweren Schlösser der Schatztruhe öffnen und einen Schatz heben!

Die Schatzsuche funktioniert mit einem GPS-Gerät. Das zeigt euch die Richtung an, in die ihr gehen müsst und wann ihr euer Ziel erreicht habt. Dort gilt es ein Rätsel zu lösen, wodurch ihr die nächsten Koordinaten erhaltet. Wie ihr die ins Gerät eingeben müsst, wird

 Eine zweite GPS-Schatzsuche wurde als 20 km lange Fahrradtour entwickelt. Dabei geht ihr auf die Suche nach dem »Ackergold«.

Jonathan und Niko bei der Schatzsuche durch Bad Salzdetfurth: Mit GPS und Karte findet ihr den Weg

© pmv, Foto: Kirsten Wagner

euch vorab genau erklärt. Einer Pause in einem der Cafés in der Altstadt steht nichts im Wege. Viel Spaß und noch ein Tipp: Wer sich das GPS-Gerät reservieren lässt, geht sicher, auch wirklich auf Schatzsuche gehen zu können!

Theater

Freilichtbühne Osterwald
An der Freilichtbühne 7, 31020 Salzhemmendorf-Osterwald. ✆ 05153/96069, Fax 96067. www.osterwald-buehne.de. info@osterwaldbuehne.de. **Bahn/Bus:** ↗ Hüttenstollen Osterwald. **Zeiten:** Ende Mai – Anfang Sep Fr – So. **Preise:** Kinderstücke 9 €; Kinder 4 – 16 Jahre 6 €.
▶ Jedes Jahr bringt die Schauspieltruppe der Freilichtbühne Osterwald ein neues Stück für Kinder und eines für Erwachsene auf ihre schöne Waldbühne. Pippi Langstrumpf, der Zauberer von Oz und Wickie sprangen schon über die Bretter, die die Welt bedeuten. Da darf man gespannt sein, was jeweils auf dem neuen Spielplan steht. 613 Zuschauer finden Platz, hinten gibt es auch überdachte Plätze.

Theater für Niedersachsen
Theaterstraße 6, 31141 Hildesheim. ✆ 05121/1693-0, 33164 (ServiceCenter), Fax 1693-119. www.tfn-online.de. service@tfn-online.de. **Bahn/Bus:** Bus 1 bis Theater. **Auto:** Kennedydamm, Zingel. **Zeiten:** ServiceCenter Mo – Fr 10 – 18, Sa 10 – 12 Uhr. **Preise:** Kindertheater 6 €, Kinderkonzert, Weihnachtsstück 9 – 12 € nach Sitzgruppe, Schauspiel 13 – 22 €; Kinder im Kindertheater 5 €, Kinder bis 7 Jahre und Schüler im Konzert, Schauspiel, Weihnachtsstück 7 €, Musical 9 €.
▶ Vom Grüffelo für die kleinsten Theaterbesucher über Zwerg Nase bis zu Toms Pleite reicht das Repertoire für Kinder im Theater für Niedersachsen, kurz TfN genannt. Daneben stehen auch Weihnachts-

BÜHNE, LEINWAND & AKTIONEN

Theaterprojekte, Theatergruppen und Ferienkurse gehören zum Angebot des Jungen Theaters.

stücke, Kinderkonzerte, -opern und -musicals auf dem Spielplan, im Februar findet regelmäßig die Kindertheaterwoche statt. Wollt ihr selbst auf die Bühne? Dann geht doch in eine der Theatergruppen. In vier Altersgruppen könnt ihr euer Schauspieltalent erproben, die Jüngsten beginnen mit 6 Jahren. Es werden auch Ferienkurse angeboten.

Das TfN ging aus einem Zusammenschluss des Stadttheaters Hildesheim mit der Landesbühne Hannover hervor. Daher werden die Inszenierungen auch im zweiten Stammhaus in Hannover gezeigt, außerdem tourt das TfN in über 60 Gastspielorte in Niedersachsen.

FESTKALENDER HILDESHEIM

Februar:	Hildesheim: **Kindertheaterwoche** mit vielen Aufführungen für Kinder, Workshops und Festivalcafé. Mitte, Hildesheim und Region: **Internationaler Museumstag** mit zahlreichen Veranstaltungen für Familien. 1. So, Hildesheim: **Weltkulturerbetag.** Hildesheim: **Schultheaterfestival** mit abschließendem Kinderfest.
Juni – August:	Hildesheim: **Marktplatz-Musiktage** Fr, Sa ab 19 Uhr. Coppenbrügge: **Kinderfest in der Burg.**
August:	Alfeld, Marktplatz: **Oase mit Sandspielbereich,** 9 Tage Programm, Karawane, orientalischer Markt. Bad Salzdetfurth: **Spektakel im Kurpark** mit Kleinkunst, Akrobatik und Tanz.
September:	2. So, Hildesheim: **Tag des offenen Denkmals.**
Oktober:	Coppenbrügge: **Laternenfest** und -umzug.
November:	Bad Salzdetfurth: 3 Wochen **Figurenherbst** mit Figurentheater.
Dezember:	Mi vor dem 1. Advent bis 27. Dez, Hildesheim: **Weihnachtsmarkt.**

Verden
27
Bad Fallingbostel
7
20 km
Walsrode
LÜNEBURGER
HEIDE
Aller-   Leine-   Tal
Nienburg
Celle
Weser
Steinhuder
Meer
Leine
Burgdorfer
Aller
Neustadt
Land &
Rehburg
Steinhuder Meer
Wunstorf
Burgdorf
Peine
Rödenbergen
Barsingh.
HANNOVER
Lehrte
Peine
2
Stadthagen
Pattensen
Sarstedt
Braunschweig
Obern-
kirchen
Deister
Stadthagen
Wolfenbüttel
2
Springe
39
Hameln
Bad Münder
Hildesheim
Hessisch
Oldendorf
Hameln
Gronau
Hildesheim
Salz-
hemmendorf
Bockenem
Leine
395
Bad
Pyrmont
Alfeld
HARZ
Langelsheim
7
Goslar

Berge in Norddeutschland? Die gibt es nicht nur im Harz, sondern auch ganz nah bei Hannover. Südöstlich der Landeshauptstadt liegt nämlich der Deister, wo man sogar Ski fahren kann, dahinter folgt der kleine Bergzug des Süntel.

Mit dem Abschnitt an der Weser zwischen **Hessisch Oldendorf** und **Hameln** gibt es in dieser Region eine weitere wunderschöne Landschaft zu erkunden. Richtung Norden wird es bei den *Bückebergen* noch einmal hügelig, während die Städte **Stadthagen** und **Bad Nenndorf** das Gebiet im Norden beschließen. Ihr könnt hier Wisente im Saupark Springe bestaunen, die Wennigser Wasserräder und den Klosterstollen bei Barsinghausen besichtigen und natürlich dem Rattenfänger begegnen!

VOM DEISTER BIS ZUR WESER

Weserbergland. Hameln – Holzminden. Wanderkarte. 1:50.000. 6,60 €.

Freizeitbäder

Deisterbad

Einsteinstraße 2a, 30890 Barsinghausen-Kirchdorf. ✆ 05105/81772, Fax 808637. Handy 0178/8177273. www.deisterbad.de. info@deisterbad.de. **Bahn/Bus:** S1, S2 bis Kirchdorf; Bus 540, 560, 561 bis Holunderweg. **Auto:** Egestorfer Straße. **Rad:** Deisterkreisel. **Zeiten:** Hallenbad Mo 6 – 8 und 14 – 20.30, Di – Fr 6 – 20.30, Sa, So 8 – 18, Freibad Mai – Mitte Sep Mo – Fr 6 – 20, Sa, So 8 – 18 Uhr. **Preise:** 3 €; Kinder 4 – 17 Jahre 1,50 €.

▶ In Kirchdorf, einem Ortsteil von Barsinghausen, befindet sich das Deisterbad, ein kombiniertes Hallen- und Freibad. Drinnen sind die 42 m lange Wasserrutsche und die Sprungbretter in 1 und 3 m Höhe die Anziehungspunkte für alle Kinder. Dem 25-m-Becken ist ein Nichtschwimmerbereich angeschlossen. In dem Muschelbau gibt es natürlich auch ein Planschbecken für die jüngsten Badegäste.

Im Sommer geht es nach draußen. Ein hölzernes Deck lädt neben der Liegewiese zum Sonnenbaden

TIPPS FÜR WASSER-RATTEN

Großes Staunen: Fachkundige Erklärungen vom Bergmann zum Geleucht

ein, während es auf dem Beachvolleyballplatz sportlich zugeht.

Wasserpark Wennigsen

Bröhnweg 15, 30974 Wennigsen. ✆ 05103/556. www.wasserparkwennigsen.de. **Bahn/Bus:** Bus 540 bis Schützenhof. **Auto:** Über Hauptstraße. **Rad:** Deisterkreisel. **Zeiten:** Mai – Sep 5 – 21 Uhr, Aufsicht 10 – 19.30 Uhr. **Preise:** 3 €; Kinder 5 – 17 Jahre 1,50 €.

▶ Hier badet ihr im 2000 qm großen Schwimmteich! Der Wennigser Wasserpark entstand aus einem ganz normalen Freibad und besteht aus einer wunderschönen Seenlandschaft. Das Wasser wird biologisch aufbereitet. Es gibt einen Sprungfelsen, eine Schwimminsel und einen Strand. Auch an Land kommt keine Langeweile auf. Vor allem der Matschbereich mit viel Sand und einer Pumpe zieht Kinder magisch an. Außerdem sind Spielplätze und ein Beachvolleyballfeld vorhanden.

Hallenbad Bad Nenndorf

Bahnhofstraße 77, 31542 Bad Nenndorf. ✆ 05723/ 5857, Fax 748585. www.badnenndorf.de. kurt@bad-nenndorf.de. **Bahn/Bus:** S1, S2 bis Bad Nenndorf. **Auto:** Über Horster Straße oder Rodenberger Allee. **Rad:** Deisterkreisel. **Zeiten:** Mo 14.30 – 21.30, Di – Fr 6 – 21.30, Sa 12 – 19, So 9 – 17 Uhr, Mi, Do, Fr Warmbadetag. **Preise:** 3 €; Kinder bis 18 Jahre 2 €.

▶ Unter dem gelb-orangen Dach im Hallenbad von Bad Nenndorf herrscht fröhlicher Badespaß. Das 25 m-Schwimmbecken ist mit Startblöcken, einem 1 m-Brett und einem 3-m-Turm ausgestattet. Ins quadratische Nichtschwimmerbecken geht es auch rutschend. Im Vorbau planschen die Kleinen rund um einen sprudeligen Springbrunnen. Auch hier gibt es eine kleine Rutsche. In Badepausen habt ihr vielleicht Lust, Tischtennis zu spielen. Im Sommer könnt ihr hinaus auf die Liegewiese, wo es ein Klettergerüst gibt.

Hunger & Durst
Kaulquappe, Bröhnweg 15, Wennigsen. ✆ 05103/706270. Mai – Okt täglich 9 – 20 Uhr, Nov – April Mo – Fr 9 – 14, Sa, So 8 – 18 Uhr.

Tropicana Bad

Jahnstraße 2, 31655 Stadthagen. ✆ 05721/973810, Fax 9738-55. www.tropicana-stadthagen.de. info@tropicana-stadthagen.de. **Bahn/Bus:** Bus R1, R2 bis Breslauer Straße. **Auto:** B65, über Vornhäger Straße oder Jahnstraße. **Zeiten:** täglich bis 22 Uhr, Mo ab 13, Di, Do ab 6.30, Mi, Fr ab 8, Sa, So ab 9 Uhr; Freibad Mo 13 – 20, Di – Fr 11 – 20, Sa, So, Ferien 9 – 20 Uhr, Wellen 14 – 18.30, So nur 11 – 12 Uhr. **Preise:** Tageskarte 8 €, Zuschlag Sa, So 1,50 €, nur Freibad 2,50 €; Kinder bis 1 m Größe 1,50 ohne Zeitlimit, bis 16 Jahre Tag 6 €, Zuschlag 1 €, Freibad bis 6 Jahre 1 €, bis 16 Jahre 1,80 €; Familien Mo, Mi, Do, Fr 22,50 €, Di Familientag 17,50 €, Sa, So 24,50 €.

▶ Wahrhaft in andere Breitengrade versetzt kann man sich im Tropicana fühlen. Mit vielen Pflanzen, der Piratenbar und dem Cabriodach ist alles hier auf die Karibik ausgerichtet. Sogar die 70 m lange Rutsche sieht aus wie eine grüne Schlange. Der Strömungskanal, das Sportbecken und der Thermalsole-Außenpool garantieren weiteren Spaß im Wasser. Im Kleinkindbereich haben die Jüngsten eine eigene Rutsche. Mit Booten und Autos aus Schaumstoff wird hier ebenfalls gerne gespielt.

Im Sommer geht es hinaus ins Wellenfreibad. Alle 30 Minuten wogt das Wasser und ihr mit! Ihr könnt aber auch Beachvolleyball, Tischtennis, Kicker oder Fußball spielen und auf dem Piratenschiff Tropitanic spielen.

Südbad Hameln

Fluthamelstraße 2, 31789 Hameln. ✆ 05151/24567, Fax 202-1630. www.hameln.de. sportundbaeder@hameln.de. **Bahn/Bus:** Bus 6, 15, 50, 70. **Auto:** Über Hastenbeckerweg oder Kuhlmannstraße, an den Tönebönsteichen. **Zeiten:** Mai – Sep Mo – Fr 6.30 – 20, Sa, So 10 – 18 Uhr. **Preise:** 2,80 €; Kinder ab 4 Jahre 1 €.

▶ Ein Südbad liegt natürlich im Süden, das gilt auch für Hamelns Freibad. Nah an Töneböns Teichen wird

Ende Nov bis Anfang Feb öffnet am Tropicanabad eine 1700 qm große Eisbahn. Infos unter www.tropicana-stadthagen.de.

Jeden Di ist Familientag! Das Sportbecken wird ab 14 Uhr zum Fundorado. Familien zahlen nur 17,50 €.

hier für sommerliche Abkühlung gesorgt. Neben einem Nichtschwimmerbecken für Kinder mit Riesenrutsche und einer kürzeren Variante gibt es sogar ein Nichtschwimmerbecken für Erwachsene. Lange Bahnen könnt ihr im Schwimmerbecken ziehen, denn es misst 50 m. Für die kleineren Kinder gibt es ein Planschbecken. Außerhalb des Wassers könnt ihr Beachvolley-, Basket- und Fußball spielen. Für weitere Abwechslung sorgt ein Spielplatz.

Hallenbad Springe mit Sommergarten

Harmsmühlenstraße 28, 31832 Springe. ✆ 05041/779554, Fax 73-281. www.springe.de. hallenbad.springe@web.de. **Bahn/Bus:** Bus 383 bis Schulzentrum Süd. **Auto:** Völksener Straße. **Rad:** Deisterkreisel. **Zeiten:** Di 7 – 10 und 13 – 18 (14 – 17 Uhr Kindernachmittag), Mi, Do 7 – 21, Fr 7 – 10 und 13 – 21, Sa, So 8 – 18 Uhr, in den Ferien auch Mo 10 – 21 Uhr und Di, Fr durchgehend. **Preise:** 3,80 €; Kinder 4 – 17 Jahre 1,50 €; Familien mit 1 Kind 7 €, jedes weitere Kind 0,50 €, Mi Warmbadetag 1 € Zuschlag.

▶ Das Hallenbad in Springe ist nicht nur bei kühlem Wetter einen Besuch wert, denn es besitzt einen Sommergarten. So könnt ihr drinnen schwimmen und anschließend draußen Beachvolleyball, Tischtennis, Fußball oder Boule spielen. Während eure Eltern ein Sonnenbad nehmen, könnt ihr aber auch an der 3 m hohen Sanddüne spielen, Wasser pumpen und mit Sand matschen.

Baxmannbad Hessisch Oldendorf

Barksener Weg 49, 31840 Hessisch Oldendorf. ✆ 05152/527826, 782-151 (Winter), Fax 782-172. www.hessisch-oldendorf.eu. baxmannbad@gmx.de. **Bahn/Bus:** Bus 23, 25, 27. **Auto:** Weserstraße Richtung Segelhorst, rechts Barksener Weg. **Rad:** Nähe Weser-Radweg; Radweg von Barksen. **Zeiten:** Ende Mai – Aug Mo – Sa 12 – 19, So, Fei, Ferien 9 – 19 Uhr. **Preise:** 3 €; Kinder und Jugendliche 1 €.

Minigolfland neben dem Hallenbad, Eingang über Wendeplatz, Di – Fr ab 14, Sa ab 13, So, Ferien ab 10 Uhr, ✆ 0160/6083511. 2,50 €, Kinder 1,80 €.

Das Bad ist nach **Cord Baxmann** *benannt, einem Wirt des Ratskellers, der 1599 bis 1690 in Oldendorf lebte. Durch Betrug und Raub soll er zu hohem Reichtum gelangt sein.*

▶ Wenn ab Ende Mai die Sonne lacht, strömen die Oldendorfer in ihr Freibad. Der Sprung ins 25 m lange Becken verspricht sommerliche Abkühlung. Die größte Anziehungskraft nicht nur für Kinder besitzt jedoch das Erlebnisbecken mit Riesenrutsche, Wasserfall und Badebuchten. Für die kleinsten Planscher ist ein eigenes Becken mit flachem Wasser vorhanden.

Platsch: Badespaß in Hessisch Oldendorf
© pmv, Foto: Kirsten Wagner

Rohmelbad Bad Münder

Friedrich-Ludwig-Jahn-Straße 7, 31848 Bad Münder. ✆ 05042/2743, Fax 929-805. www.rohmelbad.bad-muender.de. info@bad-muender.de. **Bahn/Bus:** Bus 10, 17, 18 bis Verbrauchermarkt. **Auto:** Hannoversche Straße, Lange Straße. **Rad:** Deisterkreisel. **Zeiten:** Mai – Sep Di – Fr 6 – 20, Sa – Mo 8 – 20 Uhr, Juli, Aug Mo – Fr bis 22 Uhr. **Preise:** 2,80 €; Kinder 1,30 €.

▶ Hier badet ihr in mineralhaltigem Wasser der Mühlenworthquelle. Erwärmt wird es durch eine Solaranlage auf 24 Grad. Zum 50-m-Schwimmerbecken gehört eine Sprunganlage, zum Nichtschwimmerbecken eine Rutsche und zum Planschbecken eine Schwallbrause und eine kleine Rutsche. Auf das Gelände rundum locken Beachvolleyball und Großschach, auch Spielgeräte sind vorhanden. Essen und Trinken gibt es in der Rohmelgaststätte.

Mineralbad Lauenau

Zum Mineralbad, 31867 Lauenau. ✆ 05043/2974. www.rodenberg.de. info@rodenberg.de. **Bahn/Bus:** ↗ Lauenau. **Auto:** Coppenbrügger Landstraße. **Rad:** Deisterkreisel. **Zeiten:** Mai – Sep Mo – Fr 6 – 20, Sa, So 10 – 19 Uhr. **Preise:** 2 €; Kinder 6 – 17 Jahre 1 €.

Mi 14 – 16 Uhr Spielnachmittag! Alles, was schwimmt, darf mit ins Wasser.

▶ 50 m misst das Schwimmbecken im Mineralbad Lauenau. Auf sechs Bahnen könnt ihr darin mit sportlichen Höchstleistungen glänzen. Wer lieber springt, kann dies aus 1 und 3 m Höhe tun. Nebenan liegt das Nichtschwimmerbecken, in das eine 12 m lange Rutsche führt. Auch ein Planschbecken mit Minirutsche ist vorhanden. Außerdem: Spielplatz, Tischtennis, Beachvolleyball, Kiosk.

Per Kanu und Schiff auf der Weser

© TMN Niedersachsen

Kanus in knallbunten Farben: Da will auch Sam mitpaddeln

Mit dem Kanu auf der Weser

Kompass-Touristik – Kanuverleih Hameln, Flößergang 20, 31787 Hameln. ✆ 05151/784744, Fax 6099583. www.kompass-touristik.de. info@kompass-touristik.de. **Bahn/Bus:** je nach Ausgangspunkt der Tour ↗ Hameln, Holzminden. **Preise:** je nach Strecke und Anzahl der Personen, z.B. Grohnde – Hameln 22,50 € ab 3 Erw; Personentransfer kostenlos; Guide 19,50/Std; Kinder bis 7 Jahre frei, bis 12 Jahre die Hälfte.
▶ Ohne Hindernisse lässt sich gemütlich auf der Weser paddeln. Der Kanuverleih Hameln hat dazu eine Reihe von Angeboten im Programm. 13 km beträgt die Strecke von Grohnde nach Hameln, 17 km die von Großenwieden nach Hameln.

Flotte Weser: Rund- und Linienfahrten ab Hameln

Am Anleger, 31785 Hameln. ✆ 05151/9399-99, Fax 05021/9193-10. www.flotte-weser.de, www.weser-schifffahrten.de. anfragen@flotte-weser.de. Anleger Hameln an der Rattenfängerhalle (Am Stockhof).
Bahn/Bus: Bus 1, 2, 5 bis Münster. **Auto:** Mühlenstraße, Hafenstraße oder Europaplatz. **Rad:** Weserradweg. **Zeiten:** Hauptsaison (Ende April – Mitte Okt) Rundfahrten Di – So 10, 11.15, 13.45, 15 Uhr; Linienfahrten nach Rinteln und Bodenwerder. **Preise:** Rundfahrt 1 Std 7 €, 2 Std 11 €; Linienfahrt z.B. Hameln – Rinteln 15 € einfach; Kinder 6 – 12 Jahre Rundfahrt 3,50 €, 2 Std 5,50 €, Linienfahrt Hälfte Erw. **Infos:** Flotte Weser, Forstweg 5, 31582 Nienburg, ✆ 05021/9193-0.
▶ Mit der Flotten Weser lässt sich die Region zwischen Rinteln und Bad Karlshafen vom Wasser aus erkunden. Dieser Abschnitt gehört zur Oberweser.

Von Hameln starten sowohl Rund- als auch Linienfahrten. So könnt ihr bis Rinteln oder Bodenwerder fahren und euch dort ein wenig umschauen, ehe es zurück geht. An Bord schmecken Kuchen und Eis immer!

Weser-Personen-Schifffahrt

Riepenstraße 11, 31789 Hameln. ✆ 05151/65381, 3980, Fax 65300. Handy 0171/5026983. www.weser-personen-schifffahrt.de. info@weser-personen-schiff-fahrt.de. Anleger Hameln an der Rattenfängerhalle (Am Stockhof). **Bahn/Bus:** ↗ Flotte Weser. **Zeiten:** Rundfahrten Hameln 1. und 3. Di im Monat 14:30, 15.30, 17 Uhr (je 1 Std), Mi, Fr, Sa 12.15, 13.30, 16 Uhr (1 Std), 14:30 Uhr (1,5 Std) nach Emmerthal und zurück; Linienfahrten Hameln – Rinteln (1. und 3. So im Monat, ohne Rückfahrt) und Hameln – Bodenwerder Do 9.30 (Hin- und Rückfahrt). **Preise:** Rundfahrt 1 Std 6 €, 1,5 Std 8 €, Linienfahrt nach Rinteln 15 €, nach Bodenwerder 12 € (einfach), Hin- und Rückfahrt 20 €; Kinder 6 – 12 Jahre die Hälfte; Fahrrad 2 €.
▶ Vom Fahrgastschiff Brissago aus lasst ihr Hameln einfach an euch vorbeiziehen. Neben Rundfahrten könnt ihr auch nach Rinteln oder Bodenwerder schippern. Von Rinteln aus müsst ihr allerdings mit Zug oder Bus zurück nach Hameln. Oder ihr nehmt das Fahrrad mit und strampelt die 25 km auf dem Weserradweg zurück.

 Die Saison wird alljährlich mit einer großen Fahrt eröffnet, bei der zahlreiche Märchenfiguren das Schiff bevölkern. Natürlich ist auch der Rattenfänger dabei!

Radeln

Der Deisterkreisel

Bad Nenndorf. www.deisterkreisel.de, www.deister.de. info@deisterkreisel.de. Vier Streckenabschnitte 19 – 25 km Länge zwischen den Orten Bad Nenndorf, Wennigsen, Völksen und Bad Münder.
▶ Einmal rund um den Deister führt ein Radweg, der Deisterkreisel. Die Gesamtstrecke ist rund 85 km

FRISCHE LUFT & SPORT

Wandern im Deister mit Deisterkreisel 1:25.000. Freizeitkarte: Offizielle Karte des Naturparks. 8,90 €.

Berggasthaus Ziegenbuche, An der Ziegenbuche 6, Bad Münder. ☎ 05042/3378. www.ziegenbuche.de. 11 – 22 Uhr, Sa, So ab 10 Uhr, Di Ruhetag. Schöner Blick ins Deister-Süntel-Tal. Eigene Konditorei.

Führt einmal um den Deister: Der Deisterkreisel

© pmv, Foto: Kirsten Wagner

lang. Sie lässt sich in mehrere Abschnitte aufteilen. So könnt ihr euch an mehreren Tagen die ganze Rundtour vornehmen oder aber nach Belieben eine der Etappen auswählen.

Von *Bad Nenndorf* führt die **erste Strecke** am Ostrand des Deister über Barsinghausen nach *Wennigsen* (22 km). Mit Blick auf das Calenberger Land radelt ihr über Bantorf und Hohenbostel direkt auf den Deister zu. Hier geht es auf der ansonsten flachen Strecke ein Stück bergauf. In Barsinghausen bietet sich ein Abstecher ins Besucherbergwerk Klosterstollen an. In Wennigsen ist es vom Georgsplatz nicht weit bis zu den Wasserrädern.

Die **zweite Etappe** bringt euch von *Wennigsen* bis nach *Völksen* (19 km). In Bredenbeck geht es am Rittergut vorbei, in dem *Adolph Freiherr Knigge* geboren wurde, der Verfasser des berühmten Benimmratgebers. Weiter geht es nach Steinkrug, wo sich bis 1928 eine Glashütte befand. Der gut erhaltene Schmelzofen von 15 m Höhe steht unter Denkmalschutz, ist aber leider nur vom Zaun aus zu besichtigen. Über Bennigsen, wo ein Freibad Abkühlung anbietet, geht es nach Völksen.

Von dort bis nach *Bad Münder* sind es auf der **dritte Etappe** ebenfalls 19 km. Zunächst geht es südwärts über Alvesrode in den Saupark direkt am Eingang zum Wisentgehege vorbei. Wer keinen Abstecher zu Luchs und Elch machen möchte, radelt am Jagdschloss vorbei nach Springe hinein und durch die Deisterpforte nach Bad Münder.

Von hier bis *Bad Nenndorf* führt die **vierte Strecke** über 25 km. Die Orte an der Strecke sind Eimbeckhausen, Hülsede, Lauenau (mit Freibad und Eishalle) und Rodenberg (mit Freilichtmuseum). Der Weg nach Bad Nenndorf führt direkt am Vogelpark vorbei.

Eine Rückkehr per Bahn ist von allen größeren Orten aus möglich.

Auf dem Weser-Radweg von Hameln nach Hessisch Oldendorf

www.weser-radweg.de. **Länge:** 12 km. **Strecke:** Bahnhof Hameln – Wehrbergen – Fischbecker Teiche – Hessisch Oldendorf.

▶ Knapp 500 km lang führt der Weser-Radweg entlang dem Fluss von Hann. Münden bis zur Mündung bei Bremerhaven. Ein kleines Stück davon könnt ihr erkunden, wenn ihr von Hameln nach Hessisch Oldendorf radelt.

Vom **Bahnhof** gelangt ihr schnurstracks über die Kaiserstraße und Hafenstraße zum Weser-Radweg. Papenstraße, Sudetenstraße und Zehnthof geleiten euch am Rand der Innenstadt zur **Weserpromenade.** Nun seid ihr richtig, solange die Weser links von euch fließt! Es geht an Wehrbergen vorbei und zu den Fischbecker Teichen bis die Landstraße nach **Hessisch Oldendorf** den Weg kreuzt, der ihr nach rechts folgt. Im Ort führt links der Münchhausenring zum Bahnhof.

Natürlich lässt sich die Strecke auch in umgekehrter Richtung befahren. Die Rückreise kann mit der Weserbahn erfolgen. Ein Fahrradticket kostet 4,50 €.

Wandern über Berg und Tal

Auf dem Kohlepfad durchs Bullerbachtal

Länge: 3,4 km Rundweg; Start: Im Bullerbachtal.
Bahn/Bus: ↗ Barsinghausen, Bus 502 bis Föhrenweg.
Auto: Über Kaltenbornstraße, Parkplatz am Naturfreundehaus. **Rad:** Deisterkreisel.

▶ Durchs schöne Bullerbachtal führt einer der Deister-Kohle-Pfade. Nur wenige Spuren zeugen noch vom Abbau der Kohle vor mehr als 100 Jahren. Auf diese Hinterlassenschaften machen die Tafeln zu dem Pfad aufmerksam.

Am **Naturfreundehaus,** das auch Gästen zur Einkehr offen steht, startet ihr eure Rundtour. Links liegen

► Viele Kinder finden Wandern an sich langweilig. Darum ist es wichtig, immer ein interessantes Ziel zu haben sowie eine kinderfreundliche Gaststätte am Wegesrand, am besten mit Spielplatz, außerdem Ideen zur Beschäftigung. Singen

WANDERN MIT KINDERN: TIPPS FÜR ELTERN

Sie doch mit Ihren Sprösslingen! Ein Kanon wie »Bruder Jakob« und auch das bekannte »Das Wandern ist des Müllers Lust« kommen bei jüngeren Kids gut an, bei älteren kann es auch mal ein Hit aus den Charts sein. Gemeinsam lässt sich auch ein lustiges Gedicht reimen oder eine unsinnige Geschichte ausdenken. Noch vor der Wanderung kann eine Suchliste erstellt werden: Wer sieht eine blaue Blume, einen gelben Schmetterling, eine Eiche, einen Wegweiser, der genau »2 km« ausweist? Oder man zählt alle Personen, die einem auf dem Weg begegnen! Übrigens: Wanderer grüßen sich, auch wenn sie sich nicht kennen – eine interessante Erfahrung für Stadtkinder!

Mit in den Rucksack gehören: Essen und Trinken (Kinder tragen ihre Trinkflasche selbst), eine Wanderkarte, ein Fernglas, eine Zeckenzange, Blasenpflaster, vielleicht ein Bestimmungsbuch. Geht's am Bach entlang, ist ein Tuch für die Füße gut. Gut bewährt bei Kleidungsfragen ist das Zwiebelsystem, klasse sind auch abnehmbare Hosenbeine. ◄

die *Bullerbachwiesen,* durch den Wald führt der Weg bis zu einem Fahrweg und weiter zum Berliner Platz. Links geht es mit leichtem Anstieg zum **Bullerbachschacht.** Zwischen 1892 und 1923 baute man hier Kohle ab. 83 m tief stiegen die Bergleute hier in die Erde. Rechts steht noch eine Sandsteinmauer, links ist die Halde zu erahnen. Weiter geht es, der *Bullerbach* fließt unter dem Weg hindurch auf die rechte Seite und kurz darauf ist links eine Schneise zu erkennen. Hier befand sich einst der Bremsberg des Ministerstollens. Auf Schienen wurden hier die mit Kohle gefüllten Loren ins Tal geschickt, gleichzeitig wurden leere Wagen heraufgezogen. Ihr bleibt auf dem Hauptweg, bis links ein Unterstand auftaucht.

Dort führt der Weg hinauf zum **Ministerstollen,** in dem von 1845 bis 1975 Kohle gefördert wurde. In der **Sitzgrotte,** in der sich die Bergleute zu einer Pause niederließen, könnt ihr verschnaufen. Über einen schmalen Pfad, der wiederum auf einen breiteren Weg stößt, kommt ihr zu dem Weg, der links zurück ins Bullerbachtal führt. Im Tal wendet ihr euch noch einmal nach rechts und kommt wieder beim Naturfreundehaus an.

Vom Waldkater zu den Wennigser Wasserrädern

Wennigsen. www.die-wasserraeder.de. info@die-wasser-raeder.de. **Länge:** je Strecke 3 km, kinderwagentauglich, sanft ansteigend, Rück- wie Hinweg. **Bahn/Bus:** Wennigsen, zu Fuß über Bahnhofstraße, Neustadtstraße, Bröhnweg (gesamt dann 4,5 km). **Auto:** Hauptstraße, Hülsebrinkstraße, Parkplatz Wennigsen Waldkater. **Rad:** Nähe Deisterkreisel (über Bröhnweg). **Zeiten:** Letzter Sa April – letzter Fr Sep. **Preise:** Eintritt frei. **Infos:** Bastlergemeinschaft der Wennigser Wasserräder e.V., Hirtenstraße 23, 30974 Wennigsen.

▶ Oskar aus der Sesamstraße taucht in seiner Mülltonne auf und ab, Max und Moritz angeln bei der Witwe Bolte nach einem Hähnchen und Lukas der Lokomotivführer dreht eine Runde durch Lummerland. Wo es all das zu

Hunger & Durst

Naturfreundehaus, Im Bullerbachtal, Barsinghausen. ✆ 05105/ 2305. www.nf-bsghsn.de. Fr – Mi 11 – 18 Uhr.

Es klappern am rauschenden Bach … die Wennigser Wasserräder

© prnv, Foto: Kirsten Wagner

DEISTER, STADTHAGEN & HAMELN

Etwas kürzer (1,9 km) ist der Weg zu den Wasserrädern vom Parkplatz Wennigser Mark an der Straße Zum Georgsplatz.

sehen gibt? An den märchenhaften Mini-Wasserrädern im Deister. Schon seit 1957 werden an einem Bach im Bröhn jedes Jahr im April etwa 20 Mühlen-Modelle aufgebaut und mit einem Fest eröffnet. Eine Bastlergemeinschaft sorgt für ihren Erhalt, repariert Schadhaftes und entwickelt neue Räder. Selbst den Erwachsenen locken die Wasserräder ein verzaubertes Lächeln auf die Lippen. Wunderbar lässt sich an dem schönen Platz picknicken, es gibt auch eine Schutzhütte und einen Schaukeldrachen.

Wie kommt ihr nun dorthin? Vom Parkplatz Waldkater geht ihr 1 km in den Wald hinein und biegt an der zweiten Abzweigung rechts ab. Wiederum 1 km weiter geht es leicht nach links weiter, am Blanken Teich vorbei und schon bald hört ihr das Klappern der Mühlen am rauschenden Bach!

Rund um den Schweineberg

Hameln. **Länge:** 6,5 km, Ausgangspunkt: Parkplatz Holtenser Warte. **Bahn/Bus:** Bus 5 bis Holtenser Warte. **Auto:** Basbergstraße, Fahlte, rechts Holtenser Landstraße, am Ortseingang Holtensen rechts zum Parkplatz.

▶ Der Schweineberg nordöstlich von Hameln ist bekannt für seine Märzenbecherblüte. Die weißen Glöckchen bedecken den Waldboden zur Hauptblüte über eine Länge von etwa 1,5 km. Der Märzenbecher ist übrigens geschützt und zudem giftig, das Pflücken ist also nicht erlaubt! Doch auch zu anderen Jahreszeiten macht eine Wanderung in dem ehemaligen Hutewald Spaß. Am Wanderparkplatz Holtenser Warte informiert euch ein Pavillon über die Geschichte des Schweinebergs. Der Rundweg führt schließlich zur Heisenküche. Nach einer Einkehr ins Forsthaus lädt ein 1 km langer Waldlehrpfad ein, die ältesten Bäume des Gebietes kennen zu lernen. Sogar Esskastanien wachsen hier. Ende September werden sie reif und ihr könnt sie sammeln. Man muss sie kreuzförmig einschneiden und kann sie dann im Ofen rösten.

Hunger & Durst

Forsthaus Heisenküche, Heisenküche 1, Hameln. ✆ 05151/41584. www.heisenkueche.de. Di – Fr ab 14.30 Uhr, Sa, So ab 12 Uhr, So abends geschlossen. Mit Waldterrasse. Kinderkarte, Spielecke, Kaminzimmer.

Zum Hohenstein

Hessisch Oldendorf-Langenfeld. **Länge:** 13 km, Start: Parkplatz Schillat-Höhle. **Bahn/Bus:** ↗ Schillat-Höhle.

▶ Ein bisschen zu laufen, gibt es bei dieser Wanderung schon. Dafür führt sie euch zum Hohenstein mit seinen 40 m abfallenden Klippen. Zunächst aber geht es ins *Totental* und zum *Blutbach*. Zum Glück sind nur die Namen gruselig, die Landschaft ist ganz im Gegenteil sehr idyllisch. Im Jahr 782 sollen hier Sachsen und Franken gegeneinander gekämpft haben. Dabei soll sich das Wasser des Baches vom vielen Blut der Gefallenen rot gefärbt haben. An der Quelle folgt ihr nun aber nicht dem Bach, sondern wendet auch nach Norden Richtung **Dachtelfeld.** In der Nähe der Schutzhütte wachsen einige der verdrehten *Süntelbuchen.* Weiter geht es zum **Brennenberg** mit seinen Dolinen. Diese trichterförmigen Einsturzmulden haben sich gebildet, weil das Wasser unterirdisch die Erde ausgehöhlt hat. Hier im Süntel liegt nämlich das nördlichste Karstgebiet Deutschlands. Bald sind der *Grüne Altar,* die *Teufelskanzel* und der eigentliche Felsen des *Hohenstein* erreicht. Weite Blicke ins Land sind an diesen Stellen möglich. Einst befand sich dort eine germanische Kultstätte. Nun wird es aber Zeit für eine Pause! In der **Baxmannbaude** könnt ihr am Wochenende einkehren und es euch schmecken lassen. Nach der Stärkung habt ihr 1,5 km bis zu den **Moosköpfen** vor euch, einem weiteren Aussichtspunkt. Von hier geht es zurück zum Ausgangspunkt.

Von der Schillat-Höhle zum Langenfelder Wasserfall

Hessisch Oldendorf-Langenfeld. **Länge:** 3,2 km, kinderwagentauglich, Start: Parkplatz Schillat-Höhle.
Bahn/Bus: ↗ Schillat-Höhle.

▶ Vom Parkplatz der Schillat-Höhle aus könnt ihr Niedersachsens einzigen natürlichen Wasserfall besuchen. 15 m stürzt sich der *Höllenbach* in die Tiefe.

@ Hessisch Oldendorf liegt an der Deutschen Märchenstraße: www.deutsche-maerchenstrasse.de.

Hunger & Durst

Baxmannbaude, Hessisch Oldendorf. ✆ 05152/1099. www.baxmannbaude.de. Sa, So 11 – 17 Uhr. Kaffee und Kuchen, herzhafte Speisen.

Besonders gut sieht man das von der Aussichtsplattform.

Der Weg dorthin ist fast eben und auch für Kinderwagen geeignet. Vom Parkplatz der **Schillat-Höhle** führt die Wanderung zunächst zur Höhle, zu der sich gleich ein Abstecher anbietet. Dort folgt ihr der Ausschilderung zum **Wasserfall.** Der *Höllenbach* lieferte einst die Energie für die 1782 erbaute Höllenmühle. Der Rückweg erfolgt über die Straße Zur Höllenmühle, ein Stück nach rechts an der Riesenbergstraße und links in die Dachtelfeldstraße. Hinter dem Parkplatz Langenfeld geht es rechts zum Ausgangspunkt zurück.

Wandern zum Süntelturm

Bad Münder. **Länge:** 7,5 km Rundweg mit Anstieg. **Bahn/Bus:** ↗ Bad Münder. **Auto:** Süntelstraße, An der Ziegelei zum Parkplatz An der Bergschmiede. **Zeiten:** Turm Di – So 10 – 17 Uhr. **Preise:** Turm 0,50 €; Kinder bis 16 Jahre frei.

▶ 1901 wurde auf der *Hohen Egge* im Süntel ein 25 m hoher Turm aus Sandstein erbaut. Von oben lässt sich bei klarer Sicht sogar das Hermannsdenkmal im Teutoburger Wald sehen. Gut erkennen lässt sich in jedem Fall die Deisterpforte, das Tal zwischen Großem und Kleinem Deister.

Ein 7,5 km langer Rundweg zum Turm beginnt an der **Bergschmiede.** Dort gibt es neben einem Wanderparkplatz ein Waldgasthaus mit schönem Talblick (täglich ab 11.30 Uhr). Zum Süntelturm führt euch der Wanderweg Nr. 6, der parallel zum Europäischen Fernwanderweg X1 verläuft. Stetig geht es leicht bergauf, ein letzter Anstieg erfolgt auf den letzten 500 m – geschafft! Im **Gasthaus** oder auf der Terrasse davor könnt ihr euch für den letzten Aufstieg stärken. 95 steinerne und 12 stählerne Stufen müsst ihr bewältigen, dann seid ihr weit über den Baumwipfeln! Der Weg zurück verläuft anfangs auf der gleichen Strecke, dann geht ihr jedoch geradeaus über den

〰 Viele weitere schöne Wandertipps, aber auch Höhlen, Burgen, historische Eisenbahnen und Hexengeschichten findet ihr in »Harz mit Kindern«. Ebenfalls von Kirsten Wagner im pmv.

Hunger & Durst

Süntelturm, Bad Münder. ✆ 05042/4258. www.suentelturm.de. Di – So 10 – 17 Uhr.

Waldweg, auf dem ihr vorher von links gekommen seid. Der schmale Pfad stößt bald auf eine alte Straße, die rechts weiter führt. Es geht am *Steinbach* entlang bis zur Kreuzung, wo ihr links abbiegt, bis die Bergschmiede wieder in Sicht kommt.

Hier wächst Waldmeister: Rund um den 25 m hohen Süntelturm
beide: © pmv, Foto: Kirsten Wagner

Vom Nienstedter Pass zum Nordmannsturm

Bad Münder-Nienstedt. **Länge:** 3,5 km Rundweg, Ausgangspunkt: Nienstedter Pass, kinderwagentauglich, wenn Rück- wie Hinweg gewählt wird. **Bahn/Bus:** Bus 562 bis Nienstedt Deisterkamm. **Auto:** B442, bei Eimbeckhausen nach Nienstedt, Richtung Egestorf, Parkplatz am Nienstedter Pass. **Rad:** Radweg auf dem Deisterkamm. **Zeiten:** Turm Di – So 10 – 17 Uhr. **Preise:** Turm 0,50 €; Kinder bis 12 Jahre frei.

▶ Weite Aussichten ins Deistervorland bietet der Nordmannsturm. Er ist benannt nach *Constantin Nordmann*, Stadtbaumeister von Hannover. Er ließ den Turm 1863 erstmals und nach einem Blitzschlag 1882 zum zweiten Mal erbauen. Um den runden Bau aus Deister-Sandstein entstand später die Ausflugsgaststätte.

Vom **Nienstedter Pass** auf 277 m Höhe, an der einzigen Querverbindung über den Deister, führt ein geteerter Weg zum Nordmannsturm. Er beginnt gegenüber von der Bushaltestelle und ist zugleich ein Na-

 www.nordmanns-turm.de.

Hunger & Durst
Nordmannsturm, Oberer Kammweg 1, Bad Münder. © 05042/508351. www.nordmannsturm-waldgast-stätte.de. Di – So 10 – 17 Uhr. Kinderteller.

turlehrpfad. Auf dessen Tafeln erfahrt ihr so einiges über den Wald und seine Bewohner.

Habt ihr Lust auf ein Quiz? Dann versucht, diese Fragen zu beantworten: Welche Augenfarbe haben Wildkatzenbabys? Wie hält sich eine Forelle im fließenden Wasser? Wie verbreitet sich die Wilde Möhre? Wie alt kann eine Wildbirne werden?

So vergehen 2 km Wanderung wie im Flug und schon schimmert links der **Turm** durch die Bäume. 76 Stufen bringen euch hinauf zur schönen Aussicht. Wenn ihr nach einer Pause den Rückweg antretet, geht ihr zunächst ein Stück den gleichen Weg zurück. Rechts zweigt nach 500 m ein Weg ab. Nach 1 km erreicht ihr wieder den Nienstedter Pass.

Kurpark & Kohlehalde

Zechenpark

Conrad-Bühre-Weg, 30890 Barsinghausen. **Bahn/Bus:** ↗ Klosterstollen. **Zeiten:** frei zugänglich.

▶ Zu einem Spaziergang rund um die Halde, die aus dem nicht benötigten Gestein im Kohlebergbau entstand, lädt der Zechenpark ein. Infotafeln erläutern die noch stehenden Gebäude und die Geschichte des Bergbaus in der Region. Ein besonderer Höhepunkt, im wahrsten Sinne des Wortes, ist die Halde selbst. Ihr könnt sie nämlich besteigen und die schöne Aussicht genießen. Dabei dürft ihr es euch gemütlich machen, denn oben erwartet euch ein Wohnzimmer mit Sofa, Sesseln, Schrank und Fernseher. Schüler der *Kunstschule Noa Noa* haben es erbaut.

Spaziergang im Kurpark Bad Nenndorf

Kurpromenade, 31542 Bad Nenndorf. www.badnenndorf.de. tourist-info@badnenndorf.de. **Bahn/Bus:** ↗ Bad Nenndorf.

▶ Im Kurpark von Bad Nenndorf seht ihr eine ganze Allee der berühmten **Süntelbuchen.** Um dorthin zu

> **DIE SÜNTELBUCHE**
>
> ▶ Das Besondere an der Süntelbuche, einer Abart der Rotbuche, ist ihr verdrehter Wuchs. Der Stamm, die Wurzeln, die Äste wachsen verdreht und ändern ihre Richtung. Die Süntelbuche trägt ihren Namen, weil sie vor allem im Süntel vorkommt. Das ist ein kleiner Gebirgszug nördlich von Hameln. Die meisten Bäume, nämlich eine ganze Allee, stehen jedoch im weiter nördlich gelegenen **Bad Nenndorf.** Angelegt wurde sie von *Carl Thon* (1867 – 1955), der mehrere Jahrzehnte für die Kurparkanlagen zuständig war. Er besorgte Samen von der Tilly-Buche, einer imposanten Süntelbuche bei Raden, die viele Jahre als Naturdenkmal ein besonderer Anziehungspunkt war. Aus 30 Sämlingen wuchsen in Bad Nenndorf Bäume heran, die sich durch Wurzelbrut ausbreiteten. Sie wuchsen aus oberirdisch verlaufenden Wurzeln der Mutterpflanze heran. ◀

gelangen, müsst ihr euch am Rand der Parkstraße bergauf orientieren und am Mammutbaum vorbei wandern. Mit der stattlichen Anzahl von 100 Buchen ist es der größte Bestand in Deutschland.

Der Landgraf *Wilhelm IX. von Hessen-Kassel* (1743 – 1821) ließ den Park nach Vorbild eines englischen Landschaftsgartens anlegen. Ein Schlösschen als Sommerresidenz, ein Landgrafenhaus und ein Brunnentempel wurden erbaut. Unweit der Musikmuschel findet ihr einen Platz mit einem Großschachspiel und einen Bouleplatz. Die Regeln sind angeschlagen, Kugeln werden in der Wandelhalle verliehen. Auf der anderen Seite geht es barfuß weiter auf einem *Pfad der Sinne.*

Klettern & Spielen

Kletterwald Hameln am Finkenborn

Finkenborner Weg, 31787 Hameln. ✆ 05231/569452, Fax 561325. www.kletterpark.de. info@interakteam.de. **Bahn/Bus:** Bus 95 bis Fuchsbau. **Auto:** B1, Ausfahrt

Minigolf, Buchenallee 2, 31542 Bad Nenndorf, ✆ 05043/7997. April – Okt Mo – Fr ab 13 Uhr, Sa, So und in den Ferien ab 11 Uhr. 2,20 €, Kinder bis 14 Jahre 1,20 €.

Achtung! Mindestalter 9 Jahre, Kinder bis 12 Jahre müssen von einem Erwachsenen begleitet werden.

DEISTER, STADTHAGEN & HAMELN

© Interaktteam

Mutter und Tochter in luftiger Höhe: Im Kletterwald Hameln

 Am Finkenborn gibt es auch einen **Waldlehrpfad**. Ein Stück weiter kommt ihr zum Klütturm, ein 23 m hoher Aussichtsturm von 1887.

Montags ist Vatertag, dienstags Muttertag, mittwochs Großelterntag! Die Erwachsenen zahlen in Begleitung ihrer Kinder keinen Eintritt.

Klütstraße, links Finkenborner Weg, von Süden über Riepenstraße. **Zeiten:** Mai – Okt So ab 10 Uhr. **Preise:** 29,50 €; Kinder 9 – 12 Jahre 15,50 €, Schüler 19,50.

▶ Hoch hinaus geht es für die Kletterer am Finkenborn. Neben vielen Angeboten für Gruppen werden auch Termine für Einzelpersonen und Familien angeboten. Dann könnt ihr nach ausführlicher Einweisung zwischen den Bäumen wandeln. In bis zu 14 m Höhe geht es dabei. Über Drahtseile, Balken und Leitern sucht ihr euren Weg. Der sternförmige Parcours ermöglicht es, den Schwierigkeitsgrad dem eigenen Können anzupassen.

Ratzfatz Spielparadies

Hohe Linden 40, 31789 Hameln. ✆ 05151/787079, www.ratzfatz-spielparadies.de. info@ratzfatz-spielparadies.de. **Bahn/Bus:** Bus 3 bis Dreieck (Hohe Linden). **Auto:** B83 Richtung Bodenwerder, rechts auf B1 (Wangelister Straße) nach Klein Berkel, links Grasbrink, 2. Straße rechts. **Rad:** Weser-Radweg, An den Bootshäusern, Ohrsche Landstraße, Brücken-Tal-Straße. **Zeiten:** Mo – Fr 14 – 20, Sa, So, Fei, Ferien 11 – 20 Uhr. **Preise:** 3,50 € inkl. Getränk; Kinder ab 2 Jahre 6 €.

▶ Ein riesiges Kletterlabyrinth sorgt dafür, dass ihr hier ratzfatz verschwunden seid! Auf vier Etagen und einer Fläche von 24 x 15 m entdeckt ihr in Hamelns Indoorspielplatz immer neue Wege, rutscht über Wellen und durch Spiralen oder badet in einem Haufen Bällchen. Auf dem Hüpfkissen wird lustig gekullert, während es auf den Trampolinen schon mal höher hinaus geht. Fahrspaß gefällig? Dann nichts wie rauf auf die Formel-1-Strecke und ihre Elektrokarts. Kleinkindern steht ein eigener abgegrenzter Bereich mit Softbausteinen und Minihüpfburg zur Verfügung. Im Sommer wird draußen weitergespielt.

Hochseilgarten Springe

Im Hagen 1, 31832 Springe-Altenhagen I. ✆ 05041/ 6400036, Fax 971003. www.hochseilgarten-sprin-ge.de. info@hochseilgarten-springe.de. **Bahn/Bus:** Bus 381 bis Altenheim. **Auto:** B217 nach Altenhagen I, am Ortseingang rechts. **Rad:** Radweg entlang dem Nessel-berg (Tannenweg, Zur Morgenruhe) und dem Kleinen Deister nach Springe. **Zeiten:** mehrere Familientage März – Juli 10.30 – 14.30 Uhr. **Preise:** 49 €; Kinder bis 18 Jahre 29 €; Familien mit 2 Kindern 98 €, jedes wei-tere Kind 19 €.

▶ Auf zwei Ebenen geht es in Altenhagen I in die Hö-he, bis auf 9 oder 16 m. Der Hochseilgarten süd-westlich von Springe ist vor allem für größere Grup-pen interessant, bietet aber auch spezielle Kletter-tage für Familien an. An 22 Elementen geht es über Drahtseile, Balken und Netze von Plattform zu Platt-form. Zwei Seilrutschen sorgen für den besonderen Kick beim Betreten und Verlassen des Klettergar-tens. Für jüngere Kinder ist der Seilgarten in Boden-nähe eine gute Alternative.

Achtung! Um in Alten-hagen klettern zu dür-fen, müsst ihr mindes-tens 12 Jahre und 1,50 m groß sein. Eine Anmeldung ist in jedem Fall erforderlich!

Ski fahren und Eislaufen

Wintervergnügen im Deister

Kurzer Ging/Lichtes Tal, 31832 Springe. ✆ 05041/ 61881, 62727 (Schneetelefone), www.skiclub-springe.de. info@skiclubspringe.de. **Bahn/Bus:** Bus 301. **Auto:** Eldagsener Straße, Auf dem Burghof, Ech-ternstraße, Ellernstraße, Berliner Straße, Am Wedding, Militsch-Trachenberger-Straße, rechts Kurzer Ging, ge-radeaus, für Steinbruchabfahrt links in Lichtes Tal. **Zeiten:** bei Schneelage Wiese und Waldabfahrt Mo – Fr 14.30 – 18 Uhr, Steinbruch 15 – 21 Uhr, Sa/So alle

 Langläufer gelangen über die Jägerallee zu drei Loipen auf dem Deister!

Hunger & Durst

Waldwinkel, Kurzer Ging 200, Springe. ✆ 05041/776078. www.waldwinkel-springe.de. Mi – Fr 18 – 24, Sa 14 – 24, So 10 – 21 Uhr. Bürgerliche Küche, Biergarten, Tanzfläche, offener Kamin im Innenbereich; jeden So 10 – 15 Uhr Brunch mit Buffet.

10 – 18 Uhr. **Preise:** 1 Std 4 €, 3 Std 10 €, Tag 15 €. **Infos:** Ski-Club Springe e.V., Kurt-Schumacher-Straße 1, 31832 Springe.

▶ In Springe kann man Skifahren! Somit befindet sich im Deister das nördlichste Skigebiet Deutschlands nach dem Bungsberg in Schleswig-Holstein. Drei Abfahrten hat man zu bieten. Die **Skiwiese** ist das richtige Terrain für Anfänger. Drei Schlepplifte bringen euch die 250 m nach oben. Bei ausreichend Nachfrage werden hier Skikurse angeboten. Ein Stück weiter befindet sich ebenfalls an der Straße **Kurzer Ging** die Waldabfahrt für fortgeschrittene Skiläufer. Sie ist bei einem Gefälle von 12 % 300 m lang und kann bei viel Schnee auf 500 m verlängert werden.

Unterhalb des alten Steinbruchs liegt an der Straße **Lichtes Tal** eine weitere Abfahrt für Fortgeschrittene. Die Piste ist 400 m lang und wird für Skirennen auf 900 m verlängert.

Auf den Skipisten darf man natürlich nicht rodeln, doch auf einem dafür freigegebenen Weg an der Gaststätte Waldwinkel kommen alle Schlittenfreunde zu ihrem Vergnügen.

Eishalle Lauenau

Drosselweg 4, 31867 Lauenau. ✆ 05043/5952, www.eishalle-lauenau.de. vorstand@eishalle-lauenau.de. **Bahn/Bus:** Bus 542, 2014, 2020, 2602 bis Markt. **Auto:** Carl-Sasse-Straße, Blumenhäger Straße, dann Fasanenweg oder Schwalbenweg. **Rad:** Deisterkreisel. **Zeiten:** Nov – Feb Mo – Do 14 – 20, Fr 14 – 22, Sa, Ferien 10 – 20, So 10 – 19.30 Uhr. **Preise:** 3 €; Kinder bis 5 Jahre 1,50 €.

▶ Seit 2004 gibt es eine Eishalle in Lauenau und die wird von allen großen und kleinen Kufenfreunden kräftig genutzt. Auf 900 qm Eis könnt ihr flotte Runden drehen, Pirouetten wagen oder rückwärts fahren üben. Montags und mittwochs wird Eisstockschießen angeboten, dafür ist eine Anmeldung erforderlich.

Tierparks

Vogelpark am Krater

Stadthagener Straße 4, 31542 Bad Nenndorf.
✆ 05723/3818, Fax 916044. www.kleinerzooam-
krater.de. kleinerzoo@t-online.de. **Bahn/Bus:** R4 bis
Drei Steine. **Auto:** B65 Stadthagener Straße, kleiner
Parkplatz. **Rad:** Nähe Deisterkreisel. **Zeiten:** täglich 9 –
18, im Winter bis 16 Uhr. **Preise:** Eintritt frei.

▶ Wollt ihr einen Waldrapp, ein Seidenhuhn, eine Se-
negaltaube oder einen Blauen Ohrfasan sehen? Der
Vogelpark am **Krater** macht es möglich. Der »kleine
Zoo«, wie er auch genannt wird, wird privat betrieben
und von einem Förderverein unterstützt. So konnte
eine neue Voliere für die Nachtreiher gebaut werden.
Zur Brutzeit tragen die in der Dämmerung aktiven Tiere weiße Schmuckfedern am Kopf. In Nordeuropa
kommen die Vögel kaum noch in freier Natur vor und
stehen auf der Roten Liste der bedrohten Arten. Neben vielen verschiedenen Enten, Eulen, Sittichen und
Fasanen leben auch Ziegen und Kaninchen auf dem
Gelände. Einige Hühner und Pfauen laufen frei herum.

*Auf dem Weg zum Eingang kommt ihr am **Krater** vorbei, der dem Zoo den Namen gab. Eine kalkhaltige Quelle sorgte für die Entstehung eines ringförmigen Walls aus Kalk.*

Wisentgehege Springe

31832 Springe. ✆ 05041/5828, Fax 9468-55.
www.wisentgehege-springe.de. info@wisentgehege-
springe.de. **Bahn/Bus:** Bus 382 bis Wisentgehege.
Auto: B217 Richtung Eldagsen, links Richtung Alvesrode. **Zeiten:** Mo – So ab 8.30 Uhr. **Preise:** 9,50 €; Kinder 3 – 14 Jahre 6 €, Schüler 6,50 €; Familien 27 €,
Dez – Feb 2 € Ermäßigung pro Person, Familien 21 €.

▶ Im Wisentgehege bei Springe leben nicht nur Wisente, wie man meinen könnte. Bei der Gründung
1928 als Ableger des *Sauparks,* einem Wildgehege,
war das Ziel, Europas größtes Säugetier vor dem
Aussterben zu bewahren. Nachdem dies gelungen
war, öffnete man das Wisentgehege weiteren Tierarten – und den Besuchern. So sind hier heute

Fütterung täglich außer sonntags um 10.30 Uhr, April – Okt auch 16.30, Nov – März auch 15 Uhr. Flugschau Di – So März, Nov 14 Uhr, April – Okt 11.30 und 15 Uhr.

So könnt ihr euch merken, wie die **Tropfsteine** *heißen: Sta-lak**ti**ten wachsen in die* **Tiefe,** *die Stalagmiten also in die Höhe!*

Dürft ihr nur mit Helm betreten: Die Tropfsteinhöhle

Elche, Biber, Bären, Luchse und Wölfe heimisch. Nach wie vor beteiligt man sich an der Erhaltung bedrohter Tierarten. Dazu gehören das Przewalski-Pferd, der Mesopotamische Damhirsch oder der Vielfraß. Sehr beliebt sind die Fütterungen, bei denen Wildschwein, Luchs und Co sich hautnah zeigen. Auf dem Falkenhof fliegen Greifvögel bei einer spannenden Show durch die Lüfte.

Höhle & Lehrpfade

Tropfsteinwunder in der Schillat-Höhle

Riesenbergstraße, 31840 Hessisch Oldendorf-Langenfeld. ✆ 05152/782164, 05752/180540, Fax 782211. www.schillathoehle.de. schillathoehle@stadthessisch-oldendorf.de. **Auto:** Von Hessisch Oldendorf Richtung Segelhorst, am Ortsausgang rechts in Langenfelder Straße zum Parkplatz, Abzweig links. **Rad:** Radweg von Zersen oder Hattendorf, Langenfeld. **Zeiten:** Sa, So, Fei 10 – 17 Uhr, April – Okt auch Mi 14 – 17 Uhr, Führungen stündlich. **Preise:** 6 €; Kinder ab 3 Jahre 3 €.

▶ Ein gläserner Aufzug bringt euch 45 m in die Tiefe in Deutschlands nördlichster **Tropfsteinhöhle**. Erst 1992 wurde sie beim Abbau von Kalkstein im Süntel entdeckt. Die Stalagmiten und Stalaktiten haben einen wundersamen Märchenwald erschaffen, in dem sogar der böse Baxmann versteinert sein soll. Ihr seht auch nachgebildete Höhlenmalereien und verschiedene Mineralien und Fossilien. Nicht entgehen lassen solltet ihr euch die 3D-Dia-Schau, die die Schönheiten der benachbarten,

© Stadt Hessisch-Oldendorf

aber nicht zugänglichen Riesenberghöhle vorstellt. Wem anschließend nach einem Stück selbst gebackenen Kuchen ist, besucht das **Landfrauen-Café,** das sich im Huthaus der Höhle befindet.

Naturerlebnispfad Holtensen am Deister: Auf der Doppel-Acht

Wennigsen-Holtensen. **Länge:** 700 m Rundweg, Start: Holtensen, An der Kirche. **Bahn/Bus:** Bus 520, 521, 522. **Auto:** B217 Ronnenberg – Springe, in Holtensen Richtung Linderten, Kirche rechte Seite. **Infos:** Übersichtstafel und Broschüren mit Verlauf des Pfades an der Kirche.

▶ Holtenser Doppel-Acht? Hinter diesem Namen verbirgt sich ein Naturerlebnispfad. Der Verlauf über zwei Achten (!) führt hinter der Kirche durch die Kleingärten zu 16 Stationen. An einigen von ihnen könnt ihr Tiere beobachten wie an der **Benjeshecke,** den Fledermauskästen (am besten in der Dämmerung) oder an der Kuhweide. An anderen Stellen dürft ihr so richtig loslegen. Da kann man Schiffchen am Spielbach losschicken, ein Baumxylophon erklingen lassen, springen wie ein Floh oder ein Wildschwein und als lebende Sonnenuhr die Zeit ablesen. Nun noch die Schuhe aus und den Barfußpfad ausprobieren! Am Bach könnt ihr eure Füße wieder säubern.

Hunger & Durst

Landfrauen-Café, Riesenbergstraße, Hessisch Oldendorf-Langenfeld. ℰ 05152/756410. www.landfrauenservice-hameln.de. Sa, So, Fei 10 – 17 Uhr, April – Okt auch Mi 14 – 17 Uhr. Kuchen und Snacks.

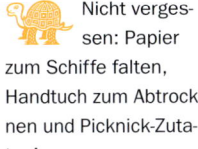 Nicht vergessen: Papier zum Schiffe falten, Handtuch zum Abtrocknen und Picknick-Zutaten!

Benjeshecken werden durch abgeschnittene Zweige aufgebaut. Tiere können darin geschützt leben.

Klangstäbe mitten in der Natur: Wer erfindet eine Melodie?

DEISTER, STADTHAGEN & HAMELN

Weg der Sinne mit Erlebnispfad

Mühlenstraße, 31848 Bad Münder-Bakede. www.bakede.de. rolf.wittich@onlinehome.de. **Bahn/Bus:** Bus 10, 17. **Auto:** B442, über Rohrsen und Beber, in Bakede rechts Mühlenstraße. **Zeiten:** frei zugänglich. **Infos:** Rolf Wittich, Unter dem Wittkopf 26, 31848 Bakede, ☎ 05042/3430. Faltblatt zum Weg hängt Ecke Mühlenstraße/Heerstraße aus und ist in der Sparkasse und im Hofcafé erhältlich.

▶ Ein Summstein, Resonanzröhren, eine Rollenbank und ein Echospiel sind Stationen auf dem inneren **Weg der Sinne** in Bakede. Zwei kurze Rundgänge an der Ringstraße und an der Mühlenstraße führen dorthin. Wer noch mehr sehen, hören oder fühlen möchte, begibt sich auf den äußeren Weg der Sinne. Der ist 4 km lang und führt über den Papenbrink zum Parkplatz **Benser Eichen.** Ihr findet am Panoramablick eine Windharfe, eine Klimawaage und eine lebende Sonnenuhr. Von den Benser Eichen geht es dann bergab nach Kessiehausen. Diese 280 m lange Strecke wurde als **Erlebnisweg** konzipiert. Ihr könnt den Fußtastpfad und das Xylophon ausprobieren, ein Tangram legen oder das Rhythmusgeländer erproben. Über die Kessiehäuser Straße geht es zurück nach Bakede. Am Bach dürft ihr pausieren und die Archimedische Schraube betätigen.

Hunger & Durst

Freitags Hofcafé, Zum Wittkopfstein 1, Bad Münder-Bakede. ☎ 05042/6390. Mi – Mo 14 – 18 Uhr. Leckerer Kuchen!

HANDWERK UND GESCHICHTE

Kohle unter Tage & Glas im Turm

Besucherbergwerk Klosterstollen

Alte Zeche, Hinterkampstraße 6, 30890 Barsinghausen. ☎ 05105/514187, Fax 773061. www.klosterstollen.de. info@klosterstollen.de. **Bahn/Bus:** Bus 530, 532, 534, 540, 560 – 562, 570; S1, S2 Fußweg 900 m. **Auto:** Egestorfer Straße, Conrad-Bühre-Weg. **Rad:** Deisterkreisel. **Zeiten:** ganzjährig Mo – Sa nach telefonischer Vereinbarung. **Preise:** 8 €; Kinder 6 – 13 Jahre 4 €, 14 – 17 Jahre 5 €; Familien 20 €.

▶ Nicht nur Sandstein wurde am Deister abgebaut, sondern auch Steinkohle. Ab 1856 wurde das *schwarze Gold* im Klosterstollen gefördert. Mehr als 100 Jahre lang lieferte die Deisterkohle von hier die Energie für Hannovers Industrie. Die Führung beginnt im ehemaligen Zechensaal und der Waschkaue, in der sich die Bergleute einst umzogen und bereit machten für ihre schwere Arbeit unter Tage. Mit der Grubenbahn geht es dann 1,3 km weit hinein in den Berg. An mehreren Stationen wird dort gezeigt, wie die Kohle dem Flöz entrissen wurde. Geräte wie Schaufellader, Bohrmaschinen und Schüttelrutsche sind ebenfalls zu sehen.

Kinder haben erst ab 6 Jahre Zutritt! Warme Kleidung und festes Schuhwerk sind auch im Sommer nötig, denn die Temperatur beträgt nur 9 Grad.

Schauglasbläserei Hameln

Am Pulverturm 1, 31785 Hameln. ℰ 05151/405571, Fax 405572. www.glasblaeserei-hameln.de. info@glas-blaeserei-hameln.de. **Bahn/Bus:** Bus 1 – 3, 5 – 7 bis Kastanienwall (Emmernstraße). **Auto:** Kastanienwall. **Zeiten:** Mär – Dez Mo – Sa 10 – 13 und 14 – 18 Uhr, So 10 – 17 Uhr, Jan, Feb Mo – Fr 11 – 13 und 14 – 17

Glaskugel blasen: Da ist ordentlich Puste nötig!

Uhr, Sa 11 – 16 Uhr. **Preise:** 3,50 €; Kinder ab 6 Jahre
2,50 €.

▶ Tagtäglich begegnet uns **Glas,** aber woraus besteht
es eigentlich und wie kann man eine Schale oder eine Kugel aus Glas herstellen? Das zeigt *Rene Jaksch*
in seinen Erlebnisführungen im Hamelner Pulverturm. Dabei geht es vor allem darum, wie Glasmacher im Mittelalter arbeiteten. Mit den gleichen Werkzeugen wie damals wird in der etwa 35-minütigen Vorstellung das alte Handwerk vorgeführt und erklärt.
Wer sich traut, darf sich selber eine Glaskugel blasen (9 €, Abholung am nächsten Tag oder Versand
5,10 €). Nehmt ihr euch ein Andenken aus Glas mit?
Es gibt zum Beispiel kleine Glasratten – schließlich
seid ihr ja in Hameln!

*Was wird alles aus **Glas** hergestellt? Könnt ihr 10 Dinge aufzählen?*

Besucherbergwerk Feggendorfer Stollen

Oberer Triftweg 1, 31867 Lauenau-Feggendorf. Handy
0173/7818181. www.feggendorfer-stollen.de.
info@feggendorfer-stollen.de. **Auto:** Von Lauenau nach
Feggendorf, Ort durchfahren (Deisterstraße), Parkmöglichkeit am Waldrand, 800 m Fußweg bergauf, nicht kinderwagentauglich. **Zeiten:** April – Sep So 11 und 14
Uhr. **Preise:** Eintritt frei, Spenden erbeten. **Infos:**
Schaumburger Tourismusmarketing e.V., Schlossplatz
5, 31675 Bückeburg, ✆ 05722/890550,
www.schaumburgerland-tourismus.de.

Achtung! Kinder dürfen
erst ab 6 Jahre teilnehmen.

▶ Einer der Orte, an denen man im Deister Kohle abbaute, war der Feggendorfer Stollen. Einige Hobby-Bergleute haben sich der ehemaligen Zeche angenommen und richten seit 2004 den Stollen als Besucherbergwerk her. Ausgerüstet mit Helm und
Geleucht dürft ihr bei einer Führung mit einfahren
durch das Mundloch. »Einfahren« bedeutet hier »gehen«, denn sobald sich der Bergmann unter Tage bewegt, nennt er das »Fahren«. Das Mundloch ist die
Öffnung des Stollens nach draußen. Ihr erfahrt, wie
und wann die Kohle hier abgebaut wurde und wie sie
nach Hannover kam.

Führungen & Museen

Freilichtmuseum Schloss Rodenberg

Amtsstraße 5, 31552 Rodenberg. ℅ 05723/914925, 3251 (Führungen), Fax 3251. www.schlossrodenberg.de. info1@schlossrodenberg.de. **Bahn/Bus:** Bus 542, 2015, 2602 bis Stockholm. **Auto:** Zentrum, Parkplatz Amtsstraße. **Rad:** Deisterkreisel. **Zeiten:** Außenanlagen frei zugänglich, Bastei und Rondell Mai – Okt So 15 – 17 Uhr. **Preise:** Eintritt frei.

▶ Von einer Burg ist zwar nicht mehr viel zu sehen, aber die Anlage ist am Burggraben noch deutlich zu erkennen. Auf dem Burgwall lässt sich einmal herum spazieren und zu den Öffnungszeiten des Freilichtmuseums sind auch das Rondell und die Bastei zu besichtigen, die der Förderverein ausgegraben und teil-rekonstruiert hat. Die Kanonen und Schießscharten lassen die starke Befestigung erahnen. Von den Bauten der Burg steht nur noch das Ständehaus, in dem das **Heimatmuseum** untergebracht ist.

 Heimatmuseum Rodenberg, Amtsstraße 5, Rodenberg. ℅ 05723/6192. www.heimatmuseum-rodenberg.de. Sa, So 15 – 17 Uhr, Eintritt frei. Hier seht ihr Trachten, eine gute Stube von 1910 und ein Burgmodell.

Erbaut wurde die Wasserburg im 13. Jahrhundert von den Grafen zu Holstein-Schaumburg, die mit ihr ihr Herrschaftsgebiet sichern wollten.

Museum Amtspforte

Obernstraße 32a, 31655 Stadthagen. ℅ 05721/924900, Fax 925055. www.stadthagen.de. museum@stadthagen.de. **Bahn/Bus:** ↗ Stadthagen, Zentrum. **Auto:** Parkplatz am Schloss. **Zeiten:** Di – Fr 10 – 12, Di – So 15 – 17 Uhr. **Preise:** Eintritt frei.

▶ Wollt ihr etwas über die Geschichte von Stadthagen erfahren? In der Amtspforte wohnte einst der Amtmann, heute ist darin das Museum der Stadt untergebracht. Besonders interessant sind die Trachten. Ein Doppelhochzeitszug mit 16 lebensgroßen Puppen zeigt, wie man einst in Schaumburg-Lippe heiratete. Unterm Dach sind weitere Puppen mit Fest- und Trauertrachten zu sehen, darunter Täuflings- und Konfirmandinnenkleidung. Es gab eine Bü-

Vor dem Museum steht eine Murmelbahn. Murmeln dafür könnt ihr im Museum ausleihen.

Im Boden eingelassen weist das liegende »D« mit Punkten darüber auf Sehenswertes hin. Es ist ein typisches Bauelement der Weserrenaissance. Ihr seht es auch auf dem Rathaus oder dem Schloss.

Hunger & Durst
Stadtgarten-Café, Habichhorster Straße 2, Stadthagen. ✆ 05721/72101. www.stadtgarten-cafe.de. Di – So 10 – 18 Uhr. Kuchen und herzhafte Snacks.

ckeburger und eine Lindhorster Tracht. Stolz zeigte man so, woher man kam. Könnt ihr euch vorstellen, solche Kleider zu tragen?

Weitere Bereiche des Museums zeigen die Entwicklung Stadthagens, das bäuerliche Leben mit einer Bauernstube von 1900 und welche Industrie- und Handwerksbetriebe es gab. So sind eine Goldschmiede- und eine Geigenbauwerkstatt zu sehen.

Rundgang durch Stadthagen

Am Markt, 31655 Stadthagen. **Länge:** 800 m.

▶ Euren kleinen Rundgang durch Stadthagen beginnt ihr am besten am **Markt.** Dort wurde zwischen 1595 und 1602 das *Rathaus* im Stil der Weserrenaissance erbaut. Das einzige *Bürgerhaus* im gleichen Stil steht Am Markt 4, außerdem gibt es hier einige schöne Fachwerkhäuser. Geht nun auf die **St.-Martini-Kirche** zu. Vor dem Eingang steht ein Summstein. Findet ihr den richtigen Ton, der euren ganzen Körper vibrieren lässt? Wenn ihr mögt, werft doch auch einen Blick in die Kirche. Hinter dem Altar befindet sich der Zugang zum siebeneckigen *Mausoleum* (Di – Fr 10 – 17 Uhr, Nov – März 13 – 17 Uhr, Sa 10 – 14, So 13 – 17 Uhr, 2,50 €, Kinder 1,50 €). Es wurde ab 1609 von *Fürst Ernst von Schaumburg* als Grablege für sich und seine Familie erbaut. Umrundet nun die *Alte Lateinschule* von 1565 und geht über den Schulplatz nach Süden, bis es rechts in den *Landsbergschen Hof* geht. Durch ihn gelangt ihr zur Obernstraße und geht dort nach links zur ↗ Amtspforte. Gleich dahinter seht ihr schon das **Schloss.** Einst sah es so aus wie der Treppenturm, den man verputzt hat und dessen Fenster rot eingefasst sind. Über die Habichhorster Straße gelangt ihr zum **Stadtgarten,** dem einstigen Lustgarten der Schlossherren. Es gibt einen kleinen Spielplatz, in der Mitte könnt ihr eine Heraklesfigur entdecken, die für Atlas die Weltkugel trägt. Auf dem Ententeich wurde das Lustschlösschen auf Pfählen erbaut. Wie wäre es mit einer Pause im Stadtgarten-

© Hamelin Marketing und Tourismus GmbH

»Pommes oder Hirse« lautet hier die Frage: Bei der Kinderstadtführung erfahrt ihr, was man früher aß

Café? Zurück zum Markt kommt ihr durch die Obernstraße.

Stadtspaziergang durch Hameln: Vom Ostertor zum Werder

Hameln. **Länge:** 1 km, Start: Osterstraße. **Bahn/Bus:** Hameln Zentrum.

▶ Wer Hameln auf eigene Faust erkunden möchte, kann sich ganz einfach an den weißen Ratten orientieren, die auf das Pflaster gemalt sind. Dort findet ihr auch jeweils eine Informationssäule. Ein guter Startpunkt ist die **Osterstraße.** An deren östlichem Ende soll der Rattenfänger dereinst die Kinder aus der Stadt geführt haben. Hier steht auch gleich eines der bekanntesten Gebäude von Hameln, das *Rattenfängerhaus.* Es trägt seinen Namen von einer Inschrift an der Seite zur Bungelosenstraße. Folgt ihr nun der Osterstraße, passiert ihr schöne weitere Häuser der Weserrenaissance. Seht ihr oben am Haus Nr. 12 den Neidkopf herausschauen? Solche Fratzen sollten das Böse abwehren. Im *Leisthaus* (Nr. 8) ist das **Museum der Stadt** untergebracht. Reich mit Figuren geschmückt ist das *Stiftsherrenhaus.* Biegt nun nach rechts ab zum **Pferdemarkt.** Im Mittelalter fanden dort Ritterspiele statt. Heute bestimmt die Marktkirche *St. Nicolai* das Bild. Umrundet

 Stadtführungen durch Hameln ab Tourist-Information (Deiserallee 1): April – Okt täglich 14.30 Uhr, So auch 10.15 Uhr. Nov – März nur Sa 14.30 und So 10.15 Uhr. 4,50 €, Kinder 2,50 €.

Hunger & Durst

Die Insel, Inselstraße 6, Hameln. ✆ 05151/ 59999. www.die-insel-hameln.de. April – Sep täglich ab 11.30 Uhr. Butter-, Streusel- und Obstkuchen werden im hauseigenen Steinofen gebacken – mmh!

DEISTER, STADTHAGEN & HAMELN

ihr sie, kommt ihr zum **Hochzeitshaus**. Um 9.35 und 11.35 Uhr erklingt das Glockenspiel an seiner Fassade, um 13.05, 15.35 und 17.35 Uhr ist zusätzlich der Figurenlauf mit der berühmten Rattenfängersage zu sehen.

ber die Fischpfortenstraße gelangt ihr nun zur Weser. In der historischen Pfortmühle hat heute die Stadtbücherei ihren Sitz. Gleich daneben bringt euch eine Brücke über die Weser auf den **Werder.** Auf dieser Insel im Fluss gibt es ein Blockhaus-Restaurant mit Biergarten, Sonnenterrasse und Spielplatz.

BÜHNE, LEINWAND & AKTIONEN

Theater unter freiem Himmel

Deister Freilichtbühne

Ludwig-Jahn-Straße, 30890 Barsinghausen. ℂ 05105/514445, www.deister-freilicht-buehne.de. info@deister-freilicht-buehne.de. **Auto:** Bahnhofstraße, Deisterstraße. **Rad:** Deisterkreisel. **Zeiten:** Ende Mai – Anfang Sep, Vorstellungen nach Spielplan um 16 und 20 Uhr, für Schulen auch 8.30 und 11 Uhr. **Preise:** 7 €; Kinder 4 €.

▶ In einem der alten Sandstein-Steinbrüche in Barsinghausen wurde schon 1931 die Deister-Freilichtbühne erbaut. Zu jeder Saison sind vor der herrlichen Waldkulisse mehrere Stücke zu sehen, darunter eines für die ganze Familie. Mal stehen Märchen wie Aladin und die Wunderlampe auf dem Spielplan, mal moderne **Adaptionen** wie Tintenherz, mal Klassiker wie Peter Pan der König der Löwen. Die Schauspieler sind keine Profis, sondern **Laien.** Die 750 Mitglieder des Vereins, der die Bühne unterhält, nähen auch die Kostüme, bauen die Requisiten und führen Regie. Für die Zuschauer unsichtbar bleibt der *Löwengang,* über den die Schauspieler auf die Bühne kommen können. Zum Abschluss der Saison gibt es eine schöne Tradition bei der Freilichtbühne: Das Rollenbuch wird vergraben.

*Eine **Adaption** ist die Umarbeitung eines Werks, hier also eines Romans in ein Theaterstück.*

*Ein **Laie** ist jemand, der seine Tätigkeit als Hobby ausübt und kein Geld dafür erhält.*

Rattenfänger-Freilichtspiele und das Musical Rats

Hameln Marketing und Tourismus, Am Markt, 31785 Hameln. ℰ 05151/9578-23, Fax 9578-40. www.hameln.de. touristinfo@hameln.de. Terrasse des Hochzeitshauses. **Bahn/Bus:** ↗ Hameln. **Auto:** Zentrum. **Zeiten:** Mai – Sep Freilichtspiele So 12 Uhr, Musical Mi 16.30 Uhr. **Preise:** Eintritt frei. **Infos:** Zum Musical: www.musical-rats.de.

Ist weit über Hameln hinaus bekannt: Der Rattenfänger

 www.rattenfaenger-hameln.de.

▶ Überall Ratten! Sie fraßen die Vorräte auf und übertrugen Krankheiten. Wie froh waren die Hamelner da, als ein Rattenfänger des Weges kam. Er versprach gegen einen Lohn, die Stadt von der Plage zu befreien. Das Angebot nahm man gern an, der bunt gekleidete Mann spielte eine Melodie auf seiner Flöte und die Ratten folgten ihm hinaus aus der Stadt und ertranken in der Weser. Nun wollten die Bürger aber den versprochenen Lohn nicht zahlen! So kam der Rattenfänger am 26. Juni zurück in die Stadt, ließ seine Musik ertönen und alle Hamelner Kinder folgten ihm. Er zog mit ihnen zum Ostertor hinaus und sie blieben für immer verschwunden. So geschah es der Sage nach im Jahre 1284. ◀

DER RATTENFÄNGER VON HAMELN

Hunger & Durst

Rattenfängerhaus,
Osterstraße 28, Hameln. ℰ 05151/3888.
www.rattenfaengerhaus.de. Mo – Do 11 – 15 und ab 17.59 Uhr, Fr – So ab 11 Uhr. Rattenfängerschmaus und flambierte Rattenschwänze stehen auf der Speisekarte.

▶ Wer an den Hameln denkt, denkt an den Rattenfänger. Eng verbunden ist die Sage mit der Stadt an der Weser und so wundert es nicht, dass die bunt gekleidete Gestalt hier allgegenwärtig ist. Mal ziert sie einen Brunnen, mal erscheint sie in einem Glockenspiel, sogar ein ganzes Haus wurde ihr mit einer Inschrift gewidmet, das **Rattenfängerhaus.** In den Sommermonaten aber wird die alte Sage ganz lebendig, denn dann wird sie in der Altstadt auf die Bühne gebracht. Jeden Sonntag treten der Rattenfänger und viele Kinder bei einem **Freilichtspiel** und jeden Mittwoch bei einem **Musical** auf. Das Freilichtspiel wird schon seit 1956 aufgeführt, das Musical seit dem Jahr 2000. Beide sind kostenlos zu sehen!

FESTKALENDER DEISTER & HAMELN

März:	Ende, Bad Nenndorf: Ausstellung **Gartenträume im Kurpark,** mit Moorwannenrennen.
Ostern:	Bredenbeck, Ostersonntag: **Ostermarkt** auf Warneckes Hof.
Mai:	Barsinghausen: **Aufstellen des Maibaums** und Autoschau.
Juni:	Ende, Springe: **Tiermärchenfest** im Wisentgehege. Mit zahlreichen Kreativangeboten und Puppentheater. Mitte, Springe: **Mittsommernachtsfest** im Wisentgehege mit Fackelumzug.
Juli:	Ende/Anfang Aug: Springe: **Kinderfest** im Wisentgehege.
August:	Bad Nenndorf: **Lichterfest** im Kurpark. Letztes Wochenende, Barsinghausen: **Stadtfest.**
September:	4. So, Bredenbeck: **Bauernmarkt** auf Warneckes Hof.
Oktober:	1. Sa/So, Springe-Eldagsen: **Kürbisfest** beim Eldagser Hoflieferanten. Mit Kinderaktionen und Kürbisschnitzen.
Dezember:	Vor und am 3. Advent, Do – So, Bad Nenndorf, Kurpark: **Weihnachtsmarkt.** Programm in Musikmuschel und Wandelhalle, mit Bastelangeboten für Kinder.

Verden
27
7
Walsrode
Bad Fallingbostel
Nienburg
LÜNEBURGER HEIDE
Aller- Leine- Tal
Weser
Celle
Steinhuder Meer
Burgdorfer
Leine
Aller
Neustadt
Rehburg
Steinhuder Meer
Land &
Wunstorf
Burgdorf
Peine
Rodenbergen
HANNOVER
Lehrte
Peine
2
Stadthagen
Barsingh.
Obern-
kirchen
Deister
Pattensen
Sarstedt
Braunschweig
2
Stadthagen
Hameln
Springe
Wolfenbüttel
Hessisch
Oldendorf
Bad Münder
Hildesheim
39
Hameln
Salz-
Remmendorf
Gronau
Hildesheim
Bockenem
395
Bad
Pyrmont
Alfeld
7
HARZ
Langelsheim
Goslar

20 km

Nur 30 Minuten braucht man, um von Hannover ans Meer zu fahren? Ja, denn so nah liegt das Steinhuder Meer. Das ist zwar eigentlich nur ein See – wenn auch ein sehr großer – doch wie am Meer kann man hier Boot fahren, segeln, surfen und natürlich baden und am Strand liegen.

Zusammen mit den ringsum liegenden Mooren bildet das Steinhuder Meer einen reizvollen Kontrast zur Großstadt, aber auch zum südlicher gelegenen Weserbergland. Lange lebte man hier vom Torfabbau, Fischen und Weben und noch viel länger ist es her, dass sich hier Dinosaurier tummelten. Das weiß man ganz genau, seit man in Münchehagen Spuren von ihnen gefunden hat. Im Dinopark erfahrt ihr heute alles über die Urzeittiere.

Rad- und Wanderkarte Steinhuder Meer: Mit Ausflugszielen, Einkehr- & Freizeittipps, GPS, reiß- und wasserfest, 1:50.000. 4,95 €.

Frei- und Naturbäder

Freibad Wunstorf
Amtsstraße 1b, 31515 Wunstorf. ☎ 05031/67954, Fax 101-440. www.wunstorf.de. baederbetriebe@wunstorf.de. **Bahn/Bus:** Bus 701 bis Leyserstraße. **Auto:** Über Barnestraße oder Alter Markt. **Zeiten:** Mo – Fr 14 – 20 (Ferien 11 – 20 Uhr), Sa, So 9 – 19 Uhr. **Preise:** 3 €; Kinder 4 – 17 Jahre 1,50 €.

▶ Ein lustiger Frosch spritzt vom Rand des Planschbeckens, während in der Mitte eine gelbe Rutsche zu ersten Erfahrungen im sanften Ins-Wasser-Gleiten einlädt. Auch größere Kinder haben im Freibad von Wunstorf das Vergnügen, denn ins Nichtschwimmerbecken windet sich eine rote Wasserrutsche. Diesem längs angeschlossen ist das 25-m-Schwimmerbecken. Das Wasser wird solarbeheizt.

Freibad Bokeloh
Steinhuder Straße 49, 31515 Wunstorf-Bokeloh. ☎ 05031/2077, Fax 101-440. www.wunstorf.de. baederbetriebe@wunstorf.de. **Bahn/Bus:** Bus 740,

TIPPS FÜR WASSER-RATTEN

Beliebte Sportart auf dem Steinhuder Meer: Segeln

741, 745. **Auto:** B441 Abzweig Bokeloh. **Zeiten:** Mai – Sep Mo, Do 10 – 20, Di, Mi, Fr 6 – 20, Sa, So 9 – 19 Uhr. **Preise:** 3 €; Kinder 4 – 17 Jahre 1,50 €.

▶ 50 m misst das Schwimmbecken am Ortsausgang von Bokeloh. Das Wasser wird auf mindestens 24 Grad erwärmt und so sind auch Hüpfer ins angegliederte Sprungbecken ohne Kälteschock möglich. Aus 1, 3 und 5 m geht es hier ins Wasser hinein. Auf 15 x 10 m mit Rutsche toben sich die Nichtschwimmer nebenan aus, während kleine Planscher sich im runden Becken abseits sommerlich erfrischen. Ihr könnt auch Tischtennis und Volleyball spielen oder euch auf dem Spielplatz vergnügen.

Naturerlebnisbad Luthe

An der Böhmerke 9, 31515 Wunstorf-Luthe. ✆ 05031/694936, Fax 694937. www.naturerlebnisbad-luthe.de. d.vorlop@t-online.de. **Bahn/Bus:** Bus 780, 785 bis Schule. **Auto:** B441 Ausfahrt Luthe, Adolf-Oesterheld-Straße Richtung Zentrum, rechts Rotdornstraße, 2. Straße links. **Rad:** Bahnhofstraße ab Wunstorf, an den Gleisen bis Adolf-Oesterheld-Straße. **Zeiten:** Ende April – Anfang Okt Mo – Fr 14 – 21, Sa, So, Ferien 11 – 21 Uhr. **Preise:** 3 €; Kinder 5 – 17 Jahre 1,50 €.

▶ Hier geht es über eine Raftingbahn ins Wasser! Rutschend oder auf Schwimmmatten gleitend gelangt man so besonders spaßvoll ins Becken. 2006 wurde das einstige Freibad als Naturerlebnisbad wieder eröffnet. Seitdem wird das Wasser auf natürliche Art und ganz ohne Chlor gereinigt. Neben dem Nichtschwimmerbereich gibt es einen Sprungfelsen mit eigenem Becken sowie ein 25 m langes Schwimmerbecken. Sportlich Aktive spielen Tischtennis oder Beachvolleyball. Im Bistro sind natürlich Pommes der Renner, aber es gibt auch Salate oder Folienkartoffeln.

Halten auf dem Land und im Wasser zusammen: Beste Freundinnen im Naturerlebnisbad

© pmv, Foto: Kirsten Wagner

Freibad Neustadt

Suttorfer Straße 8, 31535 Neustadt. ✆ 05032/
939707, Fax 914699. www.freibad-neustadt.de. frei-
bad@freibad-neustadt.de. **Bahn/Bus:** Bus 440, 445,
490, 860, 870 bis Mecklenhorster Straße. **Auto:** Herzog-Erich-Allee, hinter der Leine links. **Rad:** Leine-Radweg. **Zeiten:** Mitte Mai – Mitte Sep Mo – Fr 7 – 9 und
14 – 19, Sa, So 9 – 19 Uhr, Ferien Mo – Fr 7 – 20 Uhr,
Sa, So 9 – 20 Uhr. **Preise:** 3 €; Kinder 5 – 17 Jahre 2 €.

▶ In der Leineaue und doch mitten in der City hat das
Neustädter Freibad eine besonders beliebte Lage.
Die Wasserlandschaft mit einem Wildwasserkanal
und einer Riesenrutsche von 60 m Länge hat es
nicht nur den Nichtschwimmern angetan. Die ganz
jungen Planscher tummeln sich derweil im eigenen
Becken mit Springbrunnen, Wasserpilzen und Rutsche. Schwimmer haben auf einer Länge von 25 m
sechs Bahnen zum Kraulen zur Verfügung. Zu Tro-
ckenübungen laden Tischtennisplatten, ein Beachvolleyballfeld und ein Matsch-Spielplatz mit Wasserrad ein.

Freibad Münchehagen

Am Schacht, 31547 Rehburg-Loccum-Münchehagen.
✆ 05037/5258, Fax 9701-18. www.rehburg-loccum.de.
Bahn/Bus: Bus 50, 53, 56, 2121. **Auto:** B441 bis
Münchehagen, Bergmannstraße. **Rad:** Nähe Wasserlandweg, Große Weserlandroute (Alte Zollstraße).
Zeiten: Mai – Aug Mo – Do 10 – 20 Uhr, Fr und Ferien
10 – 21 Uhr, Sa, So 8 – 21 Uhr. **Preise:** 2,50 €; Kinder
5 – 17 Jahre 1 €.

▶ Für eine 100 m lange Rutschpartie ist kleinen Wasserratten kein Weg zu lang. Also rasch über die Wen-
deltreppe auf den Rutschenturm, noch ein Blick auf
die Urzeitviecher im Dinopark nebenan und ab geht
die Post im Freibad Münchehagen! Sehr beliebt ist
auch die Spiel- und Matschzone, in der man mit Wasser und Sand so richtig kreativ werden kann. Wer
sich sportlich verausgaben will, spielt Tischtennis

und Volleyball. Schwimmen und planschen? Insgesamt drei Becken mit 1000 qm Fläche laden dazu ein.

Die Badeinsel in Steinhude

☎ 05033/9501-0, Fax 9501-20. www.badeinsel-steinhude.de. jochen.dahlke@wunstorf.de. **Bahn/Bus:** Bus 711 bis Badeinsel. **Auto:** Parkplatz Badeinsel (kostenpflichtig), besser: Großparkplatz Bruchdamm, Buspendelverkehr zur Badeinsel, Zugang über autofreie Brücke. **Rad:** Rundweg Steinhuder Meer. **Zeiten:** tagsüber frei zugänglich, Badesaison Ostern – Sep/Okt.

▶ In Steinhude badet man auf der Insel. Die besitzt einen Sandstrand, ein flaches Ufer, einen 15 m hohen Aussichtsturm, ein Café und tolle Spielgeräte. Das Ganze kostet keinen Cent Eintritt – perfekt für einen Tag im und am Wasser! Gebadet wird zudem in gesundem Moorwasser. Das 35.000 qm große Eiland wurde 1974 künstlich aufgeschüttet und ist nur über eine Fußgängerbrücke zu erreichen. Zur Expo2000 entstand das futuristische Service-Center mit Bistro (www.meereslauschen.de) und Aussichtsplattform. Die Energieversorgung erfolgt ganz umweltfreundlich über Sonnenenergie.

Bootfahren & Surfen

Surfen und Segeln lernen in Steinhude

Hafenstraße 7a, 31515 Steinhude. ☎ 05033/390208, Fax 390778. Handy 0157/71662075. www.fun-wave-steinhude.de. info@fun-wave.de. **Bahn/Bus:** Bus 711 bis Badeinsel. **Auto:** Parkplatz Badeinsel. **Rad:** Rundweg Steinhuder Meer. **Zeiten:** April – Okt täglich 10 – 18 Uhr, Juli, Aug bis 20 Uhr, Surfkurs Sa, So 10.30 – 17.30 Uhr, Grundkurs für Kinder Surfen oder Segeln 7 – 14 Jahre Mo – Fr 10 – 17 Uhr (12/10 Stunden). **Preise:** Ab 14 Jahre: Surfkurs für Anfänger 139 € plus 23 € Prüfungsgebühr, Segelgrundkurs

Hunger & Durst

Haus am Meer, Uferstraße 3, Steinhude. ☎ 05033/95060. www.haus-am-meersteinhude.de. Täglich ab 12 Uhr. Am Zugang zur Badeinsel. Mit Café-Garten und eigenem Bootsanleger. Kinderkarte.

Bloß nicht seekrank werden: Bei den ersten Versuchen kann es schon mal wackelig zugehen

© TMN Niedersachsen

248 € plus 44 €; Kinder Grundkurs Surfen 139 €, Segeln 129 € plus jeweils 23 € Prüfungsgebühr.

▶ Surfen ist cool – und Segeln auch! Bei Fun & Wave könnt ihr beides lernen, ihr müsst euch nur entscheiden! In einer geschützten Bucht und auf dem im Durchschnitt nur 1,5 m tiefen Steinhuder Meer sind die Bedingungen ideal. Für den Kindersurfkurs solltet ihr zwischen 7 und 14 Jahre alt sein, für den Segelkurs zwischen 8 und 13. Nach 12 bzw. 10 Stunden legt ihr eine Prüfung ab und erhaltet den Junior-Windsurfschein bzw. Junior-Segelschein. Den Unterricht leitet ein anerkannter Surflehrer vom VDWS, dem Verband Deutscher Windsurfing- und Wassersportschulen.

 Lieber einen Katamaran-Kurs? Auch der ist bei Fun & Wave im Angebot. Außerdem werden Segelboote verliehen für alle, die schon im Besitz eines Segelscheins sind.

Boot fahren in Steinhude

Bootsverleih Nolte, Alter Winkel 2, 31515 Steinhude. ✆ 05033/2919, Fax 69159. www.bootsverleih-steinhuder-meer.de. info@bootsverleih-steinhuder-meer.de. **Bahn/Bus:** ↗ Steinhude, am Ratskellergelände neben dem Café am Meer. **Zeiten:** April – Okt täglich nach Wetterlage. **Preise:** Elektroboot 30 Min 10 €, 1 Std 15 €, Tret- oder Ruderboot 30 Min 6 €, 1 Std 10 €.

▶ Das Steinhuder Meer lässt sich tretend oder rudernd auf eigene Faust erobern. Wer es weniger anstrengend mag, kann auf eines der Elektroboote zurückgreifen, die Frank Nolte ebenfalls im Angebot hat.

Surfen in Mardorf: Surfer's Paradise

Ladenstraße 19, 31535 Mardorf. ✆ 05036/988119, Fax 012127630044. www.surfers-p.de. contact@surfers-p.de. **Bahn/Bus:** Bus 830 bis Weiße Düne. **Auto:** Zufahrt über Badestraße, besser: Parkplatz am Kiefernweg, Fußweg nach rechts. **Rad:** Rundweg Steinhuder Meer. **Zeiten:** Kursbeginn Mo, Mi, Sa, Fei 9.30 – 17 Uhr. **Preise:** Surfen Schnupperstunde gratis, Schnupperkurs 2 Std 49 €, Tageskurs 99 €, Segel-Anfängerkurs Jolle 12 Std 197 €.

STEINHUDER MEER

Beim **Kitesurfen** zieht euch ein Lenkdrache übers Wasser.

▶ Surfer's Paradise? Wer möchte bei dem Namen nicht gleich aufs Brett steigen und übers Wasser düsen? Vorher aber müsst ihr die Grundkenntnisse erwerben, also wie man überhaupt auf das Surfbrett draufkommt, wie man geradeaus fährt, wendet, steuert, gegen den Wind kreuzt. In kleinen Gruppen mit 4 bis 8 Schülern wird am Nordufer des »Meeres« unterrichtet. Neben Windsurf-Kursen sind auch solche im **Kitesurfen** oder Segeln im Angebot.

Boot fahren und baden in Mardorf

Bootsverleih Kielhorn, Steg N21, 31535 Mardorf. ✆ 05037/1298, Handy 0163/2599796. www.bootsverleih-kielhorn.de. info@bootsverleih-kielhorn.de. **Auto:** Meerstraße, Weidenbruchsweg, Parkplatz am Café Zum Seestern, Fußweg Uferweg links zum Steg N21. **Zeiten:** April – Mitte Okt täglich 11 – 18 Uhr. **Preise:** Ruderboot 1 Std 8 €, 3 Std 20 €, Tretboot 1 Std 9 €, 3 Std 23 €, Elektroboot 1 Std 14 €, 3 Std 35 €; Segelboote 1 Std ab 12 €, 3 Std ab 30 €.

▶ Ruder-, Tret- und Elektroboote hat Sven Kielhorn neben verschiedenen Segelbootstypen im Verleih. Welches Gefährt hier das richtige ist, um in See zu stechen, darf der Familienrat entscheiden! Zurück an Land ist der Sandstrand von Mardorf nicht weit entfernt. Nach etwa 1 km auf der Promenade seid ihr an der Weißen Düne mit herrlich hellem Sand angekommen!

Übers Steinhuder Meer

Steinhuder Personenschifffahrt, Steinhuder Motorboot Betriebs GmbH, Alter Winkel 16, 31515 Steinhude. ✆ 05033/1721, Fax 3494. www.steinhuder-personenschifffahrt.de. info@steinhuder-personenschifffahrt.de. Lage Anleger: Strandterrassen im Süden der Promenade; Ratskellergelände in der Mitte der Promenade. **Bahn/Bus:** ↗ Steinhude. **Zeiten:** Rundfahrten April – Mitte Okt Mo – So 11, 13, 15, 17 Uhr, Fahrten mit dem Auswanderer nach Bedarf. **Preise:** Rundfahrt

Hunger & Durst

Pizzeria Zum Seestern, Am Weidenbruchsweg 11, Mardorf. ✆ 05036/925197. www.zum-seestern.de. März – Sep täglich 11 – 22 Uhr, ab Okt Di Ruhetag, Nov – Feb Mo, Mi – Fr 15 – 21, Sa, So 12 – 21 Uhr.

8 €, mit Inselaufenthalt 10 €, Zielfahrt mit Auswanderer oder Fahrgastschiff (Hin- und Rückfahrt) 6 €; Kinder 4 – 14 Jahre Rundfahrt 4 €, Zielfahrt 3 €.

▶ Wollt ihr mit einem Auswanderer fahren? Das sind historische Segelboote, die ursprünglich von Steinhude, das zu Schaumburg-Lippe gehörte, ins preußische »Ausland« ans Nordufer fuhren. Heute pendeln sie regelmäßig zwischen Steinhude und der ↗ Festung Wilhelmstein bzw. Mardorf. Etwa 35 Personen können immerhin mitfahren! Bei Flaute hilft ein Motor weiter.

© TMN Niedersachsen

Ahoi! Auf Tour mit dem Auswanderer-Boot

Wer sich auf einem großen Schiff wohler fühlt, kann mit einem der Fahrgastschiffe lostuckern. Neben Zielfahrten, ebenfalls zur Festung oder ans Nordufer, stehen auch Rundfahrten auf dem Programm, wahlweise mit oder ohne Aufenthalt auf Wilhelmstein.

Radeln

Radtour rund ums Steinhuder Meer

Steinhude. **Länge:** 32 km. **Strecke:** Steinhude – Hagenburg – Winzlar – Mardorf – Strand – Steinhude, wahlweise abkürzbar und mit Schiffstour zu verbinden.
Bahn/Bus: ↗ Steinhude.

▶ Der Rundweg um das Steinhuder Meer ist sehr gut ausgebaut und für Kinder ab etwa 10 Jahre zu bewältigen. Starten könnt ihr überall, z.B. an der Meerstraße in Steinhude, gleich am Großparkplatz, oder an der Weißen Düne in Mardorf. Die Orte liegen sich gegenüber, sodass nach der Hälfte der Strecke eine

FRISCHE LUFT & SPORT

Steht unter Naturschutz:
Der Meerbruch

 **Fahrradverleih
Steinhuder
Schatzkiste,** Meer-
straße 2a, Steinhude.
✆ 05033/3425.
www.steinhuder-fahrrad-
verleih.de. April – Okt
täglich ab 9 Uhr, Räder
können bis 22 Uhr ab-
gegeben werden. 7 €/
Tag, Kinderrad 4,50 €.

Hunger & Durst

**Clubhaus des Yacht-
club Hagenburg,** Stein-
huder-Meer-Straße 11,
Hagenburg. ✆ 05033/
6284. www.ycvh.de.
April – Okt täglich 9 –
21 Uhr. Mit Kiosk und
Caféterrasse.

größere Pause in einem
der zahlreichen Cafés
oder Restaurants ein-
gelegt werden kann.
Von Steinhude aus lie-
gen im Uhrzeigersinn
zunächst Hagenburg
mit einem Moorgarten,
Winzlar mit der Ökologi-
schen Schutzstation
und das Vogelbiotop
(ein Abstecher führt
über einen Erlebnispfad zu Beobachtungshütten) an
der Strecke. Nach Kreuzung des Meerbaches kommt
ein weiterer Beobachtungsturm an den Meerbruch-
wiesen in Sicht. Wer nun in den Ortskern von Mardorf möchte, schwenkt ein Stück vom eigentlichen
Rundweg ab, ansonsten geht es an der Uferpromenade zur Weißen Düne mit Badestrand und dem mit
20 m höchsten Turm und weiter zur Plattform Neue
Moorhütte, wo man besonders gut Haubentaucher
beobachten kann. Nun geht es direkt durchs Moor.
Ein Erlebnisweg führt über einen Steg direkt über ein
wieder wachsendes Moor mit Torfmoosen, Sonnentau und Wollgräsern. Am Ostufer ist ein weiterer
Turm über einen Stichweg zu Fuß zu erreichen. Er
führt an einem Kanal entlang, über den früher der ge-
stochene Torf nach Steinhude transportiert wurde.
Über Strand, ein Ortsteil von Großenheidorn, und
durch das Ostenmeer geht es zurück nach Steinhude.

Kurze Radtour von Steinhude nach
Hagenburg

Steinhude. **Länge:** 7 km Rundtour, leicht. **Strecke:**
Steinhude – Hagenburger Kanal – Yachtclub – Steinhude. **Bahn/Bus:** ↗ Steinhude.
▶ Wem die Umrundung des gesamten »Meeres« zu
lange dauert, für den gibt es eine kürzere Alternative.

▶ Nicht alle Aale, die in Steinhude verkauft werden, stammen aus dem Steinhuder Meer. Weil die Nachfrage größer ist als der Fang, kommt so mancher der langen Fische aus Norwegen oder Schweden und wird dann vor Ort geräuchert. So erhält er dann trotzdem den typischen Steinhuder Geschmack! Doch einige Aale

WIE KOMMT DER AAL INS STEINHUDER MEER?

werden auch im Meer gefangen. Die kleinen Glasaale kommen ursprünglich den weiten Weg vom Sargassomeer im Atlantik und wandern über den Meerbach bei Nienburg bis ins Steinhuder Meer. Etwa 10 Jahre dauert es dann, bis der Aal ausgewachsen ist. Heute setzt man die Glasaale auch direkt ins Steinhuder Meer, denn der Weg ist durch Begradigungen und Wehre erheblich erschwert. ◀

Frisch geräuchert: Aale aus dem Steinhuder Meer

Von Steinhude aus folgt ihr über die Lütjen Deile zunächst dem Rundweg Richtung Hagenburg. Mit schönem Blick aufs Meer radelt ihr bis zum **Hagenburger Kanal,** wo der Weg nach links schwenkt. Ihr fahrt nun geradeaus weiter, am Yachtclub vorbei und hinter den nächsten Fischteichen links. Die Strecke ist nun als Teil der Fürstenroute ausgeschildert. Durch die Felder mit Kühen und Gänsen geht es gemütlich zurück nach Steinhude.

Wasserspiele & Kletterpartien

Wasser & mehr: Erlebnispark Steinhude

Wasserverband Nordschaumburg, An der Trift, 31515 Steinhude. www.wasser-nordschaumburg.de. info@ wasser-nordschaumburg.de. **Auto:** ↗ Steinhude, Braustraße, An der Trift, kleiner Parkplatz, schöner ist die Anfahrt per Rad. **Rad:** 2 km von Steinhude s.o. oder 1,5 km von Wunstorf über Am Hohen Holze, an Altens

STEINHUDER MEER

Muskelspiele: Um das Wasserrad in Bewegung zu versetzen, müsst ihr tüchtig pumpen

Hunger & Durst

Altens Ruh, Am Hohen Holz 51, Wunstorf. ✆ 05031/969840. www.altens-ruh.de. Täglich 10 – 22, Fr, Sa bis 24 Uhr. Großer Biergarten und Waldspielplatz, Kinderkarte.

Achtung! Mindestalter 8 Jahre. Bis 13 Jahre Begleitung durch einen mitkletternden Erwachsenen nötig.

Ruh vorbei. **Zeiten:** Park April – Okt täglich 9 – 20 Uhr, Wasserwerk 4. So im Monat 14 – 18 Uhr. **Preise:** Eintritt frei.

▶ Was euch im Wasser-Erlebnispark erwartet? Zum Beispiel ein Riesen-Schöpflöffel, eine Archimedische Schraube, eine Schwengelpumpe oder ein Ziehwehr. Auf dem Gelände beim Wasserwerk dreht sich eben alles ums nasse Element. Ihr könnt einen Geysir spritzen und Fontänen hüpfen lassen, durchs Kneippbecken waten oder am Wassertelefon miteinander sprechen. Schöne Ausblicke bietet die große Plattform auf dem Hügel. Der hat auch eine Rutsche, einen Bachlauf und mehrere Wissenspfähle zu bieten. Verschiedene Wissensstationen geben Auskunft über die Herkunft unseres Trinkwassers. Tische und Bänke laden zum Picknicken ein, also Verpflegung nicht vergessen!

Sea Tree Mardorf

Rote-Kreuz-Straße, 31535 Mardorf. ✆ 05221/28170-17, Fax 28170-10. www.seatree.de. mail@seatree.de. Zwischen Rote-Kreuz-Straße und Warteweg. **Bahn/Bus:** Bus 830 bis Jugendherberge Mardorf. **Auto:** Über Meerstraße. **Rad:** Meerweg. **Zeiten:** April – Okt Sa, So, Fei, Ferien Nds. und NRW 10 – 18 Uhr. **Preise:** 20 €; Kinder 8 – 13 Jahre 14 €, 14 – 17 Jahre 18 €; Ermäßigungen für Familien ab 3 Personen je 2 €.

▶ 27 Kletterstationen fordern in Mardorf zum Erklimmen auf. Der Kletterwald liegt in unmittelbarer Nähe zum Steinhuder Meer. Nach der Ausstattung mit Helm und Klettergurt erhalten alle Kletterer eine genaue Einweisung. Anschließend geht es auf einen der drei Parcours. Der leichte Parcours besteht aus sechs, der mittlere und schwere jeweils aus acht Elementen. Mehrere Seilrutschen laden zum schwungvollen Abgang ein. Für Gruppen gibt es außerdem einen Teamparcours mit vier Elementen.

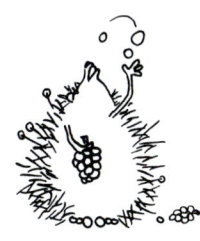

Dino-Abenteuer & Beeren pflücken

Dinosaurierpark Münchehagen

Alte Zollstraße 5, 31547 Rehburg-Loccum-Münchehagen. ☎ 05037/2074, 2075, Fax 5739. www.dino-park.de. info@dino-park.de. **Bahn/Bus:** Bus 716 von Wunstorf bis Saurierpark. **Auto:** A2 Ausfahrt Wunstorf-Luthe, B441 bis Münchehagen. **Rad:** Wasserland-Weg, Große Weserlandroute. **Zeiten:** März – Okt Mo – So 10 – 18 Uhr, Sommerferien 9 – 19 Uhr. **Preise:** 9,50 €; Kinder 4 – 12 Jahre 8 €.

▶ Wie es sich wohl angefühlt hätte, einem Tyrannosaurus Rex gegenüber zu stehen? Eine Ahnung davon kann man im Dinosaurierpark in Münchehagen bekommen. Auf dem Urzeitweg begegnet ihr mehr als 200 Sauriern. In der Reihenfolge ihres Erscheinens auf Erden vom *Devon* bis zum Tertiär lässt sich

*Das geologische Zeitalter **Devon** begann vor 416 Mio Jahren und endete vor 360 Mio Jahren. Im Tertiär, vor 65 Mio Jahren, starben die **Dinosaurier** aus. Sie begegneten also nie einem Menschen!*

Ob Max wohl einen Dino ausgräbt? Egal, im Dinopark gibt es noch viel mehr zu erforschen

© Dinopark Münchehagen

STEINHUDER MEER

© Dinopark Münchehagen

ihre Entwicklung verfolgen. Triceratops, Diplodocus und Velociraptor lassen grüßen!

Dass es gerade hier in der Nähe des Steinhuder Meeres einen Dino-Park gibt, hat seinen Grund. 1980 entdeckte man in einem Steinbruch eine Reihe von Saurierspuren. Sie sind heute ein Naturdenkmal im Park und werden durch eine große Halle geschützt. Nicht nur gucken ist aber hier die Devise, sondern auch mitmachen. Da darf man ein Dino-Skelett ausbuddeln, nach Haifischzähnen graben, Dinos töpfern oder mikroskopieren. Verschiedene Ausstellungen führen zu einer Ausgrabungsstelle, zu selbst steuerbaren Dinos oder zur Schaupräparation. Auf dem Abenteuerspielplatz könnt ihr euch dann austoben!

Glitzert da was? Nicht nur Dinos, sondern auch Gold könnt ihr hier ausgraben

Leihbollerwagen sind für 3 € erhältlich.

Ausflug zum Bickbeernhof

Brokeloher Hauptstraße 39, 31628 Landesbergen-Brokeloh. ✆ 05027/1786, 1566, Fax 8105. www.bickbeernhof.de. bickbeernhof@t-online.de. **Bahn/Bus:** Bus 50, 52 bis Brokeloh-Mitte. **Auto:** B6 Neustadt – Nienburg, links Richtung Landesbergen, in Brokeloh direkt im Ort. **Rad:** Radweg von Mardorf über Schneeren. **Zeiten:** Café und Laden Juli – Sep 9 – 18 Uhr.

▶ Mögt ihr Heidelbeeren? Die wachsen in der Gegend am Steinhuder Meer wie verrückt. Auf dem Bickbeernhof bekommt ihr sie in allen Variationen: pur, als Marmelade, als Kuchen, als Saft, zu Eis. Im Freiluft-Café sitzen die Eltern noch gemütlich, während ihr nach dem Genuss auf dem Spielplatz tobt. Die Heidelbeeren werden übrigens ökologisch angebaut und ihr könnt sie auch selber pflücken. Zum Angebot des Hofes gehören Pferdekutschfahrten und geführte Spaziergänge.

Tiere & Pflanzen entdecken

Schmetterlingsfarm

Hilmar Lehmann, Am Knick 5, 31515 Steinhude.
✆ 05033/939451, Fax 939452. www.schmetterlings-
farm.de. steinhuder@schmetterlingsfarm.de. **Bahn/
Bus:** Bus R2, 716, 2010 bis Friedenseiche. **Auto:** Zentrum. **Rad:** Rundweg ums Steinhuder Meer. **Zeiten:**
März – Okt Mo – So 11 – 18 Uhr, Juli, Aug 10 – 18 Uhr.
Preise: 6 €; Kinder 4 €.

▶ In Steinhude seht ihr einen Kleinen Blauen Grie-
chen, einen Geschweiften Eichelhäher, einen Paris-
Pfau, ein Vierauge oder eine Baumnymphe. Bei all
diesen Tieren handelt es sich um Schmetterlinge! In
der Halle der Schmetterlingsfarm flattern die bunten
Schönheiten der Tropen zwischen exotischen Pflanzen durch die Lüfte. Die Entwicklung der Falter lässt
sich am Brutkasten beobachten, wo die federleich-
ten Flieger aus ihrem Kokon schlüpfen und erst einmal hängend trocknen müssen, ehe sie ihre Flügel
ausbreiten können. Zu den Bewohnern der Farm gehört neben den Flattergestalten bodennahes Getier
wie Vogelspinnen, Skorpione, Schaben, Wandelnde
Blätter und Stabheuschrecken, die sicher in ihren
Terrarien hausen.

Ein angeschlossenes Insektenmuseum zeigt hinter
Glas Nashornkäfer, Wanzen, Spinnentiere, Tag- und

 Wechselnde Ver-
anstaltungen,
z.B. Vogelspinnenfütte-
rung, Vortrag zu Wald-
ameisen oder Becher-
lupenaktionen. Die Ter-
mine erfahrt ihr auf der
Homepage.

STEINHUDER MEER

© pmv, Foto: Kirsten Wagner

Auch er weiß, was gut
schmeckt: Schmetterling
auf Orangenscheibe

Nachtfalter. Weitere Infos liefert das Insektenkino. Bunt leuchtet es im Dunkelkabinett, in dem verschiedene Mineralien in Szene gesetzt werden.

Naturpark Steinhuder Meer

Infozentrum Naturpark Steinhuder Meer, Am Graben 3 – 4, 31515 Steinhude. ✆ 05033/939-134, Fax 939-135. www.naturpark-steinhuder-meer.de. info@naturpark-steinhuder-meer.de. **Bahn/Bus:** ↗ Steinhude. **Auto:** Großparkplatz. **Zeiten:** Mai – Okt täglich 10 – 13 und 14 – 18 Uhr, Nov – April Mi – So 11 – 13 und 14 – 17 Uhr. **Preise:** Eintritt Infozentrum frei. **Infos:** Infostelle Mardorf neben der Tourist-Info, Mai – Okt Mi, Do 10 – 12.30 Uhr, Fr 10 – 12 und 13 – 15 Uhr.

 Ab ins Moor! Mai – Okt Mi, Do 14 – 16 Uhr ab Parkplatz Neue Moorhütte. Erw 3 €, Kinder bis 14 Jahre 1,50 €.

▶ Naturparks eignen sich durch ihre Landschaft besonders gut zur Erholung und stehen darum unter besonderem Schutz. In Niedersachsen gibt es 12 Naturparks. Einer davon ist der Naturpark Steinhuder Meer. Er wurde 1974 gegründet und ist 310 qkm groß. Hier gibt es mit Wäldern, Mooren, Wiesen, Dünen und natürlich dem See eine Vielfalt an Lebensräumen für Tiere und Pflanzen.

Im Scheunenviertel von Steinhude könnt ihr euch im Infozentrum über den Naturpark informieren. Es gibt Schautafeln und ein Kino, in dem verschiedene Filme gezeigt werden. Sogar durch ein Stück Moor könnt ihr gehen. Während in Steinhude nur für Gruppen geführte Wanderungen angeboten werden, hat man sich in der Infostelle in Mardorf auf Ausflüge ins Moor spezialisiert.

Es blubbert und ist feucht: Im Moor

© TMN Niedersachsen

Ökologische Schutzstation Steinhuder Meer

Hagenburger Straße 16, 31547 Rehburg-Loccum-Winzlar. ✆ 05037/967-0, Fax 5738. www.oessm.org. info@oessm.org. **Bahn/Bus:** Bus 50, 716 bis Hagenburger Straße oder Winzlar Ost. **Auto:** B441 Abzweig Winzlar. **Rad:** Meerweg, Rundweg Steinhuder Meer. **Zeiten:** Di – Fr 10 – 16 Uhr, Mai – Sep auch Sa, So

11 – 17 Uhr. **Preise:** Eintritt frei, Veranstaltungen z.T. kostenpflichtig.

▶ Die Ökologische Schutzstation Steinhuder Meer, kurz ÖSSM genannt, bietet nicht nur eine Vielzahl an geführten Wanderungen, sondern ist auch selber einen Besuch wert. Der ehemalige Hof wurde rundum umweltfreundlich renoviert und mit Solaranlagen und hauseigenen Regenwasserzisternen ausgestattet. Im Haupthaus beherbergt die Station eine Ausstellung zum Naturpark. Lauscht doch mal ins Schilf oder schaut per Livecam zu, wie kleine Turmfalken gefüttert werden! Draußen führt ein Bohlenweg zu verschiedenen Biotopen, in denen ihr Libellen, die fleischfressende Pflanze Sonnentau oder bunte Schmetterlinge entdecken könnt.

Unter den »Naturerlebnissen für Kinder« sind Veranstaltungen für euch zusammengefasst. Wildniskurse, Flitzebogenbau, die Tiere der Nacht erkunden, Laubfrösche suchen, Waldrallye oder Tümpeltour heißen die Angebote – wenn sich das nicht spannend anhört! Die Broschüre ist in der Station, in den Tourismusinformationen und beim Naturpark erhältlich und steht im Internet zum Download bereit.

Moorgarten in Hagenburg

Schlossstraße, 31558 Hagenburg. **Bahn/Bus:** Bus 53, 715 bis Hagenburg-Mitte oder Schule. **Auto:** B441 Wunstorf – Hagenburg, rechts Steinhuder-Meer-Straße bis zum Parkplatz, von da zu Fuß dem ungeteerten Weg 200 m an der Breitseite der Skateranlage folgen. **Rad:** Fürstenroute. **Zeiten:** täglich 10 – 19 Uhr. **Preise:** Eintritt frei.

▶ Wie es in einem Moor aussieht, welche Pflanzen dort wachsen und welche Tiere darin leben, zeigt im Moorgarten ein 350 m langer Pfad rund um einen künstlich angelegten See. Auf Holzbohlen geht es durch ein Niedermoor, eine Feuchtwiese und einen Erlenbruchwald bis zum Hochmoor. Sonnentau und Wollgras strecken sich dem Licht entgegen, Frösche

@ Unter www.oessm.de erfahrt ihr unter »Angebot« alles über die Beobachtungstürme rund um das Steinhuder Meer.

Hunger & Durst
Café Honeck, Südstraße 14, Winzlar. ✆ 05037/5433. www.norberthoneck.de. Café Mi – Fr 14 – 18, Sa, So 11 – 18 Uhr. Biobäckerei. Eis aus eigener Herstellung.

STEINHUDER MEER

Hunger & Durst

Moorgarten Café,
Schlossstraße 23,
Hagenburg. 0172/
5161693. Täglich ab
10 Uhr. Blockhaus di-
rekt am Moorgarten mit
Terrasse und Spielplatz.

HANDWERK
UND
GESCHICHTE

*Graf Wilhelm ließ
sogar einen eige-
nen Kanal vom Schloss
in Hagenburg zum
Steinhuder Meer bauen,
um direkt zum Wilhelm-
stein fahren zu können.*

quaken, Libellen und Schmetterlinge tanzen. Eine
herrliche Idylle, in der man ohne mehrstündige Wanderung eine bedrohte und schützenswerte Landschaft kennen lernt.

Der Moorgarten liegt zwischen dem Schlossgarten
und dem Findlingsgarten. Im Schlossgarten gibt es
eine 500 m lange Rhododendren-Allee, die besonders zur Blüte im Mai sehenswert ist. Der Findlingsgarten direkt am Parkplatz der Steinhuder-Meer-Straße zeigt 23 weit gereiste Steine. Vor mehr als
200.000 Jahren wurden sie mit den Gletschern der
Eiszeit aus Skandinavien bis nach Hagenburg getra-
gen. Unter den schweren Brocken finden sich Por-
phyr, Gneis, Sandstein und Granit.

Burgen & Museen

Festung Wilhelmstein

Steinhude. ✆ 05033/1436, 95010 (Führungen), Fax
939548. www.wilhelmstein.de. info@wilhelmstein.de.
Bahn/Bus: ↗ Übers Steinhuder Meer. **Zeiten:** April –
Mitte Okt Mo – So 9.30 – 17.30 Uhr. **Preise:** 3 €; Kinder 6 – 14 Jahre 1 €.

▶ Das gesamte Steinhuder Meer gehörte einst zur
Grafschaft Schaumburg-Lippe. **Graf Wilhelm** (1724 –
1777) begann 1761, eine künstliche Insel aufzu-
schütten und darauf eine Festung zu errichten. Sie
sollte ihm als Zuflucht und zur Verteidigung seines
kleinen Staates dienen. Außerdem wurde eine Militärschule für Offiziersanwärter eingerichtet. Zwischen 1787 und 1867 verkehrte sich der ursprüngliche Zweck ins Gegenteil und die Insel wurde zum
schaumburg-lippischen Staatsgefängnis. Ursprünglich lagen 16 Mini-Inseln zur äußeren Verteidigung
vor der inneren Festung. Zu Beginn des 19. Jahrhunderts wurden die Zwischenräume aufgefüllt und es
entstand die heutige quadratische Form der Insel.
Nicht nur die Arrestzellen, auch Waffen und andere

Gegenstände aus der Zeit der Militärschule sind heute im Museum zu sehen. Die kleinen Inselhäuser wurden seit 2005 renoviert. Darin befinden sich ein Café, ein Souvenirshop und eine kleine Ausstellung zum Naturpark Steinhuder Meer. Außerdem könnt ihr einmal rund um die Insel wandern.

© TMN Niedersachsen

Steht auf einer Insel: Festung Wilhelmstein

Fischer- und Webermuseum

Neuer Winkel 8, 31515 Steinhude. ✆ 05033/5599, www.steinhuder-museen.de. info@steinhuder-museen.de. Nähe Promenade. **Bahn/Bus:** ↗ Steinhude. **Zeiten:** Mai – Okt Di – So 13 – 17 Uhr, März, April, Nov Sa, So 13 – 17 Uhr. **Preise:** 2 €, mit Spielzeugmuseum 3 €; Kinder 1 €, mit Spielzeugmuseum 1,50 €.

▶ Jahrhunderte lang lebten die Steinhuder vom Fischfang und vom Weben schöner Leinenstoffe. Wie das genau aussah, zeigt das Museum im Neuen Winkel. Bis 1984 lebte eine Fischerfamilie in den Räumen. Sie wurden so, wie sie ausgestattet waren, übernommen. So könnt ihr direkt in die Gute Stube, die Küche und das Schlafzimmer schauen. Wie sich das Weben aus der Fischerei entwickelt hat, wird in den hinteren Räumen und im idyllischen Innenhof gezeigt. An speziellen Aktionstagen wird das alte Handwerk sogar vorgeführt.

Spielzeugmuseum

Meerstraße 19, 31515 Steinhude. ✆ 05033/5599, 939207, www.steinhuder-museen.de. info@steinhuder-museen.de. Scheunenviertel. **Bahn/Bus:** Bus R2, 716, 2010 bis Friedenseiche. **Auto:** Parkplatz am Bruchdamm. **Zeiten:** April – Okt Di – So 13 – 18 Uhr, Nov –

@ www.steinhuder-scheunenviertel.de.

STEINHUDER MEER

195

Hunger & Durst

Café Cassis, Meerstraße 3, Steinhude.
✆ 05033/939029.
www.cafe-cassis.de.
Täglich 9 – 18 Uhr, Frühstück bis 12 Uhr. Mit Blick ins Scheunenviertel, Terrasse.

März Sa, So 13 – 17 Uhr. **Preise:** 2 €, mit Fischer- und Webermuseum 3 €; Kinder 1 €, mit Fischer- und Webermuseum 1,50 €.

▶ Sooo viel Spielzeug auf einer Fläche habt ihr bestimmt noch nicht gesehen! Drei Scheunen nebeneinander sind gefüllt mit Eisenbahnen, Puppen, Baukästen, Kartenspielen, Dampfmaschinen und allem, womit Kinder früher eben spielten. Sogar alte Schulbücher und Zeugnisse sind zu sehen. Könnt ihr erkennen, welche Note der Sohn von Herrn Waldmann im Schuljahr 1943/44 in »Rechnen und Raumlehre« erhielt?

Neben den liebevoll inszenierten Vitrinen ist in der ganzen Ausstellung Spielzeug zum Ausprobieren verteilt. Ihr könnt mit Bauklötzen und einem Puppenhaus spielen, einen Teddy zu Bett bringen, malen, auf dem Pferd schaukeln oder eine Modelleisenbahn in Bewegung setzen.

Schloss Landestrost mit Torfmuseum und Schlossgarten

Schlossstraße 1, 31535 Neustadt. ✆ 05032/899-158, Fax 0511/3000-95-2051. www.stiftung-kulturregion.de. info@stiftung-kulturregion.de. **Bahn/Bus:** S2, RE oder Bus 440. **Auto:** Herzog-Erich-Allee. **Rad:** Leine-Radweg. **Zeiten:** Mi – Fr 10 – 12, Di, Sa, So 14 – 17 Uhr. **Preise:** 1,50 €; Kinder ab 6 Jahre 0,50 €.

▶ In 2000 Jahren wächst ein Torfmoor 2 m in die Höhe. Was in dieser langen Zeit in der Menschheitsgeschichte passierte, könnt ihr am Torfprofil ablesen. Das findet ihr, wie viele weitere Informationen zu Torf und Moor, im Schloss Landestrost, wo das Torfmuseum seinen Sitz im zweiten Obergeschoss hat. Wie entsteht ein Moor, was unterscheidet ein Hoch- von einem Niedermoor, wie lebten Torfstecher und Moorsiedler? Und wofür braucht(e) man überhaupt Torf? Auf alle diese Fragen erhaltet ihr hier Antworten. Noch viel mehr Spaß macht der Rundgang mit der kostenlos erhältlichen Museumsrallye!

Schloss Landestrost wurde 1579 durch Herzog Erich II., den Fürsten von Calenberg, im Stil der Weserrenaissance erbaut. Neben dem Torfmuseum sind heute darin die Sektkellerei Duprès, das Archiv der Region, das Amtsgericht, die Stadtbibliothek und eine Ausstellung zur Geschichte des Schlosses untergebracht. Im Schlossgarten könnt ihr durch eine Hainbuchenallee wandeln und auf die Leineaue blicken.

Romantik Bad Rehburg

Friedrich-Stolberg-Allee 4, 31547 Rehburg-Loccum-Bad Rehburg. ✆ 05037/300060, Fax 300069. www.bad-rehburg.de. info@badrehburg.de. **Bahn/Bus:** Bus 50, 716 bis Kurpark. **Auto:** B441, im Ort Ausschilderung. **Rad:** Meerweg. **Zeiten:** März – Okt Di – So 11 – 18 Uhr, Nov – Feb Mi – So 13 – 17 Uhr. **Preise:** 4 €; Kinder bis 12 Jahre frei, Schüler ab 13 Jahre 2 €.

▶ Mit Luise und Stefan könnt ihr in Bad Rehburg erkunden, wie man hier einst kurte. In zwölf Kabinetten des ehemaligen Badehauses, in dem die Herrschaften damals ins Wasser stiegen, zeigt die multimediale Ausstellung alles rund ums Kurleben, das hier schon zur Zeit der Romantik erblühte. An Hörstationen ist zu erfahren, welche Bedeutung diese Romantik hatte, warum man in Rehburg zunächst Heilwasser trank und dann auf Molke umstieg und ob nur reiche oder auch arme Leute herkamen. Für Kinder gibt es neben einem Quiz, das ihr an der Kasse erhaltet, Tafeln, an denen alles für euch erklärt wird, und Aktivstationen. Da könnt ihr puzzlen, raten oder malen. Sogar baden dürft ihr mit den Damen und Herren von damals und dabei bleibt ihr ganz trocken! Oder ihr nehmt Platz wie in einer Kutsche und stellt euch vor, wie Königin Friederike (1778 – 1841) aus Hannover hier anreiste. Sogar ihre persönliche Badezelle ist zu besichtigen.

 Obsthof Wassermann, Blaubeerweg 1, Neustadt. ✆ 05032/4034. www.obsthof-wassermann.de. Heidelbeersaison (Ende Juni – Anfang Oktober) täglich 9 – 19 Uhr. Heidelbeeren zum Selberpflücken. Im Hofladen (am Aschenkrug/B6) auch Brombeeren, Johannisbeeren, Kirschen und Produkte aus Heidelbeeren. Rosencafé und Plantagencafé bis Anfang Oktober.

Hunger & Durst

Carpe Diem, Friedrich-Stolberg-Allee 4, Bad Rehburg. ✆ 05037/968164. www.carpe-diem-bad-rehburg.de. Di – Fr ab 15, Sa, So ab 12 Uhr. In der ehemaligen Wandelhalle, mit Außenterrasse.

FESTKALENDER STEINHUDER MEER

Mai: Letztes Wochenende, Neustadt: **Mittelalterspektakel** im Schloss Landestrost.

Ende, Steinhude: **Tag der Parke** im Scheunenviertel, veranstaltet vom Naturpark Steinhuder Meer.

Himmelfahrt, Arnedorf: **Anbaden im Franzseebad** unter dem Motto Lunchen und Planschen.

Wochenende nach Himmelfahrt, Steinhude: **Fischerkreidag** mit Torfkahnregatta, Brassenschlag und Kinderprogramm.

1. Wochenende, Wunstorf: **Schützenfest.**

Mitte, Winzlar: **Hoffest an der Ökologischen Schutzstation** Steinhuder Meer.

Jeden Mi, Mardorf: **Bauernmarkt** auf dem Aloys-Bunge-Platz.

August: Jeden Mi, Mardorf: **Bauernmarkt** auf dem Aloys-Bunge-Platz.

Sa Anfang, Arnedorf: **Italienische Nacht** am Franzseebad mit Kunst, Musik und Feuerwerk.

Steinhude, Strandterrassen: **Papierbootregatta.**

2. Wochenende, Steinhude: **Vogelfestival** an den Strandterrassen, www.vogelfestival.de.

3. Wochenende, Steinhude: **Steinhuder Meer in Flammen.**

September: Steinhude, Strandterrassen: **Afrikamarkt.** Mit Hüpfburg, Knatterboot-Rennen, Zöpfeflechten, Henna-Tattoos und Malwettbewerb.

Steinhude, Alter Winkel: **Fischtival – Straßenfest.** Mit Kindereisenbahn und Schminken.

Vesbeck: **Rasentrecker-Rennen.**

Dezember: 1. Advent bis 30. Dez, Neustadt: **Weihnachtszauber.**

3. Advent, Steinhude, Ortskern: **Weihnachtsmarkt.**

Verden
27
Bad Fallingbostel
7
Walsrode
Bad Fallingbostel
LÜNEBURGER
HEIDE
Aller-   leine-   Tal
Nienburg
Celle
Weser
Leine
Aller
Steinhuder
Meer
Neustadt
Burgdorfer
Rehburg
Steinhuder Meer
Wunstorf
Burgdorf
Land &
Peine
HANNOVER
Rodenbergen
Lehrte
Peine
2
Stadthagen
Barsingh.
Sarstedt
Braunschweig
Obern-
kirchen
Deister
Pattensen
2
Stadthagen
Hameln
Springe
Wolfenbüttel
Hildesheim
39
Hessisch
Oldendorf
Hameln
Gronau
Bad Münder
Hildesheim
Salz-
hemmendorf
Leine
Bockenem
395
Bad
Pyrmont
Alfeld
HARZ
7
Langelsheim
Goslar
20 km

Am südlichen Rand der Lüneburger Heide fließt die Aller. Von Süden her münden die Oker, die Fuhse, die Wietze und schließlich die Leine in die Aller, von Norden kommen Lachte, Örtze und Meine. Viele Flüsse sorgen also für viele Gelegenheiten zum Wassersport und Radtouren am Ufer entlang.

Auch Tierfreunde kommen auf ihre Kosten, denn gefiederte Freunde lassen sich im Vogelpark Walsrode sehen, auf Safari zu Löwen und Elefanten geht es im Serengetipark Hodenhagen und wie Hunde und Co im Fernsehen groß raus kommen, zeigt Joe Bodemann in seinem Filmtierpark.

Frei- und Hallenbäder

Badeland Celle

77er Straße, 29221 Celle. ✆ 05141/95193-50, Fax 95193-59. www.celler-badeland.de. info@celler-badeland.de. **Bahn/Bus:** Bus 5 bis Hallenbad. **Auto:** B3, Sägemühlenstraße, Parkhaus direkt gegenüber. **Rad:** Aller-Radweg, Lüneburger-Heide-Radweg. **Zeiten:** Hallenbad Mo 9.30 – 18.30, Di, Do, Fr 6 – 22, Mi 6 – 17.30 (Ferien bis 22), Sa 8 – 19 Uhr, So 8 – 18 Uhr, Freibad Mai – Mitte Sep Mo – Fr 6 – 20 Uhr, Sa 8 – 20 Uhr, So 8 – 19 Uhr. **Preise:** 1 Std 2,20 €, 3 Std 4,50 €, Tag 9 €, Freibad 3,50 €; Kinder 3 – 15 Jahre 1 Std 1,70 €, 3 Std 3 €, Tag 5 €, Freibad 2 €; Familien (1 Erw, 2 Kinder) 10 €, (2 Erw, 2 Kinder) 14 €.

▶ Ob drinnen oder draußen, im Celler Badeland kommen kleine und große Wasserratten zu jeder Jahreszeit auf ihre Kosten. Gleich sieben Becken können im Hallenbad erobert werden. Sprungturm, Wildwasserbach und eine 60 m lange Rutsche bringen Abwechslung in den Badetag. Das Freibad wartet mit einem 1300 qm großen Mehrzweckbecken und einer 90 m langen Wasserrutsche auf. An Land geht es sportlich weiter beim Beachvolleyball, Beachsoccer, Tischtennis oder Basketball. Ein Spielplatz zum Mat-

PARADIES FÜR TIER- UND WASSER- FREUNDE

Rad- und Wanderkarte NSG Lüneburger Heide: Mit Ausflugszielen, Einkehr- & Freizeittipps. 1:50.000. 4,95 €.

TIPPS FÜR WASSER- RATTEN

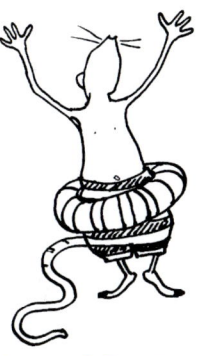

Hunger & Durst

Akki's Milchbar, 77er Straße, Celle. ✆ 05141/2796967. www.akkis-milchbar.de. Täglich ab 10 Uhr.

Sommerliche Erfrischung mitten in der Stadt: Stechbahn mit Wasserspielen

ALLER-LEINE-TAL

© Stadtwerke Celle GmbH

schen, Planschen und Toben ist ebenfalls vorhanden.

Neben Schwimmkursen und Babyschwimmen hat das Badeland einmal im Monat auch Schnuppertauchen im Angebot. Wer 12 Jahre alt ist, darf für 5 € teilnehmen.

Fröhliche Runde: Geburtstagsfeier im Celler Badeland

Freibad Westercelle

Wilhelm-Hasselmann-Straße, 29227 Celle-Westercelle. ✆ 05141/977369, Fax 550066. www.freibad-westercelle.de. vorstand@freibad-westercelle.de. **Bahn/Bus:** Bus 6 bis Nordweg. **Auto:** B3 bis Celle, über Westerceller Straße. **Rad:** Von Süden über Bennebosteler Straße. **Zeiten:** Mai – Sep Mo – Fr 6 – 20 Uhr, Sa, So, Fei 8 – 19 Uhr. **Preise:** 3,30 €, ab 18 Uhr 2,50 €; Kinder 3 – 17 Jahre 2 €.

▶ Das Freibad in Westercelle wird seit 2003 von einem Förderverein betrieben. So kann in den Sommermonaten weiter geplanscht und geschwommen werden. Dafür stehen ein 50-m-Becken mit angeschlossenem Nichtschwimmer- und ein Babybecken bereit. Eine kurze steilere und eine längere gewundene Rutsche führen spritzend ins erfrischende Nass. Sprungbretter gibt es in 1 und 3 m Höhe. Ebenfalls im Angebot: Beachvolleyball, Großschach und Spielplatz.

Hallen- und Freibad in Winsen an der Aller

Bannetzer Straße 34, 29308 Winsen (Aller). ✆ 05143/988-834, Fax 988-840. www.schwimmbad-winsen.de. info@wirtschaftsbetriebe-allertal.de. **Bahn/Bus:** Bus 2-95 von Celle. **Auto:** Von Celle über Petersburgstraße, Bremer Weg bis Winsen, im Ort geradeaus über Kirch-

straße. **Rad:** Aller-Radweg, Lüneburger-Heide-Radweg.
Zeiten: Hallenbad Sep – Mai Di, Mi 6.30 – 12, Do 6.30 – 11, Fr 6.30 – 9, Di – Fr 15 – 20.30, Sa 14 – 18.30, So 8 – 13.30 Uhr, erweiterte Zeiten in den Ferien, Freibad Mai – Sep Mo 13 – 19.30, Di – Sa 6.30 – 19.30, So 8 – 19.30 Uhr. **Preise:** 3 €; Kinder 5 – 17 Jahre 1,50 €.

▶ Das 25-m-Becken im **Hallenbad** Winsen kombiniert einen Schwimmer- und einen Nichtschwimmerbereich. Über den weißen Elefanten kommt ihr auch rutschend ins Wasser. Das Planschbecken mit mobiler Minirutsche ist in einem separaten Raum, sodass die jüngsten Badegäste sicher aufgehoben sind.
Mitte Mai schließt das Hallenbad und das **Freibad** öffnet seine Tore. Neben einem Schwimmerbecken von 25 m Länge gibt es ein Nichtschwimmer- und ein Planschbecken. Wie wäre es zwischendurch mit einem Beachvolleyballmatch?

Hallen- und Freibad Wietze in Wieckenberg

Wieckenberger Straße, 29323 Wietze-Wieckenberg. ✆ 05146/2696, www.schwimmbadverein-wietze.de. schwimmbad-wietze@web.de. **Bahn/Bus:** Bus 6-85 bis Schwimmbad. **Auto:** B214, in Wietze Richtung Wieckenberg. **Rad:** Radweg von Elze über die historische Waldschmiede, Fuhrberger Straße. **Zeiten:** Hallenbad Di – Fr 6 – 8, Di 15 – 20.30, Mi 15 – 16, Do 15 – 17, Fr 15.30 – 20 Uhr, Sa 8 – 12 und 15 – 18 Uhr, So 9 – 13 Uhr, Freibad Mai – Sep Di – Fr 6 – 8, Mo – Sa 13 – 19.30, So 10 – 19.30 Uhr, Ferien Di – Sa 11 – 19.30 Uhr. **Preise:** 2,50 €; Kinder 3 – 17 Jahre und Schüler 1,50 €, Nichtmitglieder Förderverein 0,50 € Aufschlag.

▶ Im Winter schwimmt man in Wietze in der Halle, im Sommer im Freibad. Drinnen gibt es am Nichtschwimmerbereich eine kleine Rutsche, draußen einen großen Sprungturm. Ein Planschbecken und ein Beachvolleyballfeld gehören ebenfalls zur Ausstattung.

 1. und 3. Sa im Monat 14 – 17 Uhr Spielnachmittag im Hallenbad.

frEsch: Das Freibad Eschede

Im Brunshagen 1, 29348 Eschede. ✆ 05142/ 410316, Fax 411-38. www.freibad-eschede.de. samtgemeinde@eschede.de. **Bahn/Bus:** Bus 8-35 bis Südstraße. **Auto:** B191, Albert-König-Straße, Osterstraße. **Rad:** Radweg von Habighorst oder Scharnhorst. **Zeiten:** Mai – Sep Mo – Fr 13 – 19 Uhr, Sa, So, Sommerferien 10 – 19 Uhr. **Preise:** 3,50 €; Kinder 4 – 18 Jahre 2 €.

▶ Kurz gesagt ist das Freibad Eschede einfach frEsch! Und für erfrischende Abkühlung sorgt das kombinierte Becken für Schwimmer und Nichtschwimmer. Das Schwimmerbecken ist 25 m lang und mit Sprungbrettern in 1 und 3 m Höhe ausgestattet. In der flacheren Nichtschwimmerzone ist die breite Steilrutsche die Attraktion Nummer 1. Neben dem separaten Planschbecken mit Rutsche und Sprudelpilz liegt der Spielplatz. Beachvolleyball und -soccer, Tischtennis, Basketball und Badminton stehen in den Badepausen zur Auswahl. Ein Kiosk mit Terrasse und Biergarten sorgt für das leibliche Wohl.

Heideschwimmbad Freibad Höfer

Am Schwimmbad, 29361 Höfer. ✆ 05145/280705, 8389 (Vorsitzender Rainer Quandt), Fax 411-38. www.hoefer-celle.de. rainer.quandt@hoefer-celle.de. **Bahn/Bus:** Bus 8-35 bis Ortsmitte. **Auto:** B191 Celle – Eschede, über Habighorst nach Höfer, rechts Oherweg, 2. rechts. **Rad:** Von Celle über Bostel, Garßen, an der Ratsziegelei vorbei und über Höferschen Weg. **Zeiten:** Mai – Sep Mo – Fr 14 – 18 Uhr (erweitert bis 20 Uhr), Sa, So, Sommerferien 11 – 20 Uhr. **Preise:** 3 €, ab 18 Uhr 2 €; Kinder bis 17 Jahre 2 €.

▶ Direkt in Höfer und doch besonders idyllisch von Wiesen und Wald umgeben liegt das Heideschwimmbad. Dem 25-m-Becken ist ein Sprungbereich mit 1- und 3-m-Brett angeschlossen. Das ovale Nichtschwimmerbecken besitzt eine Rutsche. Wie ein Stoppschild sieht das Planschbecken aus, es ist nämlich achteckig. Nicht zu stoppen sind jedoch die

Kleinen unter dem Wasserpilz oder auf ihrer kleinen Rutsche. Einfach riesig ist die Sandfläche für Beachvolleyball, Beachsoccer und Beachhandball. Ein Spielplatz mit Abenteuerberg und Tischtennisplatten sorgt für weitere Abwechslung an Land.

© Stadtwerke Celle GmbH

Planschen mit Mami: Hier haben selbst die Kleinsten Spaß

Lieth-Bad

Soltauer Straße 26, 29683 Bad Fallingbostel. ☎ 05162/2226, Fax 6001-242. www.badbt.de. baeder@swbt.de. **Bahn/Bus:** Bus 453, 511. **Auto:** A7 Ausfahrt 47 Bad Fallingbostel, über Deiler Weg, Scharnhoststraße. **Rad:** Leine-Heide-Radweg. **Zeiten:** Mitte Mai – Anf Sep Mo 10 – 19, Di – Fr 6.30 – 19, Sa 10 – 19, So 9.30 – 18 Uhr. **Preise:** 3 €; Kinder 3 – 17 Jahre 1,50 €.

▶ Das Freibad von Bad Fallingbostel ist nach dem *Lieth* benannt, dem Stadtwald. Darin nämlich liegt das 2002 neu gestaltete Bad. Drei Becken laden nicht nur zum Schwimmen ein. So gibt es ein eigenes Sprungbecken und einen großen Nichtschwimmerbereich. Der besitzt neben einer langen auch eine breite Wellenrutsche. Ein Spielplatz, ein Beachvolleyballfeld und eine Liegewiese gehören ebenfalls zur Ausstattung.

Frei- und Hallenbad Nienburg

Mindener Landstraße 22a, 31582 Nienburg. ☎ 05021/9250-03, Fax 925004. www.nienburg.de. jugend-soziales@nienburg.de. **Bahn/Bus:** Stadtbus 2 oder Bus 42 bis Stadion. **Auto:** B6 Ausfahrt Nienburg-Süd, Hannoversche Straße, Berliner Ring queren, links Vahlandstraße, links Quellhorststraße, links Mindener

ALLER-LEINE-TAL

Freitag bis Sonntag sind die Warmbadetage im Hallenbad Nienburg. Das Wasser ist dann 28 Grad warm.

Straße. **Rad:** Am Radweg Weser – Romantische Straße, Nähe Weser-Radweg. **Zeiten:** Freibad Mai – Sep Mo – Fr 7 – 19, Sa, So 8 – 19 Uhr, Hallenbad Sep – Mai Mo – Mi – Fr 6.30 – 21, Di 6.30 – 13, Sa 8 – 16, So 8 – 17 Uhr. **Preise:** Freibad 2,50 €, Hallenbad 3 €; Kinder Freibad 1 €, Hallenbad 1,50 €.

▶ Direkt an der Weser liegen das Frei- und Hallenbad in Nienburg. So badet es sich vor allem im Sommer mit herrlichem Blick. Das 50 x 30 m große Becken des **Freibads** ist mit einem Nichtschwimmerbereich, einem Springerbecken (1- und 3-m-Bretter, 5 m-Plattform) und einer Wasserrutsche von 75 m Länge ausgestattet. Im Planschbecken rutschen die Jüngsten von ihrer eigenen kleinen Rutsche. An Land vertreiben der Spielplatz, ein Beachvolleyballfeld, Tischtennisplatten und ein Tischkicker die Zeit.

Rückt die kühle Jahreszeit näher, schließt das Freibad und das **Hallenbad** öffnet seine Tore. Es verfügt über ein 25-m-Schwimmbecken, ein 16 x 12 m großes Nichtschwimmerbecken mit Schlangenrutsche und ein Planschbecken mit Babyrutsche.

Freibad am Dobben in Holtorf

Dobben 22, 31582 Nienburg-Holtorf. ✆ 05021/ 911410, 15379, www.freibad-am-dobben.de. info@freibad-holtorf.de. **Bahn/Bus:** Bus 5 bis Sporthalle. **Auto:** B215 von Nienburg (Verdener Landstraße), rechts am Riedekamp, links Dobben. **Zeiten:** Mai – Sep Mo – Fr 13 – 19 Uhr, Sa, So, Ferien 8 – 19 Uhr. **Preise:** 2,80 €; Kinder 1,20 €.

Im Winter gibt es am Dobben eine Eisbahn! Erw zahlen 3,50 €, Kinder (3 – 16 Jahre) 1,75 €. Mehr Infos unter www.eisbahn-am-dobben.de.

▶ Wer traut sich, aus 10 m Höhe ins Wasser zu springen? Im Freibad am Dobben habt ihr zumindest die Möglichkeit dazu, denn der Sprungturm reicht so weit nach oben. Aber es sind auch Hüpfer aus 1, 3, 5 oder 7 m drin. Und Zugucken macht auch Spaß! Das Bad in Holtorf im Norden von Nienburg hat aber noch mehr zu bieten: ein 50-m-Schwimmbecken, ein großes Kinderbecken mit Rutsche und Wasserpilz, ein Planschbecken und ein Beachvolleyballfeld. Seit

2010 kann sogar Minigolf im Bad gespielt werden (1 €).

Seen & Strandbäder

Hüttensee Meißendorf

Hüttenseepark, 29308 Winsen (Aller)-Meißendorf. ✆ 05056/1321 (Kiosk), Fax 941881. www.huettensee.de. info@huettensee.de. **Bahn/Bus:** Bürgerbus 3 von Winsen oder CeBus 0-96 von Winsen bis Meißendorf-Bruchstraße, 1 km Fußweg. **Auto:** A7 Ausfahrt 50 Allertal, Richtung Celle, in Winsen Richtung Meißendorf. **Rad:** Ab Winsen über Meißendorfer Straße. **Zeiten:** Mai – Sep. **Preise:** Tagesgast 2,50 €; Kinder 1,50 €, Tretboot 5 €/Std, Kettcar 3,50 €/Std.

▶ Zu den Meißendorfer Teichen, die einst in 50 Fischteichen die größte Karpfenzucht Norddeutschlands beherbergten, gehört auch der Hüttensee. Er ist als einziger der Teiche von dem Naturschutzgebiet ausgenommen. So darf man hier baden, Tretboot fahren, surfen und segeln. Der Campingplatz steht auch Tagesgästen offen. Ihr könnt Minigolf spielen, den Streichelzoo besuchen, Kettcar fahren und auf dem Spielplatz am Strand toben. Bei Hunger und Durst helfen die Seehütte und ein Kiosk weiter. Nicht weit entfernt ist ↗ Gut Sunder.

5 km lang ist der Rundweg um den Hüttensee. Am Südufer lassen sich die Vögel besonders gut vom Aussichtsturm beobachten. Entdeckt ihr Kormorane? Nützliches Utensil: ein Fernglas!

Hunger & Durst

Seehütte, Hüttenseepark, Winsen (Aller)-Meißendorf. ✆ 0151/25277512. www.seehuette.party-team-borzym.de. Mi, Do, Fr ab 15, Sa, So ab 12 Uhr. Mi 18 Uhr Buffetabend.

Teich-Idylle: Bootstour auf den Meißendorfer Teichen

ALLER-LEINE-TAL

Strandbad Düshorn

Rehrweg, 29664 Walsrode-Düshorn. ✆ 05161/910680, 8854, www.strandbad.dueshorn.com. strandbad@dueshorn.com. **Bahn/Bus:** Bus 502. **Auto:** Von Walsrode über Graesbecker Weg, Düshorner Landstraße, am Ende rechts, links Rehrweg. **Rad:** Leine-Heide-Radweg. **Zeiten:** Juni – Sep täglich 14 – 19 Uhr, Sommerferien 11 – 19 Uhr, für Vereinsmitglieder täglich 6 – 22 Uhr. **Preise:** 2,50 €; Kinder 1 €; Vereinsmitglieder jährlich 25 €, Familien jährlich 50 €.

▶ Ein Eisberg ist im Strandbad Düshorn die Attraktion! Der ist natürlich nicht echt, sondern nur aufgeblasen. So lädt er zu tollen Kletterpartien über dem Wasser ein. Als in den 1960er Jahren die A27 gebaut wurde, entstand durch den Aushub nebenan ein See. Dieser ist heute ein beliebtes Ziel an warmen Tagen. Der 200 m lange Strand aus feinstem Sand trägt dazu bei, Urlaubsgefühle aufkommen zu lassen. Für klares Wasser sorgt der *Beberbach,* dessen Quelle nicht weit entfernt sprudelt. An abgeteilten Bahnen werden Wettkämpfe ausgetragen. Es gibt eine Sprunganlage und ein Planschbecken. Sogar eine Strandsauna und ein Café sind vorhanden. Was will man mehr? Da muss nur noch das Wetter mitspielen!

Strandbad Dorfmark

Becklinger Straße, 29683 Bad Fallingbostel-Dorfmark. ✆ 05163/6118, Fax 6001-240. www.badbt.de. info@swbt.de. **Bahn/Bus:** RB bis Dorfmark oder Bus 450, kurzer Fußweg vom Bahnhof. **Auto:** A7 Ausfahrt 46 Dorfmark, 1. rechts Am Badeteich. **Rad:** Nähe Lüneburger-Heide-Radweg, dann Hauptstraße, Einzinger Straße. **Zeiten:** Juni – Aug Mo – Fr 13 – 19, Sa, So 12 – 18 Uhr, Ferien Mo – Fr 11 – 19, Sa, So 11 – 18 Uhr. **Preise:** 2 €; Kinder 3 – 17 Jahre 1 €.

▶ Ein Sandstrand, ein großer Holzsteg und ein Wassertrampolin sind die großen Hits im Strandbad Dorfmark. Ganz nebenbei schwimmt man im natürlichen Moorwasser auch noch besonders gesund. Ihr könnt auch Wasserball ausprobieren, denn dafür sind eigens Tore vorhanden, oder auf dem Spielplatz toben.

Übers Wasser per Boot & Schiff

Bootsvermietung Örtzepark

Lotharstraße 7, 29320 Hermannsburg. ✆ 05052/ 3702, Fax 3893. www.bootsvermietung-oertzepark.de. **Bahn/Bus:** ↗ Hermannsburg. **Auto:** Richtung Unterlüss. **Rad:** Lüneburger-Heide-Radweg. **Zeiten:** 16. Mai – 14. Okt täglich 9.30 und 14.30 Uhr, Anmeldung empfohlen. **Preise:** Paddeltour bis Oldendorf im 3er Kanadier Mo – Fr 26 €, Sa, So 30 €, Rücktransfer 2,50 € pro Person; bis Eversen Mo – Fr 36 €, Sa, So 40 €, Rücktransfer 4 €.

▶ Zwei Paddeltouren bietet der Bootsverleih im Örtzepark an. Dabei wird die *Örtze* flussabwärts entweder bis Oldendorf (5,5 km) oder bis Eversen (11,5 km) befahren. Am Bootsanleger in Hermannsburg erhaltet ihr eine Einweisung in die Handhabung der Boote. Es gibt 1er und 2er Kajaks sowie 3er Kanadier. Für Familien eignen sich die Kanadier besonders gut. Es ist Platz für zwei Erwachsene und ein Kind. Am Ziel werden die Boote in Empfang genommen und von innen gesäubert. Ihr selber kommt mit einem Personen-Shuttle zurück nach Hermannsburg.

Wasserdicht verpackte Ersatzkleidung ist ebenso zu empfehlen wie ein wasserdichter Behälter für Kameras und Handys!

Geht ganz schön in die Arme: Paddeln auf der Aller

Kanu-Feeling auf Örtze und Aller

Celler Straße 21, 29320 Hermannsburg. ✆ 05052/ 912929, Handy 0162/9607047. www.kanu-feeling.de. info@kanu-feeling.de. **Zeiten:** nach Absprache, Örtze nur 16. Mai – 14. Okt. **Preise:** Örtze:

© Tourismus Region Celle GmbH

© Tourismus Region Celle GmbH

Ja, ja, Vater sitzt schon mal: Kanufahren mit der ganzen Familie

12 – 18 € pro Person je nach Länge der Strecke; Aller: Celle – Winsen 20 €, Kinder bis 12 Jahre die Hälfte; Rücktransfer nach Absprache. ▶ Verschiedene Touren auf *Örtze* und *Aller* hat man bei Kanu-Feeling im Programm. Auf der **Aller** eignet sich für Familien am besten die Tour von Celle bis nach Winsen (18 km, auch kürzere Strecken möglich, z.B. bis Oldau). Nur 100 m vom Bahnhof in Celle entfernt befindet sich die Einstiegsstelle. Die Wiese dort bietet sich auch für ein Picknick an.

Auf der **Örtze** stehen zur Auswahl die Strecken von Baven nach Oldendorf (2 Std, 13 € pro Person), von Hermannsburg bis Oldendorf (2,5 Std, 12 €), von Hermannsburg nach Eversen oder von Eversen bis Wolthausen (beide 3,5 Std, 16 €). Über Örtze und Aller geht es bei der Tour von Wolthausen nach Winsen (4 Std, 18 €).

Paddelfahrt ab Müden

Bootsvermietung Markiewicz, Pappelallee 46, 29328 Faßberg. ✆ 05055/5114, Fax 590288. www.bootsvermietung-markiewicz.de. m.markiewicz@t-online.de.
Zeiten: nach Absprache.

▶ Im 2er Kajak oder 3er Kanadier könnt ihr ab Müden oder Hermannsburg lospaddeln, wenn ihr euch bei der Bootsvermietung Markiewicz anmeldet. In etwa 1 1/2 Stunden erreicht ihr Hermannsburg (Kajak 25 €, Kanadier 30 €). Etwas weiter ist es von Müden bis Oldendorf oder von Hermannsburg bis Eversen (2 1/2 bis 3 1/2 Stunden, 35 bzw. 40 €). Eine kleine Tagesfahrt ist die Tour von Müden bis Eversen oder von Hermannsburg bis Wolthausen (4 1/2 bis 6

Das 2er Kajak besitzt einen verschiebbaren Kindersitz, sodass kleine Paddler mitfahren können.

Stunden, 45 bis 50 €. Das Paddeldiplom bekommt ihr verliehen, wenn ihr eure Armmuskeln 7 Stunden lang von Müden bis Wolthausen beansprucht (50 bzw. 60 €). Alle Fahrten beinhalten den Rücktransport, Schwimmwesten und Sicherheitstonnen werden kostenlos zur Verfügung gestellt. Wer das Paddeln mit einer Fahrradtour verbinden möchte, kann sich zusätzlich die Drahtesel dafür ausleihen (7 €).

Bootstour auf der Böhme

Bootsstation Fallingbostel, Soltauer Straße 6, 29683 Bad Fallingbostel. ✆ 05162/909793, Fax 909793. Handy 0173/6411114. www.bootsstation-fallingbostel.de. susy_bse@yahoo.de. **Bahn/Bus:** ↗ Bad Fallingbostel. **Zeiten:** März – Okt Mo – Fr ab 12 Uhr, Sa, So, Ferien ab 10 Uhr, Boote bis 18 Uhr, Minigolf bis zur Dämmerung. **Preise:** Paddelboot 1 Std 6,50 €, Kanadier 8,50 €, Tretboot 9 €.

▶ Die *Böhme* ist ein Fluss, der zwischen Dorfmark und Walsrode durch ein enges Tal fließt und so besonders spektakuläre Paddeltouren verspricht. Bis zu 40 m ragen die Steilufer im Liethwald auf. Im Kurpark von Bad Fallingbostel könnt ihr an der Bootsstation mehrere Bootstypen ausleihen und losschippern. Ganzjährig ist es erlaubt, flussaufwärts bis zur Brücke bei Untergrünhagen zu fahren. Vom 16. Juli bis 28. Februar dürft ihr auch flussabwärts paddeln oder treten, sofern der Wasserstand es zulässt. Im Café direkt am Wasser könnt ihr anschließend müde Arme und Beine wieder munter werden lassen!

An der Bootsstation kann man auch Minigolf spielen. 3 €, Kinder bis 14 Jahre 2 €.

Hunger & Durst

Café an der Bootsstation, Soltauer Straße 6, Bad Fallingbostel. ✆ 05162/909793. www.bootsstation-fallingbostel.de. März – Okt Mo – Fr ab 12 Uhr, Sa, So, Ferien ab 10 Uhr bis zur Dämmerung. Kuchen und Getränke.

Mit der MS Wappen von Celle auf der Aller

Fuhrberger Landstraße 42, 29225 Celle. ✆ 05141/94-1212, Fax 94-1180. Handy 0171/7727026. www.celler-schifffahrt.de. info@celler-schifffahrt.de. Anleger: Hafen Celle. **Bahn/Bus:** Bus 1 – 5 und 8 bis Schlossplatz. **Auto:** B3 bis Zentrum, Hafenstraße. **Rad:** Aller-Radweg, Lüneburger-Heide-Radweg. **Zeiten:** Mitte

April – Mitte Okt Di, Do, So ab Celle 13 Uhr über Boye, Stedden (je 1 Zone), Oldau, Winsen (je 2 Zonen) bis Bannetze (3 Zonen), Mi 13 Uhr ab Celle bis Winsen. **Preise:** Hin- und Rückfahrt 1 – 3 Zonen 8,50 €, 12 €, 15,50 €; Kinder bis 10 Jahre 5,50 €, 8 €, 10 €; Fahrrad 2,50 €.

▶ Vom Hafen in Celle aus könnt ihr auf der Aller schippern. Die »MS Wappen von Celle« befährt die Unteraller zwischen Celle und Bannetze. Gemütlich sitzt ihr auf dem Schiff und lasst die Ufer vorüberziehen. Die Schiffstour lässt sich gut mit einem Ausflug verbinden. So könnt ihr bis Oldau mit 3 1/2 Stunden Aufenthalt fahren oder nach Winsen mit 2 Stunden Aufenthalt. In Oldau gibt es ein **Technisches Museum** im Haus für Kunst und Kultur. In Winsen könnt ihr den Museumshof besuchen oder ins Schwimmbad gehen.

Technisches Museum Oldau, Schwarzer Weg 1, Oldau. www.tech-museum-oldau.de. So 14.30 – 17 Uhr.

FRISCHE LUFT & SPORT

Radeln & Kutsche fahren

Fahrradtour von Celle nach Wienhausen
Länge: 20 km **Strecke:** Celle (Dammaschwiesen) – Altencelle – Osterloh – Bockelskamp – Wienhausen.

▶ Wienhausen ist bekannt für sein **Kloster.** Früher lebten hinter seinen Mauern Zisterzienserinnen, heute gehören dem Konvent evangelische Frauen an. Führungen für Kinder werden mittwochs um 10 Uhr zwischen Juli und September angeboten (mit Anmeldung). Ihr könnt aber auch einfach die Radtour an der Aller genießen und in einem der Cafés oder Restaurants beim Kloster einkehren.

Hin kommt ihr auf dem Allerradweg. In **Celle** startet ihr an den **Dammaschwiesen** und folgt dem Fluss immer weiter, bis zur Straße nach **Altencelle.** Dort geht es ein Stück rechts und noch vor der Allerbrücke wieder links. In **Osterloh** bleibt ihr auf dem Weg, der euch schließlich über den Fluss führt. In **Bockelskamp** folgt ihr links der Alten Poststraße. An der

© pmv, Foto: Kirsten Wagner

 Kloster Wien-hausen, An der Kirche 1, Wienhausen. ℃ 05149/1866-0. www.kloster-wienhau-sen.de. Führungen April – Mitte Okt Mo – Sa 10, 11 Uhr und 14 – 17 Uhr stündlich, ab Mitte Juni ab 5 Pers auch 12.30 Uhr, So und kirchliche Feiertage 12 – 17 Uhr stündlich, ab 1. Okt letzte Führung um 16 Uhr, Führung für Kinder nach Anmeldung.

Hauptstraße geht es auf dem Radweg nach links bis **Wienhausen.** Der Rückweg kann auf der gleichen Strecke erfolgen oder aber hier: In Wienhausen fahrt ihr über Schlossgarten Richtung Oppershausen, hinter der Aller links in die Osterloher Straße und auf diesem Weg bis Osterloh. Dort radelt ihr ein kurzes Stück auf dem gleichen Weg. An der Straße geht es dann aber links nach Altencelle. An der Gertruden-kirche kommt ihr wieder an die Aller, an deren Ufer ihr zurück nach Celle gelangt.

Radtour entlang der Aller

Länge: 9 km Rundtour. **Strecke:** Celle (Dammasch-wiesen) – Altencelle – Celle.

▶ Eine schöne Tour entlang der Aller beginnt in **Celle** an der Pfennigbrücke, wo einst ein Wegezoll zu entrichten war. Heute kostet es keinen Pfennig und euer Geldbeutel bleibt verschont. Von der Brücke blickt ihr auf den Fluss, aber auch auf den Biergarten des Restaurants **La Buca.** Nach der Rundtour könnt ihr hier

Hunger & Durst

Ristorante La Buca,
Fritzenwiese 39, Celle.
℡ 05141/6022.
www.labuca.de. Täglich
12 – 23 Uhr. Pizza,
Pasta, Fleisch- und
Fischgerichte.

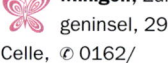 **Minigolf,** Zur Ziegeninsel, 29221
Celle, ℡ 0162/
8743909, www.bgc-celle.de. April – Okt
Mo – Sa 14 – 19, So
11 – 19 Uhr. 2,50 €,
Kinder 1,50 €.

**Bootsverleih
Allerleih,** Fritzenwiese 49, Celle.
℡ 05141/9939216.
www.allerleih-celle.de.
Mai täglich 10.30 – 18,
Juni – Sep 10 – 19 Uhr.
Padelboote und Kanus:
Zweier je 5 €, Tretboot
8 €, Ruderboot 10 €.

einkehren. Nun aber erstmal los! Hinter der Brücke fahrt ihr gleich nach rechts an den **Dammaschwiesen** entlang. Im Winter werden hier die Kufen geschwungen, im Sommer könnt ihr im vorderen Bereich den Bolzplatz und das Beachvolleyballfeld nutzen. Wer den Drahtesel nicht gleich wieder stehen lassen will, bleibt auf dem Weg und radelt einfach immer weiter. Rechts fließt die Aller, links liegen Wiesen und Felder, ein Schlenker bringt euch über die *Lachte.* Habt ihr die Straße erreicht, müsst ihr vorsichtig die Seite wechseln, um zum Radweg zu gelangen. Nach rechts bringt er euch in einem Bogen nach **Altencelle.** Gleich hinter dem Ortsschild biegt ihr rechts ab in die Alte Dorfstraße, dann links in den Oehlmannsweg (links) und rechts An der Gertrudenkirche. Wenn ihr an Kirche und Friedhof vorbei kommt, seid ihr richtig. Nun fließt die Aller rechts von euch und ihr seid auf dem Rückweg nach Celle. Am Fischerdeich bei der ersten Bebauung fahrt ihr rechts durch die Kastanienallee und schließlich über die Brücke zum Steintor. Lust auf **Minigolf?** Den Platz seht ihr vor der Brücke links. Über Steintor und Fritzenwiese geht es zum **Ausgangspunkt** zurück.

Mit der Kutsche durch Celle

Pferdefuhrbetrieb Schubotz, Westerceller Straße 34, 29227 Celle. ℡ 05141/98790, Fax 987930. www.schubotz-muehle.de. familieschubotz@aol.com. **Bahn/Bus:** ↗ Celle, Zentrum. **Zeiten:** April – Okt täglich ab Bergstraße/Großer Plan (City). **Preise:** 3 €; Kinder bis 12 Jahre 2 €.

▶ Wie Majestäten rollt ihr bei einer Stadtrundfahrt per Kutsche durch die Straßen von Celle. Während vorne die Hufe klappern, seht ihr hübsche Fachwerkhäuser, das Schloss und andere sehenswerte Bauten. Dazu erfahrt ihr einiges über die Gebäude und die Geschichte von Celle. Etwa 40 Minuten dauert die Fahrt, die standesgemäß auch durch die Prinzengasse führt.

Spielen, Klettern & Abenteuer

Der Französische Garten in Celle

Bahn/Bus: ↗ Celle.

▶ Ein Schiff ist gestrandet und ihr dürft darauf klettern, rutschen und balancieren. Zu finden ist das Wrack im Französischen Garten in Celle. Sogar eine Hängematte ist vorhanden und bietet Platz für ein bis zwei Piraten.

Ganz in der Nähe liegt das **Bieneninstitut,** das einen eigenen Bienengarten besitzt. Er ist geöffnet Mo – Fr 9 – 12, Mo – Do auch 14 – 15.30 Uhr.

© Annette Sievers

Rein oder raus? Bienen am Flugloch ihres Bienenstocks

Benannt ist der Französische Garten nach zwei französischen Gärtnern namens *Perronet* und *Dahuron.* Sie legten im 17. Jahrhundert eine erste Gartenanlage im Wasser an. Im 19. Jahrhundert wurde der Park zu einem englischen Landschaftsgarten umgestaltet, d.h. alles sieht jetzt wie natürlich gewachsen aus.

Durch die Lindenallee kommt ihr zum Teich. Findet ihr den riesigen Blumentopf? Er stammt von dem Künstler *Timm Ulrichs,* von dem auch einige Werke im Celler Kunstmuseum ausgestellt sind. Am kleinen Rosengarten vorbei kommt ihr zum Südwall und zum **Café Müller.** Eis und Kuchen lassen sich im Café oder auf der großen Terrasse genießen.

10-Elfenland

Heineckes Feld 11, 29227 Celle. ℰ 05141/2080835, Fax 2080138. www.10-elfenland.de. info@10-elfenland.de. **Bahn/Bus:** Bus 7 bis Maschweg. **Auto:** Hannoversche Heerstraße (B3), Maschweg, Winkelmanns

Hunger & Durst

Café Müller, Südwall 33, Celle. ℰ 05141/ 24402. www.cafe-mueller-celle.de. Mo – Sa 8.30 – 18.30, So 9 – 18.30 Uhr.

Graft. **Zeiten:** Di – Fr 14.30 – 19, Sa, So, Fei, Ferien 10.30 – 19 Uhr. **Preise:** 4,50 €; Kinder 2 – 12 Jahre 7 €, Krabbelkinder unter 2 Jahre 3,50 €.

▶ Dass das 10-Elfenland ein fabelhaftes Ziel im wahrsten Sinne des Wortes ist, verrät ja schon der Name des Celler Indoorspielplatzes. So schauen Nachtelf und Luftelf von den Wänden aus zu, während ihr die Kletterburg, den Spinnenturm, den Hüpfberg und die Trampoline erobert. Rasant hinab geht es wahlweise auf der Wellenrutsche oder auf der Schlittenbahn. Schaut auch in der Tanzhöhle vorbei, spielt Minigolf, klettert beim *Wasserelf* die Wand rauf oder fahrt auf Elektroautos um die Kurven. In der Krabbelzone rutschen, bauen und wippen die kleineren Besucher. Die Eltern schauen entspannt aus der Lounge zu oder spielen gleich mit Tischtennis, Billard oder Kicker.

Viva Arena: Spiel, Sport & Wellness

Zum Bolz 12, 29356 Bröckel. ☎ 05144/93661, Fax 93662. www.viva-arena.de. info@viva-arena.de. **Auto:** B214 Uetze – Eicklingen, Hauptstraße, Bahnhofstraße. **Zeiten:** Mo – Fr 14 – 19 Uhr, Sa, So, Fei, Ferien 11 – 19 Uhr. **Preise:** 5 € inkl. 1 Tasse Kaffee; Kinder ab 2 Jahre 5,50 €, unter 2 Jahre 1,50 €; Soccer-Court für Arena-Besucher bis 18 Jahre 10 €/Std, sonst 20 €, Erw Sa, So 40 €.

▶ Spiel, Sport und sogar Wellness lassen sich in der Indoorhalle in Bröckel, 15 km südöstlich von Celle, wunderbar verbinden. Neben Badminton, Tischtennis und Basketball direkt in der Arena kann auch ein ganzer Soccer-Court stundenweise gemietet werden. Ansonsten wird gerutscht, gehüpft, geklettert und gekickert. Auch eine Kartbahn, eine Torwand, Trampoline, lustige Fahrzeuge und ein Spielturm sorgen für Abwechslung. Viele Bälle und ein Spielhaus sind der Hit für die Jüngsten im Kleinkindbereich. Für Eltern, die Entspannung suchen, ist der Sauna- und Wellnessbereich genau das Richtige.

Filmtierpark Joe Bodemann

Am Aschenberg 27, 29361 Höfer-Eschede. ✆ 05142/
987229, Fax 987228. www.filmtierpark.de. info@joebo-
demann.de. **Bahn/Bus:** Bus 8-35 von Celle oder Eschede bis Aschenberg. **Auto:** B191 Celle – Eschede, über
Habighorst nach Höfer, Munastraße. **Zeiten:** März –
Okt täglich 9 – 18 Uhr, Nov – Feb ab 10 Uhr bis zur
Dämmerung, April – Okt Tiertraining ab 11 Uhr, Show
15 Uhr. **Preise:** 9 €; Kinder 3 – 13 Jahre 7 €.

▶ Wer will einen Tiger streicheln? *Joe Bodemann*
macht das sonst Unmögliche möglich. Der Filmtier-
trainer zeigt in seiner großen Show der Tiere neben
Laufenten, Hunden und Kamelen auch Vierbeiner mit
scharfen Zähnen wie Wölfe und seinen weißen Tiger.
Dabei wird vorgeführt, wie die Tiere für Filmaufnah-
men fit gemacht werden. Hautnaher Kontakt zum Pu-
blikum nicht ausgeschlossen!

Das gilt genauso für die halbstündlich bis stündlich
dargebotenen Tiervorführungen. Da darf man auf einem Kamel Platz nehmen, eine Schlange streicheln
oder beim Bären-Training zuschauen. Bei einem
Rundgang zu den Gehegen lassen sich Luchs, Yak,
Vogelspinne, Löwe, Leopard und die anderen tierischen Bewohner des Parks beobachten. Kuchen und
Eis könnt ihr euch im Dschungel-Café schmecken
lassen.

**Tierische Freundschaft:
Joe Bodemann und sein
weißer Tiger**

Kletterwald Forest4 Fun in Walsrode

Am Vogelpark 2b, 29664 Walsrode. ✆ 05161/ 889611, Fax 0441/3844966. Handy 0171/4166754. www.kletterwald-walsrode.de. info@kletterwald-walsro-de.de. **Bahn/Bus:** ↗ Vogelpark Walsrode. **Zeiten:** April, Okt Do, Fr 14 – 18.30, Sa, So 10 – 18 Uhr, Mai, Mitte Juni – Sep Mi – Fr 14 – 19, Sa, So 9.30 – 19.30 Uhr, Mitte Juni – Aug Mo – So 9.30 – 19.30 Uhr, Oster- und Herbstferien, Fei Mo – So 9.45 – 18 Uhr. **Preise:** 17 €; Kinder 6 – 11 Jahre 13 €, 12 – 17 Jahre 15 €; Aufschlag Schwarzer Parcours 3 €.

▶ Wie wäre es mit einer Gondelfahrt über den Teich oder einem Kanonenkugelsprung? Der im April 2010 eröffnete Kletterwald am Vogelpark Walsrode lädt genau dazu ein. Drei der fünf Parcours sind für Kinder ab 6 Jahre geeignet. Da gilt es, Netze, Kriechgänge, Seilbahnen und andere spannende Hindernisse zu überwinden. Wer 12 ist, darf weiter in den Roten Parcours, ab 14 Jahre kann gegen Aufpreis auch der Schwarze genutzt werden.

Achtung! Kinder zwischen 6 und 8 Jahre müssen von einem mitkletternden Erwachsenen begleitet werden, ab 9 Jahre dürft ihr selbstständig in die Lüfte.

UMWELT ER-FORSCHEN

Unter Elchen & Giraffen

Wild- und Abenteuerpark Müden: Klettern und Elche sehen

Heuweg 23, 29328 Müden (Örtze). ✆ 05053/903031, Fax 987052. www.wildpark-mueden.com. info@wild-park-mueden.com. **Bahn/Bus:** Bus 3-25. **Auto:** Hermannsburger Straße. **Rad:** Lüneburger Heide Radweg. **Zeiten:** täglich 9 – 18 Uhr. **Preise:** 5,50 €; Kinder 3 – 16 Jahre 4 €; Familien 17 €, Futter 0,50 €.

▶ *Snorre* und *Steffi* sind die beiden Stars im Wildpark Müden. Zweimal täglich lassen sich die Elche bei der Fütterung besonders gut beobachten. Wer auf eigene Faust über das schöne Gelände an der Örtze wandert, kann mit dem an der Kasse erhältlichen Futter auch die Waschbären, die Heidschnucken und die Ziegen füttern. Wollt ihr noch *Renate* und *Thelma* kennen lernen? Dann solltet ihr die Flugschau (April – Okt Di – So 11.30 und 15 Uhr) nicht verpassen. Neben dem Kolkraben und der Schleiereule zeigen dort auch ein Wüstenbussard und ein Falke ihre Luftkünste. Zwischenzeitliches Austoben ermöglichen

© pmv, Foto: Kirsten Wagner

das Riesenkissen, der Niedrigseilgarten und der Spielplatz. Weitere feste Termine sind die Waschbärenfütterung um 14 Uhr und die zweite Elchfütterung um 16.15 Uhr.

Direkt durch den Wildpark führt ein **Waldseilgarten** durch die Bäume. Ab 6 Jahre und 1,35 m Größe könnt ihr dort klettern. Voranmeldung notwendig! Kleine Tour inkl. Wildpark 22 €, Kinder bis 17 Jahre 17 €. Kinder bis 14 Jahre müssen begleitet werden.

Vogelpark Walsrode — der Weltvogelpark

Am Vogelpark, 29664 Walsrode. ℘ 05161/6044-0, Fax 6944-40. www.weltvogelpark.de. info@weltvogelpark.de. **Bahn/Bus:** RB bis Walsrode, 2 km Fußweg oder Bus 511. **Auto:** A7 Ausfahrt 47 Bad Fallingbostel oder A27 Ausfahrt 27 Walsrode-West. **Rad:** Hohe-Heide-Radweg. **Zeiten:** Mitte März – Ende Okt täglich 9 – 19 Uhr. **Preise:** 16 €; Kinder 4 – 17 Jahre 11 €; Familien mit 1 Erw 32 €, mit 2 Erw 48 €.

▶ Vögel findet ihr langweilig? Nicht mehr, wenn ihr in Walsrode wart! Im größten Vogelpark der Welt könnt ihr zuschauen, wie Pinguine und Pelikane gefüttert werden, wie Papageien und Falken bei der Flugshow ihr Können zeigen und in der Tropenwaldhalle Pirole und Elfenblauvögel zwischen exotischen Pflanzen fliegen. Wer von Vangas, Kurolen und Tokkos noch nie gehört hat, weiß spätestens jetzt, dass es sich hier

Hat den Fütterungsrundgang schon sehnlichst erwartet: Rotwild

Große Fütterungstour um 10.30 Uhr bei Elchen, Wildschweinen, Rot- und Damwild. Die Besucher dürfen beim Füttern helfen und erfahren Spannendes aus dem Leben der Tiere.

Hunger & Durst

Restaurant Rosencafé, Am Vogelpark, Walsrode. ℘ 05161/6044-52. www.weltvogelpark.de. 9 – 19 Uhr. Regionale Küche, Kaffee und Kuchen.

Vogelbabyfütterung täglich um 13 Uhr.

© Vogelpark Walsrode

Noch etwas skeptisch: Im Vogelpark dürft ihr die Eule auf die Hand nehmen

*Der **Vogelpark Walsrode** ist der größte der Welt! 4000 Vögel leben hier in 650 Arten auf 24 ha Fläche.*

Sind um einiges größer: Die Bewohner des Serengetiparks

ebenfalls um Federvieh handelt. Während die Großen noch die herrliche Landschaft mit ihren unzähligen blühenden Blumen bewundern oder im Rosencafé sitzen, tobt ihr schon mal auf dem großen Spielplatz herum. Aber nicht die Indoorshow »Das Ei des Columbus« verpassen!

Serengetipark Hodenhagen

Am Safaripark 1, 29693 Hodenhagen. ✆ 05164/ 97990, Fax 2451. www.serengeti-park.de. info@serengeti-park.de. **Bahn/Bus:** RB aus Hannover bis Hodenhagen, weiter mit Taxi oder zu Fuß (4 km), Mitte Juli – Mitte Okt auch Erlebnisbus (Infos unter www.vnn.de). **Auto:** A7 Ausfahrt 49 Westenholz, Ausschilderung folgen. **Rad:** Nähe Leine-Heide-Radweg. **Zeiten:** März/ April – Okt täglich 10 – 18 Uhr, Fei, Ferien Nds. 9.30 – 18.30 Uhr. **Preise:** 25 €; Kinder 3 – 12 Jahre 20 €; Busführung 3,50 €, Parkplatz 3 €.

▶ Löwen dösen in der Sonne, Giraffen stolzieren umher, Affen springen vergnügt herum. Wenn ihr das erleben wollt, müsst ihr nicht nach Afrika fliegen, die Anreise nach Hodenhagen ist garantiert kürzer! Dort geht es im Serengetipark mit dem Bus oder dem eigenen Auto durch verschiedene Sektionen. Ganz ohne Gitterstäbe lassen sich so Tiger, Elefanten und Nashörner beobachten. Bei den Rehen, Eseln und Ziegen dürft

© Serengetipark Hodenhagen

ihr sogar aussteigen und die Tiere streicheln. Auf einer Sonderstrecke fahren die Safari-Jeeps bei ihrer abenteuerlichen Dschungeltour mit Spezial-Effekten. Sie ist genauso im Eintrittspreis enthalten wie die 2010 eröffnete Aqua-Safari. Dort erwartet euch ein Trip über den Fluss mit einem Florida-Airboat.

Doch damit nicht genug: Der Serengetipark ist auch ein riesiger **Freizeitpark** mit Achterbahnen, Karussells und Riesenrad. Im Affenland lassen sich mehrere Arten der flinken Kletterer in begehbaren Gehegen hautnah beobachten. Insgesamt sollte man für den Besuch einen ganzen Tag einplanen, denn auch die Vorführungen solltet ihr nicht versäumen, etwa die spektakuläre Wasserspringer-Show.

Hunger & Durst

Restaurant Zanzibar,
℡ 05164/ 97990. www.serengeti-park.de. Zeiten wie Park. Am Victoria-See zwischen Freizeit- und Affenwelt. Warme und kalte Speisen sowie Kuchen.

Primat aus dem Film: King Kong

Wildtiernis auf Gut Sunder

Sunder 1, 29308 Winsen (Aller)-Meißendorf. ℡ 05056/970111, Fax 970197. www.nabu-gutsunder.de, www.nabu-wildtiernis.de. info@nabu-gutsunder.de. **Bahn/Bus:** Bürgerbus 3 von Winsen oder Ce-Bus 0-96 von Winsen bis Meißendorf-Bruchstraße, 1 km Fußweg. **Auto:** A7 Ausfahrt 50 Allertal, Richtung Celle, in Winsen Richtung Meißendorf. **Rad:** Von Winsen über Meißendorfer Straße. **Zeiten:** NABU-Wildtiernis April – Sep Di – Do 14 – 18 Uhr, Sa 11.30 – 18, So 10 – 18 Uhr. **Preise:** 6 €; Kinder bis 16 Jahre 4 €; Familien 15 €, NABU-Mitglieder halber Preis.

▶ Wildtiernis – das klingt nicht nur spannend, das ist es auch! In dem 2010 eröffneten Tierfilmzentrum blickt ihr direkt in die Kinderstube von Kohlmeisen, beobachtet den Eisvogel am Teich oder schaut dem Fischotter über die Schulter. Ermöglicht wird das

ALLER-LEINE-TAL

© Petra Schlaugat, NABU-Wildtiernis

durch ein Kamerasystem, deren Aufnahmen direkt zu den interaktiven Monitoren geleitet werden. Weil natürlich nicht immer gerade ein Reh durchs Bild läuft, stehen zusätzlich archivierte Videofilme zur Auswahl. So lässt sogar der nachtaktive Dachs Einblicke in sein sonst dem Menschen verborgenes Leben zu. Nebenbei gibt es einiges zu entdecken und auszuprobieren. Wer findet die Tiere in den Suchspielen und wo sind die Naturwunder verborgen? Findet ihr euch als Fledermaus zurecht? Wie klingen Igel, Kiebitz und Steinmarder?

Was unter der Erde so alles los ist: Erddiorama im Wildtiernis

Hunger & Durst

Herrenhaus Café, Sunder 1, Winsen (Aller)-Meißendorf. ✆ 05056/9710057. www.nabu-gutsunder.de. Mi – So 13 – 18 Uhr. Kuchen, Torten, Eis.

Gut Sunder gehört zum *Naturschutzgebiet Meißendorfer Teiche*. Der Hof wurde »gesondert« von Meißendorf erbaut. Ab 1881 baute *Ernst von Schrader* eine Karpfenzucht auf. Dafür wurden mehr als 50 Teiche angelegt, die von der kanalisierten *Meiße* gespeist wurden. Der Fluss wurde inzwischen in Teilen renaturiert, ihm wurde also sein alter Lauf zurückgegeben. Das Gut gehört heute dem NABU, der jedes Jahr ein umfangreiches Programm herausgibt. Dort findet ihr auch Angebote für Familien, meist sind diese als Wochenendseminare konzipiert. Da könnt ihr Tierspuren bestimmen, euch auf die Fährte von Indianern begeben oder das Geheimnis des grünen Schatzes ergründen.

Natur zu Fuß erkunden

FlussWaldErlebnispfad

Müden (Örtze). www.mueden-oertze.de. **Gesamtlänge:** 20 km, Großer und Kleiner Flusspfad (7,5 und 3 km), Großer und Kleiner Waldpfad (6,5 und 3,5 km), der Kleine Flusspfad ist kinderwagentauglich. **Infos:** ↗ Touristinformation Müden.

▶ Der FlussWaldErlebnispfad besteht eigentlich aus vier Lehrpfaden. Wer genug Puste hat, kann natürlich alle vier erwandern oder erradeln. Ansonsten habt ihr die Wahl: Lieber Wald oder Wasser, lieber kurz oder lang? Die beiden **Flusspfade** entlang der Örtze haben ihren Ausgangspunkt an der Tourist-Info in Müden. Der längere Pfad führt nach Norden bis Poitzen, der kürzere nach Süden. Ihr lernt den Papagei des Nordens kennen, seht mit Libellenaugen oder erfahrt die Geschichte des Otterbocks.

Die **Waldpfade** haben ihren Ausgangspunkt bei der Jugendherberge von Müden am südlichen Ortsrand. Entlang der Örtze geht es nach Süden. An Station 7 biegt ihr in den Rückweg ein oder fahrt geradeaus für die große Runde, die euch über Baven zurück nach Müden bringt. Ihr entdeckt die Geheimnisse des Baumes und erfahrt, was der Löwe im Wald macht! Übersichtstafeln helfen, die Orientierung zu behalten, außerdem ist eine Begleitbroschüre erhältlich.

Museen & Stadtrundgänge

Mit dem City Express durch Celle

Müller Bus Touristik, Unter den Eichen 14, 29229 Celle. ✆ 05086/2464, Fax 8229. www.mueller-bus-touristik.de. info@muebus.de. **Bahn/Bus:** ↗ Celle, Schloss. **Zeiten:** Mai – Okt täglich 10 – 17 Uhr jeweils zur vollen Stunde. **Preise:** 3,50 €; Kinder 4 – 12 Jahre 2 €.

▶ Ganz bequem lässt sich Celle in nur 40 Minuten kennen lernen. Dafür steigt ihr vor dem Schloss in den City Express. Die Bahn fährt zu den Sehenswürdigkeiten der Stadt. So seht ihr Celles ältestes Haus, den Französischen Garten und den Stadtpark, das Neue Rathaus, Fachwerkhäuser und natürlich das Schloss und seinen Park. Nebenbei erfahrt ihr einiges über die Geschichte der alten Residenzstadt.

Hunger & Durst

Bauerncafé Müllern Hof, Alte Dorfstraße 6, Müden. ✆ 05053/94122. www.ole-muellern-schuen.de. Mai – Okt Di – So 14 – 18, Nov – April Mi – So 14 – 18 Uhr. Leckere Torten im gemütlichen Café oder im großen Garten.

HANDWERK UND GESCHICHTE

ALLER-LEINE-TAL

Tourismus Region Celle GmbH

Schlossplatz 7, 29221 Celle. ✆ 05141/ 12372, Fax 12535. www.celle.de. bomann-museum@celle.de. **Bahn/Bus:** S7 von Lehrte oder metronom aus Hannover. **Auto:** B3 bis Celle Zentrum. **Rad:** Aller-Radweg, Lüneburger-

Von wegen Geschichte ist langweilig: Im Bomann-Museum gibt es auch für Kinder viel zu sehen

Heide-Radweg. **Zeiten:** Di – So 10 – 17 Uhr. **Preise:** 5 €; Kinder bis 14 Jahre frei; Familien 8 €, Fr freier Eintritt für alle, KUKI 3 €.

🦋 Im Schlosspark gibt es einen schönen modernen Spielplatz, den ihr bei der Rundtour seht und hinterher aufsuchen könnt.

🦋 Das Bomann-Museum könnt ihr auch bei einer Rallye mit Bomi, dem Hasen, erkunden. Oder ihr macht euch auf den Wasserweg. Frage- und Faltbogen sind kostenlos an der Kasse erhältlich. Einen kleinen Kinderführer gibt es für 0,80 €.

▶ Alles über die Geschichte der Region rund um Celle erfahrt ihr im Bomann-Museum. Das ist benannt nach seinem ersten Direktor *Wilhelm Bomann.* Ein ganzes Bauernhaus und mehrere Räume aus der Zeit des Biedermeier wurden im Museum wieder aufgebaut. Wie man früher auf dem Land und in der Stadt lebte, zeigen weitere Ausstellungen. Findet ihr im Themenraum Schreibkultur das winzige Buch oder bei den Gesellschaftsspielen die Wahrsagekarten und die Kartenpresse? Von hier kommt ihr in die Ausstellung zur Ur- und Frühgeschichte »Zeitspuren«. Dort dürft ihr selber zum Archäologen werden und herausfinden, wann ein Baum gefällt wurde, aus welcher Schicht welcher Fund stammt oder wie alt ein Knochen sein mag. Doch es gibt immer noch mehr zu entdecken im Bomann-Museum. In den Kinderwelten seht ihr Spielzeug aus Großmutters Zeiten, im Bereich Handwerk eine komplette Drechslerei, es gibt eine Sammlung von Miniaturen (kleine Gemälde, meist Porträts) und eine mit städtischer Kleidung. Besucht doch auch einmal die **KUKI-Werkstatt.** Jeden 1. Mittwoch und jeden 3. Freitag im Monat dürft ihr ab 15 Uhr töpfern, malen oder mit Holz arbeiten (3 €, mit Anmeldung).

Residenzmuseum im Schloss Celle

Schlossplatz 1, 29221 Celle. ☎ 05141/12373, 127666, Fax 12535. www.residenzmuseum.de. residenzmuseum@celle.de. **Bahn/Bus:** ↗ Bomann-Museum, gegenüber. **Zeiten:** Di – So 10 – 17 Uhr, Führungen Nov – März Di – Fr 11, 15 Uhr, Sa, So 11, 13, 15 Uhr, April – Okt Di – Fr und So 11, 13, 15 Uhr, Sa stündlich 11 – 15 Uhr. **Preise:** 5 €, ermäßigt 3 €; Kinder bis 14 Jahre frei; Familien 8 €, Fr freier Eintritt für alle, Führung 1 €. **Infos:** Gästeführungsdienst, Markt 14 – 16, 29221 Celle, ☎ 05141/12454, Fax 12459, fuehrungen@region-celle.de.

▶ Schlossbesichtigungen sind doof? Nicht in Celle! Zwar sind auch im Celler Schloss alte Gemälde, Möbel und Silber zu sehen, doch man hat sich etwas Tolles für Kinder einfallen lassen. In der Ausstellung der barocken Staatsgemächer und in den Räumen, in der die dänische Königin *Caroline Mathilde* von 1772 bis 1775 lebte, sind orangerote Elemente verteilt. Darin finden sich Mitmachangebote für euch. So könnt ihr ein eigenes Monogramm gestalten, eine Rokoko-Perücke aufsetzen (die gibt es für Mädchen und Jungen!) oder mit Königsmantel und Krone durch die herrschaftlichen Räume schreiten. Sogar ein Detektivspiel dürft ihr lösen, puzzlen und herausfinden, wie man mit einem Fächer Geheimzeichen geben konnte.

Im Schloss gibt es ein **Theater,** in dem zur Weihnachtszeit Stücke für Kinder auf dem Spielplan stehen. www.schlosstheater-celle.de.

Da staunt so manches Kind: Das Celler Schloss von unten …
… und von oben

beide: © Tourismus Region Celle GmbH

ALLER-LEINE-TAL

Bei einer Führung durch das Schloss seht ihr auch die Schlossküche und die Kapelle, die sonst verschlossen bleiben.

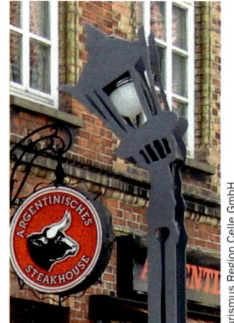

Tourismus Region Celle GmbH

Was haben Lilo und Jonas zu erzählen? In Celle sprechen die Laternen!

Hunger & Durst

Primavera, Mauerstraße 22, Celle. ✆ 05141/908410. www.primaveracelle.de. April – Sep Mo – Sa 11.30 – 23, So 12 – 22 Uhr, Okt – März Mo – Sa 11.30 – 15 und 17 – 23 Uhr. Italienisch von Pizza bis Pasta, Kinderkarte.

Das Schloss diente ab 1378 als Residenz für die Herzöge von Braunschweig-Lüneburg. Schon vorher gab es eine Burg an der Stelle, doch nun wurde immer wieder an- und umgebaut. Das heutige Gesicht erhielt es ab 1670 unter Herzog *Georg Wilhelm*. Im Schlosspark ist noch gut zu erkennen, dass die Anlage einmal gut geschützt war. Rundum fließt noch immer der Schlossgraben, früher gab es auch Bastionen zur Verteidigung.

Celle entdecken: Von Hufeisen und sprechenden Laternen

Celle. **Länge:** 1 km, Start: Schloss. **Bahn/Bus:** ↗ Celle.
▶ Die Celler Innenstadt ist überschaubar und so müsst ihr für eine Stadtbesichtigung nicht weit laufen. Ein guter Startpunkt ist das **Schloss.** Direkt gegenüber seht ihr das Bomann- und das Kunstmuseum, die beide einen Besuch wert sind. Doch nun soll es zunächst die Stechbahn hinunter gehen. So heißt die Straße, die Richtung Rathaus führt. Im Sommer bieten die Wasserspiele schöne Erfrischung. Links kommt sogleich die Löwenapotheke in Sicht. Wer findet das **Hufeisen** im Pflaster? Früher gab es hier einen Turnierplatz. An der Stelle mit dem Hufeisen soll 1471 Herzog *Otto der Großmütige* tödlich verunglückt sein. Nur einen Katzensprung entfernt ragt die **Stadtkirche** in die Höhe. Strahlt sie nicht etwas Leuchtendes aus? Jeden Morgen um halb 10 und jeden Nachmittag (außer sonntags) erschallen Trompetenklänge vom Kirchturm. Das ist der Turmbläser. Auch ihr dürft hinauf und die Stadt von oben betrachten! Das ist möglich von April bis Oktober (Di – Fr 10.05 – 11.30 und 12.05 – 16.30, Sa 10.05 – 11.45 und 12.45 – 16.30 Uhr, 1 €, Kinder ab 5 Jahre 0,50 €, Familien 2,50 €).
Das **Alte Rathaus** nebenan entstand ab 1292 unter Herzog Otto dem Strengen und wurde im 14. und 16. Jahrhundert ausgebaut. Schaut euch auch die Nordseite an mit dem im Stil der Weserrenaissance ver-

zierten Giebel. Im Gebäude ist übrigens die Tourist-Information untergebracht. Falls ihr noch einen Stadtplan benötigt, könnt ihr ihn euch jetzt besorgen. Wendet euch nun nach rechts und folgt der Poststraße. An der Ecke zur Rundestraße steht das **Hoppenerhaus,** ein prächtiges Fachwerkhaus von 1532. An seiner Seite gibt es etwas zu entdecken, das ihr wahrscheinlich noch spannender finden werdet: die **Sprechenden Laternen.** Oma Lilo, ihr Enkel *Jonas* und drei Onkel haben sich hier versammelt. Stellt man sich in die Mitte, erweckt ein Sensor die Stimmen zum Leben (Tagesprogramm 10 – 13 und 15 – 18.30 Uhr, Abendprogramm 18.30 – 21.30 Uhr).

@ Weitere Infos zu den Sprechenden Laternen erhaltet ihr unter www.sprechende-laternen.de. Die Stimme des »Dicken« kennt ihr vielleicht vom Krümelmonster aus der Sesamstraße.

Folgt ihr der Rundestraße weiter, kommt ihr wieder zum Schlossplatz. Hier könnt ihr den Rundgang beenden oder ihr wendet euch nach Süden, wo am Südwall der **Französische Garten** einlädt.

Kunstmuseum Celle: Rund um die Uhr

Schlossplatz 7, 29221 Celle. ✆ 05141/12685, Fax 12495. www.kunst.celle.de. kunstmuseum@celle.de. **Bahn/Bus:** ↗ Bomann-Museum. **Zeiten:** innen Di – So 10 – 17 Uhr, außen täglich 17 – 10 Uhr. **Preise:** 5 €, ermäßigt 3 €; Kinder bis 14 Jahre frei; Familien 8 €, Fr freier Eintritt, Kombikarte Residenz-Museum, Bomann- und Kunstmuseum 8 €, Familien 12 €.

▶ Das Kunstmuseum in Celle ist ein 24-Stunden-Museum – angeblich das erste der Welt. Hinein kommt ihr wie in andere Museen nur tagsüber, aber sobald es dunkel wird, zeigt das Haus von außen Lichtkunst vom Feinsten. Da leuchtet der Kubus in Richtung Schloss oder blinken Röhren zur Stadtkirche hinüber. Das »Gefrorene Feuerwerk« mit den beiden roten Skulpturen, die nachts ebenfalls leuchten, stammt von *Otto Piene* (geb. 1928).

In den großzügigen Innenräumen seht ihr weitere Lichtkunst, aber auch Gemälde im XXL-Format oder die Kisten und Kästen von *Peter Basseler* (geb. 1947). Darin kann man immer wieder neue Details

Happy Birthday!
Ab 6 Jahre kann der Kindergeburtstag »kunstvoll« gefeiert werden, 2 Std 80 €, mit Kuchen und Getränken 150 €.

 Jeden Sonntag findet um 11.30 Uhr eine Führung statt, zu zahlen ist nur der Eintritt.

beide: © Tourismus Region Celle GmbH

Wandlungsfähig: Das Kunstmuseum

entdecken, Witziges genauso wie Gruseliges. Schaut z.B. die beiden Männer auf dem Schneeberg an oder das Krokodil in der Blaufärberei! Neben den Dauer- und Sonderausstellungen bietet das Kunstmuseum unter dem Titel »mittendrin« ein buntes Programm zum Mitmachen an. Lichtkunst-Workshops, die Knetothek-Modellier-Werkstatt und Familien-Führungen gehören dazu. Außerdem könnt ihr mit einem Kunstkartenspiel zu »KinderKunstExperten« werden. Die Rätselkarten bekommt ihr am Eingang.

Gedenkstätte Bergen-Belsen

Anne-Frank-Platz, 29303 Bergen. ✆ 05051/4759-0, Fax 4759-18. www.bergen-belsen.de. bergen-belsen@stiftung-ng.de. **Bahn/Bus:** Bus 0-11 aus Bergen. **Auto:** A7 Ausfahrt Mellendorf oder Soltau-Süd, Ausschilderung folgen. **Rad:** Lüneburger Heide Radweg zwischen Bergen und Winsen. **Zeiten:** täglich April – Sep 10 – 18 Uhr, Okt – März 10 – 17 Uhr (geschlossen 24. – 26., 31. Dez, 1. Jan). **Preise:** Eintritt frei.

▶ Birken, Kiefern und Wacholder wachsen in der idyllischen Heidelandschaft. Doch die Idylle trügt, denn in Bergen-Belsen lebten zwischen 1939 und 1945 tausende von Menschen unter schlimmsten Bedingungen. Sie starben an Unterernährung, Erschöpfung und sich ausbreitenden Seuchen.
Ab 1939 wurde das Gelände zunächst als Kriegsgefangenenlager genutzt. Vor allem sowjetische Gefangene wurden in dem alten Bauarbeiterlager untergebracht. 20.000 Menschen starben in dieser Zeit. Ab 1943 diente das Lager vornehmlich als Lazarett, parallel entstand ein Konzentrationslager. Es erhielt zu-

sätzlich die Funktion eines Austauschlagers: Die gefangen gehaltenen Juden sollten gegen im Ausland internierte Deutsche ausgetauscht werden. Sie lebten in Bergen-Belsen im »Sternlager«, so genannt, weil ihre Kleidung mit dem **Davidstern** gekennzeichnet war. Von den 14.700 jüdischen Häftlingen wurden etwa 2500 tatsächlich ausgetauscht. Ab August 1944 kamen vermehrt Frauen, vor allem aus Auschwitz, in das Lager, um dort zur Zwangsarbeit in der Rüstungsproduktion eingesetzt zu werden. Unter ihnen waren auch **Anne Frank** und ihre Schwester *Margot*. Beide starben wie so viele andere an Typhus. Insgesamt starben im KZ Bergen-Belsen mindestens 52.000 Menschen. Als die britische Armee das Lager am 15. April 1945 befreite, fand sie neben den abgemagerten und ausgehungerten Überlebenden zu Bergen aufgetürmte Leichen vor. Die englischen Soldaten sorgten dafür, dass sie bestattet wurden.

Über die Geschichte von Bergen-Belsen sowie die Strafverfolgung nach 1945 informiert die Ausstellung in dem dafür 2007 errichteten Gebäude. Vor allem historische Zeugnisse werden als Quellen eingesetzt: Fotos, Gegenstände, Zeichnungen und Ausschnitte aus Interviews mit Zeitzeugen dokumentieren die Geschichte und einzelne Aspekte des Lebens im Lager, darunter die Themen »Kinder im Austauschlager« und »Anne Frank«.

Vom Ausstellungsgebäude führt der steinerne Weg auf das Außengelände. In internationalen Workcamps haben Jugendliche alte Fundamente von Baracken freigelegt. Mehrere Mahnmale wurden errichtet: ein Holzkreuz, ein Obelisk mit einer Inschriftenwand und das jüdische Mahnmal. Die hier befindlichen Grabsteine sind symbolischer Natur und wurden von Angehörigen aufgestellt, unter ihnen auch ein Stein für Anne und Margot Frank. Auffallend sind die vielen kleinen Steine, die auf die Grabsteine gelegt werden. Dies ist eine alte jüdische Tradition zum Gedenken der Toten. Im Gegensatz zu Blumen

*Die National-sozialisten zwangen alle Juden, sich einen gelben Stern nach Art des Davidsterns auf die Kleidung zu nähen. Der **Davidstern** gilt als das Symbol des Judentums.*

Anne Frank *(1929 – 1945) floh mit ihren Eltern aus Frankfurt am Main nach Amsterdam, wo Freunde die Familie im Hinterhaus versteckten. Sie wurden verraten und gefangen genommen. Von der Familie überlebte nur Annes Vater das KZ. Ihre Gedanken und Gefühle aus der Zeit im Hinterhaus schrieb Anne in ihrem später weltberühmt gewordenen Tagebuch nieder.*

bleiben diese Steine erhalten und so liegt mancher Kieselstein hier schon Jahre und legt Zeugnis davon ab, dass jemand der Toten hier gedenkt.

Museumshof Winsen

Brauckmanns Kerkstieg 4 – 10, 29308 Winsen (Aller). ℡ 05143/8140, Fax 912890. www.winser-heimatverein.de. info@winser-heimatverein.de. **Bahn/Bus:** Bus 2-95 bis Museumshof. **Auto:** Celle, Winsener Straße, rechts Alte Celler Heerstraße. **Rad:** Aller-Radweg, Lüneburger-Heide-Radweg. **Zeiten:** Ostersonntag – Ende Okt Mi, Sa 15 – 18 Uhr, So, Fei 11 – 18 Uhr, Juni – Aug auch Fr 15 – 18 Uhr. **Preise:** 3 €; Kinder bis 12 Jahre frei, ab 13 Jahre 1 €.

▶ Eine Zeitreise in die Lüneburger Heide des 18. Jahrhunderts könnt ihr in Winsen auf dem Museumshof erleben. Zwischen Bauernhäusern, Speichern, Brunnen und Scheunen fühlt man sich in die Vergangenheit von damals versetzt. Nicht nur von außen lassen sich die Gebäude betrachten, sondern auch von innen. Dort seht ihr, wie man früher lebte und arbeitete, wie man Wäsche wusch oder Bienenhonig herstellte. Zweimal im Jahr wird der Ofen im Backhaus angeheizt. An diesen Backtagen könnt ihr nicht nur leckeres Brot und Kuchen erstehen, sondern auch alte Kinderspiele kennen lernen oder ein Quiz mitmachen.

© pmv, Foto: Kirsten Wagner

Die Eltern genießen Stöckmanns Heidetorte, der Nachwuchs spielt so lange: Kalandhof

Im **Kalandhof** von 1721 gibt es köstliche Torten, die ihr bei Sonnenwetter auch auf der Terrasse verspeisen könnt. Die Heidetorte hat sogar schon einen Preis gewonnen. Während die Eltern gemütlich sitzen, könnt ihr im Steinhaus spielen oder dem Tierstall einen Besuch abstatten. Schweinchen, Kaninchen, Heidschnucken und das Pony *Merlin* freuen sich über eure Streicheleinheiten.

Erdölmuseum Wietze

Schwarzer Weg 7 – 9, 29323 Wietze. ✆ 05146/
92341, Fax 92342. www.erdoelmuseum.de. info@erd-
oelmuseum.de. **Bahn/Bus:** Bahn bis Celle, dann Bus
6-85. **Auto:** B214 von Celle, rechts Hornbosteler Straße, 1. links. **Zeiten:** März – Nov Di – So 10 – 17 Uhr,
Juni – Aug bis 18 Uhr. **Preise:** 5 €; Kinder ab 6 Jahre
2,50 €; Familien (2 Erw, 4 Ki) 9 €, Audioguide 2,50 €.

▶ Woran denkt ihr bei Erdölförderung? An Texas, Öl-
scheichs und Nordsee-Plattformen? Tatsächlich wurde in dem kleinen Ort Wietze einst Erdöl in großem
Maßstab gefördert, nachdem *Konrad Hunäus* 1858
das erste Mal auf den Bodenschatz gestoßen war.
Mehr als 1000 Bohrtürme prägten in den folgenden
Jahrzehnten das Landschaftsbild! Im Deutschen Erd-
ölmuseum erfahrt ihr alles über die Geschichte der
Wietzer Förderung, aber auch wie man heute nach
Erdöl sucht, welche Bohrer man einsetzt und was
man alles aus Erdöl herstellt. Modelle zeigen an-
schaulich, wie die seismische Suche funktioniert,
wie Hunäus nach Öl bohrte oder wie die Schlagbohr-
technik eingesetzt wurde. Auf dem großen Außengelände lässt sich die Entwicklung der Bohrtechnik
ebenfalls verfolgen. Eine Reihe von Ölpumpen dürft
ihr selbst per Knopfdruck in Bewegung versetzen.

Harrys klingendes Museum Schwarmstedt

Harry Natuschka, Neustädter Straße 25, 29690
Schwarmstedt. ✆ 05071/912941, www.schwarm-
stedt.de. **Bahn/Bus:** ↗ Schwarmstedt. **Auto:** über
Kirchstraße. **Rad:** Aller-Radweg, Lüneburger-Heide-Radweg, von Süden auch Leine-Heide-Radweg. **Zeiten:**
nach vorheriger Absprache. **Preise:** Eintritt frei, Spenden willkommen.

▶ Es gab eine Zeit, da waren die CD und MP3-Player
noch lange nicht erfunden. Doch auch damals wollte
man gerne Musik hören, ohne selbst in die Tasten
greifen zu müssen. So wurden Ende des 19. Jahrhun-

Hunger & Durst

**Stöckmanns Hofcafé
im Kalandhof,** Brauck-
manns Kerkstieg 10,
Winsen (Aller).
✆ 05143/665675.
www.stöckmanns.de.
Ostern – 3. Okt Mi – Fr
14.30 – 21 Uhr, Sa, So
12 – 21 Uhr, Okt –
Ostern Sa 14.30 – 20
Uhr, So 12 – 18 Uhr.

Einmal monat-
lich sonntags
und an ausgewählten
Feiertagen könnt ihr an
einer Führung teilneh-
men. Vielleicht wird
dann auch die Dicke
Berta angeworfen. Mit
der Bahn tuckert ihr
dann über das Gelände.

ALLER-LEINE-TAL

derts mechanische Musikinstrumente erfunden: Spieldosen, Orchestrione und andere Apparate, die uns heute wundersam vorkommen mögen. *Harry Natuschka* hat in seiner Sammlung wundervolle dieser Stücke zusammengetragen und zeigt sie nach Voranmeldung. Mal erklingen da gleich mehrere Instrumente zusammen, mal flötet ein winziger Vogel auf einer Schnupftabakdose oder eine Maus läuft einer Puppe in die Falle, zur Musik natürlich. Bezaubernd!

FESTKALENDER ALLER-LEINE-TAL

März/April: Sa, So 2 Wochen vor Ostern, Wienhausen: **Ostermarkt** mit Osterhasenolympiade für Kinder.

1., Eschede: **Maifest** im Freibad.

Ende, Eschede: **Schützenfest.**

Letztes Wochenende, Hermannsburg: **Ritterturnier** im Örtzepark.

Pfingsten, Celle: **Kunsthandwerkermarkt** am Schloss mit Vorführungen beim Töpfern, Glasblasen oder Seidenmalerei.

2. Do, Müden (Örtze): **Heidschnuckenbockauktion.**

August: Mi/Do nach dem 10. Aug, Müden (Örtze): **St. Laurentiusmarkt.** Jahrmarkt im Ortskern.

2. So, Dorfmark: **Strandfest** am Strandbad.

Letztes Wochenende, Meißendorf: **Heideblütenfest** mit Wahl der Heidekönigin und einer Kinderkönigin.

September: 1. Wochenende, Wienhausen: **Sommermarkt** am Kloster mit Vorführung und Verkauf von Kunsthandwerk.

2. So, Müden (Örtze): **Mühlenfest.**

Dezember: 1. Advent – 28. Dez, Celle: **Weihnachtsmarkt** mit Riesenrad, Weihnachtspyramide und Märchenstunde. Mittelaltermarkt auf dem Kleinen Plan.

2. Advent, Wienhausen: Nostalgischer **Weihnachtsmarkt** am Kloster und im Ort. Der Weihnachtsmann kommt mit seiner Kutsche.

20 km

Verden
Walsrode
Bad Fallingbostel
LÜNEBURGER
HEIDE

Aller-Leine-Tal

Nienburg
Celle

Weser
Steinhuder Meer
Neustadt
Burgdorfer Land & Peine
Leine
Aller
Rehburg
Steinhuder Meer
Burgdorf
Wunstorf
HANNOVER
Rodenbergen
Lehrte
Peine
Braunschweig
Stadthagen
Barsingh.
Pattensen
Sarstedt
Wolfenbüttel
Obern-kirchen
Deister Stadthagen Hameln
Springe
Hildesheim
39
Hessisch Oldendorf
Hameln
Bad Münder
Salz-hemmendorf
Gronau
Hildesheim
395
Leine
Bockenem
Bad Pyrmont
Alfeld
HARZ
Langelsheim
Goslar

Bei den folgenden Adressen bekommt ihr Informationen zu den Orten, Unterkunftsverzeichnisse und Veranstaltungshinweise.

Hinzugefügt haben wir außerdem die Anfahrt zu den Orten, sodass ihr bequem und umweltfreundlich mit der Bahn anreisen könnt. Die Sortierung folgt den Griffmarken-Kapiteln und PLZ.

GUT INFORMIERT IST HALB GEREIST

Hannover, Hannover Nord & Süd

Hannover

Marketing und Tourismus GmbH – Tourist Information, Ernst-August-Platz 8, 30159 Hannover. ☎ 0511/ 12345-111, Fax 12345-112. www.hannover.de. info@hannover-tourismus.de. **Bahn/Bus:** ICE bis Hbf. **Auto:** A2, A7. **Rad:** Leine-Heide-Radweg. **Zeiten:** Mo – Fr 9 – 18 Uhr, Sa 9 – 14 Uhr, April – Sep auch So 9 – 14 Uhr; Infocounter im Neuen Rathaus (Trammplatz 2) März – Okt 9.30 – 18.30, Sa, So, Fei 10 – 18.30 Uhr.

▶ In der Landeshauptstadt von Niedersachsen leben rund 520.000 Einwohner. Die Stadt ist in 13 Bezirke und 51 Stadtteile unterteilt. Die älteste Siedlung lag am Leineufer, dem *Hohen Ufer*. Aus *Honovere* entwickelte sich schließlich der Name Hannover.

Freie Fahrt durch die Stadt bietet die Hannover Card. Außerdem gibt es zahlreiche Ermäßigungen. 1 Tag 9,50 €, 3 Tage 16 €, für Gruppen bis 5 Pers 1 Tag 18 €, 3 Tage 31 €.

Garbsen

Stadt Garbsen, Rathausplatz 1, 30823 Garbsen. ☎ 05131/707-0, Fax 707-777. www.garbsen.de. stadt@garbsen.de. **Bahn/Bus:** Stadtbahn 4, Bus 480. **Auto:** A2 Ausfahrt 41 Garbsen. **Rad:** Grüner Ring mit Anschluss an Leine-Heide-Radweg. **Zeiten:** Mo, Do 7.30 – 18, Di 7.30 – 16, Mi, Fr 7.30 – 12.30 Uhr.

▶ Wasserski am *Blauen See,* Inliner fahren an diversen Plätzen, Schwimmen in Berenbostel, Toben in der *Kids Fun World:* In Garbsen geht es sportlich zu! Die Natur genießen könnt ihr dann im Stadtpark, wo ein Baumlehrpfad wartet.

@ Was los ist in Garbsen, erfahrt ihr unter www.gogarbsen.de.

INFO & VERKEHR

Gibt es in Celle zuhauf: Fachwerkhäuser

Erdbeerparadies Krähenwinkel, Hainhäuser Weg 62, Langenhagen-Krähenwinkel. ✆ 0511/733825. www.erdbeerparadies.de. Erdbeersaison Plantage Mo – Sa 8 – 18 Uhr, So 8 – 12 Uhr, Hofladen Mo – So 9 – 13 und 17 – 18 Uhr, während der Selbstpflückzeit durchgehend geöffnet. Hier gibt es Erdbeeren zum Selberpflücken, im Hofladen auch Spargel aus eigenem Anbau sowie Eier und Kartoffeln.

 www.stadtmarketing-langenhagen.de.

Langenhagen

Stadt Langenhagen, Marktplatz 1, 30853 Langenhagen. ✆ 0511/7307-0, Fax 7307-9130. www.langenhagen.de. stadtverwaltung@langenhagen.de. **Bahn/Bus:** S4, S5, RB. **Auto:** A2 Ausfahrt 44 Langenhagen. **Rad:** Grüner Ring. **Zeiten:** Rathaus Mo – Do 8 – 18 Uhr, Fr 8 – 13 Uhr, Sa 9 – 12 Uhr.
▶ Langenhagen ist für viele gleichbedeutend mit dem dort ansässigen Flughafen. Der ist sogar ein Anziehungspunkt, wenn man nicht wegfliegen will, denn die Welt der Luftfahrt bietet genauso spannende Einblicke wie die Airlebnisführungen. Doch Langenhagen ist auch eine Stadt. Es gibt eine Eishalle, das Hallenfreibad in Godshorn und zwei schöne Seen.

Isernhagen

Gemeinde Isernhagen, Bürgerbüro, Bothfelder Straße 29, 30916 Isernhagen-Altwarmbüchen. ✆ 0511/6153-300, 6153-0, Fax 6153-480. www.isernhagen.de. gemeinde-isernhagen@isernhagen.de. **Bahn/Bus:** RB, Bus 635. **Auto:** A7 Ausfahrt 54 Großburgwedel. **Rad:** Grüner Ring. **Zeiten:** Mo 8 Uhr – 15.30, Di, Do 8 – 18, Mi, Fr 8 – 12 Uhr.
▶ Isernhagen liegt im nördlichen Speckgürtel von Hannover. Die sieben Ortschaften zählen zu der wohlhabensten Gemeinde in Niedersachsen. Die vier

Hunger & Durst
Restaurant Grapenkieker, Hauptstraße 56, Isernhagen. ✆ 05139/88068. www.grapenkieker.de. Di – Sa 18 – 1 Uhr, So 11 Uhr Brunch (Reservierung erbeten). Speisen im Bauernhaus von 1606.

Bauerschaften werden abgekürzt: Niedernhägener Bauerschaft ist NB, Kircher Bauerschaft KB, Farster Bauerschaft FB und Hohenhorster Bauerschaft HB. Außerdem gehören *Neuwarmbüchen, Altwarmbüchen* und *Kirchhorst* zu Isernhagen. Einen eigenen Ort Isernhagen gibt es also gar nicht!

*Als **Bauerschaft** bezeichnet man eine Siedlung aus wenigen verstreut liegenden Bauernhöfen.*

Seelze

Stadt Seelze, Rathausplatz 1, 30926 Seelze. ✆ 05137/828-0, Fax 828-190. www.seelze.de. info@stadt-seelze.de. **Bahn/Bus:** Straba S1, S2, Bus 574. **Auto:** A2 Ausfahrt 40 Wunstorf-Luthe, über Gümmer und Lohne. **Rad:** Leine-Heide-Radweg. **Zeiten:** Mo, Mi, Fr 7.30 – 18, Di, Do 7.30 – 13, Sa 9 – 12 Uhr.

▶ Seelze liegt westlich von Hannover zwischen seinen beiden Stadtteilen Lohnde und Letter. Im Norden fließt die *Leine,* im Süden der Zweigkanal *Linden.* Im Dreißigjährigen Krieg starb der Reitergeneral *Obentraut* in Seelze. Ihm zu Ehren setzte man schon 1630 ein Denkmal, außerdem finden Stadtführungen mit der historischen Figur statt.

Im Rathaus ist das Seelze-Spiel erhältlich. In 32 Karten und Fragen lernt ihr die Geschichte kennen. 14,90 €.

Lehrte

Verkehrsverein Lehrte, Rathausplatz 1, 31275 Lehrte. ✆ 05132/505-135, Fax 505-114. www.stadtmarketing-lehrte.de. truffel@lehrte.de. **Bahn/Bus:** S3, S7, RB, Bus 962 – 967. **Auto:** A2 Ausfahrt 49 Lehrte. **Rad:** Radwege von Sehnde oder Kirchrode über Ahlden. **Zeiten:** Mo, Di 8 – 18, Mi 8 – 12, Do 8 – 19, Fr 8 – 13 Uhr. **Infos:** www.lehrte.de.

▶ **Lehrte** liegt 17 km östlich von Hannover und war einst ein bedeutender Eisenbahn-Knotenpunkt. Die Bahn zog damals Industrie an und so entstanden Zucker-, Konserven- und Zementfabriken. Ab 1912 förderte man Kalisalze. Mit der Auslagerung der Industrie wandelt sich die Stadt. So wurde der Stadtpark erweitert, als die alte Zuckerfabrik 2002 abgerissen wurde. Deren alte Klärteiche im *Thönser Bruch* sind heute ein Rückzugsgebiet für viele Vogelarten.

*Der **Berliner Lehrter Bahnhof** war einst Endpunkt der Eisenbahnlinie von Lehrte nach Berlin. Heute steht an seiner Stelle der neue Hauptbahnhof.*

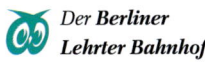

Erdbeerhof Gleidingen, Triftstraße 20, Laatzen-Gleidingen. ✆ 05102/2242. www.erdbeeren-hannover.de. Mai – Anfang Juli täglich 7.30 – 18.30 Uhr. Erdbeeren zum Selberpflücken!

Erdbeer-Plantage Fricke, An der Tonkuhle (Plantage), Ronnenberg-Ihme-Roloven. ✆ 05109/512233. www.bauer-fricke.de. Vorsaison Mo – Fr 16 – 18 Uhr, Sa 10 – 14 Uhr, Hauptsaison Mo – Sa 8 – 19, So 9 – 16 Uhr. Erdbeer-Café direkt am See in der Saison täglich 14 – 18 Uhr. Erdbeerfest Anfang Juni.

Laatzen

Stadt Laatzen, Bürgerbüro, Marktplatz 13, 30880 Laatzen. ✆ 0511/8205-0, Fax 8205-373. www.laatzen.de. rathaus@laatzen.de. **Bahn/Bus:** Stadtbahn 1, 2, Bus 340, 341. **Auto:** Messeschnellweg, Ausfahrt Messe-Ost, Kronsbergstraße oder Hildesheimer Straße. **Rad:** Grüner Ring. **Zeiten:** Mo – Fr 8 – 17 Uhr, Do bis 19 Uhr, Sa 10 – 12 Uhr.

▶ Laatzen grenzt direkt an Hannovers Süden, der Übergang ist fließend. Im Westen fließt die *Leine* und bildet mit der *Leinemasch* ein Naherholungsgebiet. Im Osten liegt das Waldgebiet *Bockmerholz*. Der Name stammt von der Familie *von Lathusen,* die einst der größte Grundbesitzer im Ort war.

Ronnenberg

Stadtverwaltung Ronnenberg, Bürgerservice, Hansastraße 38, 30952 Ronnenberg. ✆ 0511/4600-402, Fax 4600-201. www.ronnenberg.de. info@ronnenberg.de. **Bahn/Bus:** S1, 2, 5 bis Ronnenberg, Empelde auch Stadtbahn 9. **Auto:** B6 bis Ricklingen, am Ricklinger Kreisel auf B65, am Tönniesbergkreisel auf B217, über Wettbergen nach Ronnenberg. **Rad:** Grüner Ring bis Empelde. **Zeiten:** Mi 14 – 18 Uhr.

▶ Das Wahrzeichen von Ronnenberg ist die *Michaeliskirche.* Sie wurde schon 882 erstmals erbaut, in ihrer heutigen Form stammt sie aus dem 12. Jahrhundert. Zu Ronnenberg gehören weitere sechs Ortsteile, darunter *Benthe* und *Empelde.* Der Abbau des *weißen Goldes* spielte lange Zeit eine wichtige Rolle in und um Ronnenberg, ansonsten ist die Gegend eher dörflich und landwirtschaftlich geprägt.

Pattensen

Stadt Pattensen, Rathaus, Auf der Burg 1 – 2, 30982 Pattensen. ✆ 05101/10010, Fax 1001108. www.pattensen.de. rathaus@pattensen.de. **Bahn/Bus:** Stadtbahn 1 bis Rethen Bhf, weiter mit Bus 300, 310, 320, 340, 341, 365, 366. **Auto:** B443. **Rad:** Leine-Heide-

Radweg bis Koldinger Seen, dann über Koldingen, am Fuchsbach entlang, Redener Weg. **Zeiten:** Mo – Fr 8.30 – 11.30 Uhr, Do auch 15 – 18 Uhr.

▶ Südlich von Laatzen und Hemmingen liegt Pattensen. Auch *Koldingen* mit seinen Seen ist ein Ortsteil der Kleinstadt, deren Gebiet sich südlich bis Schulenberg zieht. Pattensen gehört zum *Calenberger Land*.

Gehrden

Stadt Gehrden, Rathaus, Kirchstraße 1 – 3, 30989 Gehrden. ✆ 05108/6404-0, Fax 6404-13. www.gehrden.de. rathaus@gehrden.de. **Bahn/Bus:** Bus 350, 500, 532, 560, 561, 571, 580. **Auto:** A2 Ausfahrt 38 Bad Nenndorf, B65 bis Everloh, rechts nach Gehrden oder B6 bis Deisterkreisel, B65 Richtung Stadthagen bis Everloh. **Rad:** Grüner Ring. **Zeiten:** Mo – Fr 8 – 12 Uhr, Do auch 15 – 18 Uhr.

▶ Gehrden liegt südwestlich von Hannover im **Calenberger Land.** Im Westen grenzt der *Gehrdener Berg* mit dem Burgbergturm und der Kindermühle direkt an den Ort.

 *Das **Calenberger Land** ist eine historische Landschaft zwischen Leine und Deister. Neben Gehrden liegen Barsinghausen, Pattensen, Hemmingen, Ronnenberg und Wennigsen in dieser Region.*

Sehnde

Stadt Sehnde, Nordstraße 21, 31319 Sehnde. ✆ 05138/707-0, Fax 707-262. www.sehnde.de. rathaus@sehnde.de. **Bahn/Bus:** S3, Bus 370, 371, 390. **Auto:** A2 Ausfahrt 49 Lehrte, B443 bis Sehnde oder A7 Ausfahrt 58 Hannover-Anderten, B65. **Rad:** Radweg am Mittellandkanal, Radweg von Lehrte im Norden oder Algermissen im Süden über Lühnde, Bolzum. **Zeiten:** Bürgerbüro Mo, Di 8 – 15 Uhr, Mi 8 – 12 Uhr, Do, Fr 8 – 18 Uhr; Stadtverwaltung Mo – Fr 9 – 12 Uhr, Do auch 15 – 18 Uhr.

▶ Südöstlich von Hannover, im Dreieck mit Laatzen und Lehrte, liegt Sehnde. Zur Stadt gehören 15 Ortsteile. Zehn von ihnen lagen im Gebiet der **Großen Freien.** Im 20. Jahrhundert siedelte sich Industrie an, um die Bodenschätze Kali, Zement und Ton zu

*Das **Große Freie** war zwischen 1230 und dem 17. Jahrhundert ein Siedlungsraum im Dreieck Hannover, Hildesheim und Peine. Die 14 dazugehörigen Orte erhielten besondere Rechte, die Bewohner wurden auch die Freien von dem Nordwald genannt.*

verarbeiten. Die Schließung vieler Fabriken Anfang der 1970er Jahre führte erneut zu Veränderungen im Ortsbild. Auf dem Gelände der Kalifabrik Hohenfels in Wehmingen befindet sich heute das *Straßenbahnmuseum*.

Burgdorfer Land & Peine

Wedemark

Gemeinde Wedemark, Berliner Straße 3, 30900 Wedemark-Mellendorf. ✆ 05130/581-0, Fax 581-205. www.wedemark.de. gemeinde@wedemark.de. **Bahn/Bus:** S4 und RB nach Bissendorf und Mellendorf; Bus 690, 692, 698. **Auto:** A7 Ausfahrt 52 Mellendorf; A352 Ausfahrt 2 Langenhagen-Kaltenweide. **Rad:** Über Kiebitzkrug, Ickhorst nach Bissendorf; über Wiechendorfer Weg, Ziegeleiweg nach Mellendorf. **Zeiten:** Mo – Fr 8.30 – 12, 1. Sa im Monat 8.30 – 12, Mo, Mi auch 12.30 – 18, Di, Do 12.30 – 15 Uhr (Bürgerbüro).

▶ Nördlich von Hannover liegt die Wedemark, eine historische Landschaft, die heute aus 16 Ortsteilen besteht. Verwaltungssitz ist Mellendorf, das mit dem Eisstadion für kleine Kufenfans besonders interessant ist. Sommerliche Badefreuden versprechen das Spaßbad und der Natelsheidesee.

Burgwedel

Stadt Burgwedel, Bürgerbüro, Fuhrberger Straße 4, 30938 Burgwedel. ✆ 05139/8973-0, Fax 8973-491. www.burgwedel.de. info@burgwedel.de. **Bahn/Bus:** Regionalbahn bis Großburgwedel; Bus 600, 620, 621, 630, 636, 638, 650, 651. **Auto:** A7 Ausfahrt 54 Großburgwedel. **Rad:** Radweg von Isernhagen (Hohenhorster Bauerschaft) und von Kleinwedel. **Zeiten:** Do 8 – 12 Uhr.

Einen tollen Spielplatz mit Drachenburg und Wasserspielplatz findet ihr im Amtspark von Großburgwedel.

▶ Burgwedel liegt nordöstlich von Hannover. Einen Ort namens Burgwedel gibt es nicht, die Stadt besteht aus den Ortsteilen Großburgwedel, Wettmar,

Kleinburgwedel, Fuhrberg, Thönse, Engensen und Oldhorst. Beliebte Naherholungsgebiete sind der *Springhorstsee,* der *Würmsee* und der *Fuhrberger Wald.*

Peine

Tourist-Info Peiner Nachrichten, Am Markt 7, 31224 Peine. ✆ 05171/545556, Fax 545557. Handy 01801/390020. www.peine-online.de. welcome@peinemarketing.de. **Bahn/Bus:** RB; Bus 502, 506, 509, 512, 522, 524, 525. **Auto:** A2 Ausfahrt 52 Peine. **Rad:** Am Mittellandkanal. **Zeiten:** Mo – Fr 9.30 – 13 und 14 – 17 Uhr, Sa 9.30 – 12.30 Uhr.

▶ Zwischen Hannover und Braunschweig liegt Peine direkt an der A2, die den Kernort im Norden abschließt. Im Süden begrenzt der Mittellandkanal die Stadt. Die verkehrstechnisch günstige Lage spielte bei der Ansiedlung von Industrie, insbesondere im Stahlbereich, im 20. Jahrhundert eine Rolle. Schon im Mittelalter stritten sich der Hildesheimer Bischof und das Herzogtum Braunschweig-Lüneburg um die Stadt, die von *Gunzelin von Wolfenbüttel* gegründet wurde. Er eroberte die Burg Peine, deren Name sich wohl von *Berthold von Pagin* herleitet.

@ Wirtschafts- und Tourismusfördergesellschaft Landkreis Peine mbH (wito gmbh), Ilseder Hütte 10, Ilsede. ✆ 05172/ 9492610. www.tourismuspeine.de.

Burgdorf

Marktstraße 55, 31303 Burgdorf. ✆ 05136/898-0, Fax 898-112. www.burgdorf.de. info@burgdorf.de. **Bahn/Bus:** S6, 7 von Hannover Hbf; Bus 906, 907, 910, 920, 926, 940, 946, 962, 640. **Auto:** A2 Ausfahrt 49 Lehrte, B443 oder A37 Ausfahrt 2 Burgdorf. **Rad:** Radweg an der B188 von Kirchhorst; von Steinwedel über Paradiesweg; von Norden über Otzer Landstraße. **Zeiten:** Mo, Do 8 – 18, Di 8 – 16, Mi, Fr 8 – 13, Sa 10 – 12 Uhr (Bürgerbüro), Info auch im Stadtmuseum (Schmiedestraße 6, Sa, So 14 – 17 Uhr).

▶ Burgdorf liegt 23 km östlich von Hannover und wird im Westen vom Burgdorfer Holz begrenzt. Bekannt ist Burgdorf für den Spargelanbau, die Pferdezucht

 Minigolf am Tennispark, Scharlemannstraße 101, Burgdorf. ✆ 05136/7727. www.tennispark-burgdorf.de. Sep Mo – Sa 15 – 19, So 11 – 19 Uhr.

INFO & VERKEHR

und die größte Zinnfigurensammlung Deutschlands. Durch die Stadt fließt die *Burgdorfer Aue,* ein Nebenfluss der *Fuhse.* Fachwerkhäuser prägen das Ortsbild.

Hildesheim

Gronau (Leine)

Tourist-Info, Blanke Straße 16, 31028 Gronau. ℡ 05182/902-115, Fax -599. www.gronau-leine.de. info@gronau-leine.de. **Bahn/Bus:** Metronom bis Banteln oder Elze; IC bis Alfeld; Bus 2498, 2504, 2506, 2510, 2513, 2518. **Auto:** A7 Ausfahrt 62 Hildesheim, B1 bis Elze, B3 bis Abzweig Gronau. **Rad:** Leine-Heide-Radweg, Weser-Leine-Radweg (Abstecher vom Weserradweg). **Zeiten:** Mo – Fr 8.30 – 12, Di 14 – 17, Do 14 – 16 Uhr, Fr Bürgerbüro bis 17 Uhr. **Infos:** s.luebbecke@gronau-leine.de.

▶ Gronau liegt im Gegensatz zu dem gleichnamigen Ort in Westfalen an der *Leine.* Die grünen Auen des Flusses, der mit einem zweiten Arm die Stadt im Süden umfließt, gaben ihr einst den Namen.

Alfeld (Leine)

Marktplatz 12, 31061 Alfeld. ℡ 05181/703-111, Fax 703-222. www.alfeld.de. buergeramt@stadt-alfeld.de. **Bahn/Bus:** IC; Metronom von Elze; Stadtbus 1, 2, Regionalbus 2331, 2506, 2512 – 2518. **Auto:** B3, über Nordtangente oder Göttinger Straße ins Zentrum. **Rad:** Leine-Heide-Radweg. **Zeiten:** Mo – Do 8 – 17, Fr 8 – 13, Sa 10 – 13 Uhr.

@ Auf der Internetseite von Alfeld findet ihr drei Stadtrallyes zum Herunterladen.

▶ Kennt ihr die *Sieben Berge?* Natürlich, von Schneewittchen nämlich! Der Ort Alfeld liegt nicht nur an der *Leine,* sondern auch bei diesen Sieben Bergen. Dass Schneewittchen hier tatsächlich lebte, kann zwar nicht bewiesen werden, aber auf dem *Schneewittchenpfad* kann man sich das zumindest einmal vorstellen.

Märchen auf der einen Seite, Architektur auf der anderen. Denn Alfeld gilt als Geburtsort des Bauhausstils. *Walter Gropius* erbaute hier ab 1911 das Fagus-Werk in dem modernen Stil.

Hildesheim

tourist information, Rathausstraße 20 (Tempelhaus), 31134 Hildesheim. ✆ 05121/1798-0, Fax 1798-88. www.hildesheim.de. tourist-info@hildesheim-marketing.de. **Bahn/Bus:** RE, S3, S4; Stadtbus (Hauptlinien 1 – 5, Nebenlinien 6 – 17) und Regionalbus. **Auto:** A7 Ausfahrt 61 Hildesheim-Drispenstedt oder 62 Hildesheim. **Rad:** Börderadweg Berlin – Hameln kreuzt von West nach Ost, Radweg zur Kunst von Nord nach Süd, um die Stadt führt der Hi-Ring. **Zeiten:** Mo – Fr 9 – 18, Sa 9 – 15 Uhr.

▶ Im Jahre 815 wurde Hildesheim zum Bischofssitz. Viele Kirchen im Stadtgebiet zeugen noch heute von dieser hohen Bedeutung, darunter der berühmte Dom mit dem 1000-jährigen Rosenstock und die Michaeliskirche. Beide wurden zum Weltkulturerbe benannt. Im Zweiten Weltkrieg wurden große Teile der Stadt zerstört. Auf dem Marktplatz ist von den Zerstörungen nichts mehr zu sehen, im Gegenteil: Tempelhaus, Rathaus und Knochenhaueramtshaus bilden eine schöne historische Kulisse.

Sarstedt

Stadt Sarstedt, Steinstraße 22, 31157 Sarstedt. ✆ 05066/805-0, Fax 805-70. www.sarstedt.de. rathaus@sarstedt.de. **Bahn/Bus:** Re, Metronom, S4 von Hannover oder Hildesheim; Bus 2232, 2233. **Auto:** A7 Ausfahrt 61 Hildesheim-Drispenstedt, weiter über B6. **Rad:** Radweg zur Kunst, Leine-Heide-Radweg. **Zeiten:** Mo – Sa 9 – 12, Mo, Di auch 14.30 – 16, Do 14.30 – 18, Fr durchgehend bis 16 Uhr.

▶ Sarstedt liegt zwischen Hannover und Hildesheim an der B6 und wird von der *Innerste* durchflossen. Nach dem Flüsschen ist auch das Kombibad be-

Hunger & Durst

Mom's Café, Scheelenstraße 2, Hildesheim. ✆ 05121/9990447. Mo – Fr 9 – 19, Sa 9 – 18, So 13 – 18 Uhr. Spielecke für Kinder, Sa Märchenerzählerin.

 Wassermühle Malzfeldt, Mühlenstraße 2, Sarstedt. ✆ 05066/7305. www.muehlemalzfeldt.de. Die Wassermühle Malzfeldt wird heute als Wasserkraftwerk genutzt. Nach Voranmeldung kann das Museum besichtigt werden.

© pmv, Foto: Kirsten Wagner

Zur salzigen Luft ein süßes Eis: Erfrischung beim Spaziergang durch den Kurpark

*Ein **Gradierwerk** dient der Salzgewinnung. Das Salzwasser wird durch Reisig geleitet, dabei verdunstet Wasser und die Sole wird konzentrierter.*

Turmuhrenmuseum, Buchholzmarkt, Bockenem. ☎ 05067/249240. www.bockenem.de. Sa und So 15 – 17 Uhr. Eintritt frei.

nannt, in dem ihr im Winter drinnen und im Sommer draußen baden könnt.

Bad Salzdetfurth

Stadt Bad Salzdetfurth, Oberstraße 6, 31162 Bad Salzdetfurth. ☎ 05063/999-0, Fax 999-111. www.bad-salz-detfurth.de. info@bad-salzdetfurth.de. **Bahn/Bus:** Eurobahn von Hildesheim; Bus 2454, 2455. **Auto:** A7 Ausfahrt 65 Bockenem, über Bockenem, Nette, Bodenburg. **Rad:** Radweg zur Kunst. **Zeiten:** Mo, Di, Do, Fr 9 – 12, Mo 14.30 – 17, Do 14.30 – 19 Uhr.

▶ Bad Salzdetfurth ist ein Kurort. Das hängt mit den Salzquellen zusammen, die es in der Gegend gibt. Schon im 12. Jahrhundert siedete man hier Salz. Als die Salzproduktion ins Stocken geriet, baute man ein Solebad. Im Kurpark gibt es große **Gradierwerke,** in denen man die gesunde salzhaltige Luft einatmen kann.

Bockenem

Stadt Bockenem, Buchholzmarkt 1, 31167 Bockenem. ☎ 05067/242-0, Fax 242-71. www.bockenem.de. info@bockenem.de. **Bahn/Bus:** Eurobahn bis Bad Salzdetfurth, Bus 2455; Bahn bis Seesen, Bus 461. **Auto:** A7 Ausfahrt 65 Bockenem. **Rad:** Radweg vom Weghaus an der B243 Richtung Werder und weiter nach Hennekenrode. **Zeiten:** Mo – Fr und 1. Sa im Monat 9 – 12, Di 14 – 16.30, Do 14 – 18 Uhr.

▶ Bockenem liegt in der alten historischen Landschaft Ambergau, nach der auch ein Radweg benannt ist. Am westlichen Ortsrand fließt die *Nette.* Der Name Bockenem bedeutet ursprünglich Buchenheim, was darauf hinweist, dass hier einst viele Buchen wuchsen. Von der Turmuhrenfabrik Weule zeugt noch das heutige **Turmuhrenmuseum.**

Deister, Stadthagen & Hameln

Barsinghausen

Tourist-Office, Deisterplatz 2, 30890 Barsinghausen. ✆ 05105/774263, Fax 774360. www.barsinghausen-info.de. info@barsinghausen-info.de. **Bahn/Bus:** S1, S2 von Hannover; Bus 540, 560, 561 bis Klosterstollen. **Auto:** A2 Ausfahrt 38 Bad Nenndorf, B65, Abzweig Barsinghausen. **Rad:** Deisterkreisel. **Zeiten:** Mo, Do 8 – 18, Di, Mi, Fr 8 – 13 und 14 – 18, Sa 9 – 14 Uhr. **Infos:** www.barsinghausen.de.

▶ Barsinghausen liegt am nordöstlichen Rand des Deister im *Calenberger Land.* Schon 1193 wird das Frauenkloster erstmals erwähnt, das heute von den evangelischen Schwestern der Klosterkammer Hannover verwaltet wird. Im 17. Jahrhundert baute man von Barsinghausen aus bis in die 1950er Jahre den Deistersandstein ab. In einem der alten Steinbrüche spielt heute die Freilichtbühne Theater. Seit dem 19. Jahrhundert wurde Steinkohle im Deister gefördert. Davon könnt ihr euch im *Besucherbergwerk Klosterstollen* überzeugen.

Jeden Mittwoch um 15 Uhr (März – Okt) werden Führungen durch das Kloster Barsinghausen angeboten.

Wennigsen

Reisebüro Cruising GmbH – Tourismus-Service Wennigsen, Hauptstraße 8, 30974 Wennigsen. ✆ 05103/700567/60, Fax 7805. www.wennigsen.de. info@reisebuero-cruising.de. **Bahn/Bus:** S1, S2 von Hannover; Bus 382, 520 – 522, 540, 571. **Auto:** B217 Hannover – Hameln, über Lemmie oder Sorsum. **Rad:** Deisterkreisel. **Zeiten:** Mo – Fr 9 – 18, Sa 10 – 13 Uhr. **Infos:** www.reisebuero-cruising.de.

▶ Wennigsen liegt am östlichen Rand des Deister im *Calenberger Land.* Wenn ihr die *Wennigser Wasserräder* noch nicht kennt, solltet ihr eure Eltern unbedingt

 **Heimat-museum,** Mühlenstraße 6, Wennigsen. ✆ 05103/7713. April – Nov So 10 – 12.30 Uhr, Eintritt frei.

Hunger & Durst

Mooshütte im Deister, An der B65, Bad Nenndorf. ✆ 05723/914118. www.mooshuette.de. Di – Sa ab 11 Uhr, So ab 10 Uhr. Im Wald mit großem Biergarten, Kinderteller.

@ www.stadtmarketing-stadthagen.de.

Findet ihr am ***Rathaus*** *die Walrippe? (Sie befindet sich unter einem der Erker an der Südseite.)*

zu einem Ausflug dorthin überreden! Außerdem könnt ihr in Wennigsen im Wasserpark planschen und das *Heimatmuseum* besuchen.

Bad Nenndorf

Kur- und Tourismusgesellschaft Staatsbad Nenndorf mbH, Hauptstraße 4, 31542 Bad Nenndorf. ✆ 05723/748560, Fax 748570. www.badnenndorf.de. tourist-info@badnenndorf.de. **Bahn/Bus:** S1, S2 von Hannover; Bus R4, 2602, 533, 542. **Auto:** A2 Ausfahrt 38 Bad Nenndorf. **Rad:** Deisterkreisel. **Zeiten:** Mo – Fr 9 – 18 Uhr, Mai – Okt auch Sa 9 – 12, So 14 – 17 Uhr.

▶ Der Kurort Bad Nenndorf liegt am Nordrand des Deisters und besitzt mehrere Schwefelquellen. Im Kurpark gibt es die berühmte Süntelbuchenallee und schöne alte Bauten wie das Schlösschen oder den Brunnentempel. Im Vogelpark am Krater sehr ihr neben vielen Federtieren auch Ziegen und Kaninchen.

Stadthagen

Tourist-Information, Am Markt 1, 31655 Stadthagen. ✆ 05721/926070, Fax 925055. www.stadthagen.de. touristinfo@stadthagen.de. **Bahn/Bus:** S1, RE von Hannover; Bus R1 – 4 (Stadtverkehr, nach Steinhude und Bad Nenndorf), Bus 2004, 2006, 2008, 2010, 2014, 2121. **Auto:** A2 Ausfahrt 38 Bad Nenndorf, B65. **Rad:** Radweg Park & Garten Schaumburg. **Zeiten:** Mo – Fr 9 – 18, Sa 10 – 13 Uhr.

▶ Nördlich des *Bückebergs* und etwa 45 km westlich von Hannover liegt Stadthagen. Am Marktplatz finden sich schöne Gebäude der Weserrenaissance wie das **Rathaus.** Nur einen Katzensprung entfernt erhebt sich die *St. Martini-Kirche* von 1318. Durch sie gelangt man in das siebeneckige Mausoleum der *Grafen von Schaumburg-Lippe.* Bis 1607 residierten die Grafen in Stadthagen, dann zogen sie um nach Bückeburg.

Hameln

Hameln Marketing und Tourismus GmbH (HMT), Deisterallee 1 (am Bürgergarten), 31785 Hameln. ℡ 05151/9578-23, Fax 9578-40. www.hameln.de. touristinfo@hameln.de. **Bahn/Bus:** S5 von Hannover, RE; Stadtbus 1 – 7, Regionallinien. **Auto:** B217 von Hannover, B1 von Hildesheim, B83 von Hessisch Oldendorf oder Bodenwerder. **Rad:** Weser-Radweg, Börde-Radweg Berlin – Hameln. **Zeiten:** Mai – Sep Mo – Fr 9 – 18.30, Sa 9.30 – 16, So 9.30 – 18 Uhr, Okt – April Mo – Fr 9 – 18, Sa 9.30 – 13, So (Okt, Advent, April) 9.30 – 13 Uhr.

 www.weserberg-land-tourismus.de.

▶ Die Rattenfängerstadt kann mit ihrer Lage an der *Oberweser* und dem *Weserbergland* punkten. Hier lässt es sich wunderbar wandern, schippern und Rad fahren. In der Altstadt beeindrucken die schönen Häuser der Weserrenaissance. Bei einer Führung oder den sommerlichen Freilichtspielen zeigt sich der berühmte *Rattenfänger* sogar live. Der Name Hameln kommt übrigens von der *Hamel,* ein Fluss, der im Stadtgebiet in die Weser mündet.

Im Märchen-grund (Am Ohr-berg) gibt es einen tollen Abenteuerspielplatz.

Springe

Tourist-Information, Zum Niederntor 26, im Alten Rathaus, 31832 Springe. ℡ 05041/73273, Fax 5885. www.springe.de. touristinformation@springe.de. **Bahn/Bus:** S5 Hannover – Hameln; Bus 17, 18 von Bad Münder, Bus 301 (Stadtverkehr Springe), 320, 381 – 383, 385. **Auto:** B217. **Rad:** Deisterkreisel. **Zeiten:** Mo – Mi 13 – 16, Fr 10 – 13 Uhr.

▶ Springe ist bekannt für seinen **Saupark** mit dem angrenzenden Wisentgehege. Es gibt viele Wanderwege zu den Aussichtstürmen im Deister, im Winter sorgen die Skilifte am Ortsrand für Vergnügen im Schnee. Der Ort Springe hieß übrigens ursprünglich Hallerspring, weil hier das Flüsschen *Haller* entspringt.

Die Deisterpforte ist das schmale Tal zwischen dem Deister und dem Kleinen Deister, in dem sich der Saupark Springe befindet. Die B217 führt hindurch.

Hessisch Oldendorf

Tourist-Information, Marktplatz 13, 31840 Hessisch Oldendorf. ✆ 05152/782164, Fax 782211. www.hessisch-oldendorf.de. tourist@stadt-hessisch-oldendorf.de. **Bahn/Bus:** RE; Bus 20, 23 – 25, 27, 812. **Auto:** A2 Ausfahrt 36 Rehren, weiter über Rohden und Segelhorst oder B83 von Hameln. **Rad:** Weser-Radweg. **Zeiten:** Mai – Okt Mo – Fr 9 – 17 Uhr, Nov – April Mo – Fr 9.30 – 15 Uhr.

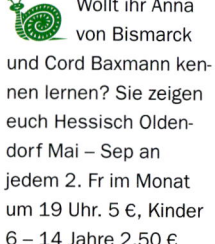 Wollt ihr Anna von Bismarck und Cord Baxmann kennen lernen? Sie zeigen euch Hessisch Oldendorf Mai – Sep an jedem 2. Fr im Monat um 19 Uhr. 5 €, Kinder 6 – 14 Jahre 2,50 €.

▶ Hessisch Oldendorf liegt nicht in Hessen, wie man meinen könnte! Die Stadt gehört zu Niedersachsen und ist 13 km nordwestlich von Hameln an der *Weser* zu finden. Da es in Deutschland aber einige Orte namens Oldendorf gibt, fügte man 1905 das *Hessisch* hinzu, denn damals gehörte die Stadt zur preußischen Provinz *Hessen-Nassau*. In Richtung Langenfeld findet ihr die nördlichste Tropfsteinhöhle Deutschlands, die *Schillat-Höhle.*

Bad Münder am Deister

Tourist-Information im Kurmittelhaus, Osterstraße 39, 31848 Bad Münder. ✆ 05042/929804, Fax 929805. www.bad-muender.de. info@bad-muender.de. **Bahn/Bus:** S5 Hannover – Hameln; Bus 10, 15, 17, 18, 52. **Auto:** A2 Ausfahrt 37 Lauenau, B442, oder B217 Hannover – Hameln, in Hachmühlen auf B442. **Rad:** Deisterkreisel. **Zeiten:** Mo – Fr 9 – 17, Mai – Okt auch Sa 10 – 12 Uhr.

▶ Bad Münder liegt nicht nur am *Deister,* sondern von Westen her auch am *Süntel* und somit im *Deister-Sünteltal.* Das Heilbad besitzt Sole- und Schwefelquellen. Zwar wurde die Stadt während der Hildesheimer Stiftsfehde (1519 – 1523) und im Dreißigjährigen Krieg (1618 – 1648) vollständig zerstört, doch die wieder erbauten Fachwerkhäuser und Sandsteinbauten der Weserrenaissance prägen heute das Stadtbild. Im *Kur- und Landschaftspark* gibt es seit 1999 wieder ein Gradierwerk, in dem sich gesunde salzhaltige Luft atmen lässt.

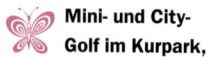 **Mini- und City-Golf im Kurpark,** Querlandweg, Bad Münder. ✆ 05042/952992. Mo – Fr 14 – 21, Sa, So 10 – 21 Uhr.

Steinhuder Meer

Steinhude

Meerstraße 2, 31515 Steinhude. ℃ 05033/9501-0, Fax 9501-20. www.steinhuder-meer.de. steinhude@steinhuder-meer.de. **Bahn/Bus:** Bus 710/711 von Wunstorf, 774 und R2 von Stadthagen, 820 von Neustadt. **Auto:** A2 Ausfahrt 40 Wunstorf-Luthe, B441 durch Wunstorf bis Abzweig Steinhude. Parkplätze links am Bruchdamm. **Rad:** Fürstenroute Schaumburger Land, Park & Garten Radweg, Rundweg ums Steinhuder Meer. **Zeiten:** April – Okt Mo – Fr 9 – 13 und 14 – 17 Uhr, Sa 10 – 13 und 14 – 17, So 13 – 17 Uhr, Mai – Sep Mo – Fr bis 18 Uhr; Nov – März Mo – Fr 9 – 13 Uhr. **Infos:** www.steinhude-am-meer.de.

▶ Am Südufer des *Steinhuder Meeres* liegt das einstige Fischerdorf Steinhude. Früher lebte man vom Fischfang, von der Landwirtschaft und der Leineweberei. 1974 legte man die künstliche Badeinsel an. Das Scheunenviertel wurde zur EXPO 2000 renoviert und gehört mit der Uferpromenade zu einem Ortsrundgang dazu.

 Minigolf, Lütjen Deile, Steinhude. ℃ 05033/5512. www.fahrradverleih-steinhuder-meer.de. April – Okt täglich 9 – 19 Uhr. 2,90 €, Kinder bis 14 Jahre 2 €.

Mardorf

Tourist-Info Mardorf, Aloys-Bunge-Platz, 31535 Mardorf. ℃ 05036/92121, Fax 92123. www.steinhuder-meer.de. mardorf@steinhuder-meer.de. **Bahn/Bus:** Bus 830 von Neustadt, Fahrradbus 835. **Auto:** Über Rehburg, Mardorfer Straße oder über Neustadt: Landwehr, Hüttendamm, Moorstraße. **Rad:** Meerweg. **Zeiten:** April – Okt Mo – Fr 9 – 13 und 14 – 17 Uhr, Sa 10 – 14 Uhr, Mai – Sep Mo – Fr bis 18 Uhr, Sa bis 17 Uhr; Nov – März Mo – Fr 9 – 13 Uhr.

▶ Mardorf ist ein staatlich anerkannter Erholungsort, der sich lang am Nordufer des Steinhuder Meers erstreckt. Hier kann man segeln, surfen, baden und seit einigen Jahren auch im SeaTree klettern.

@ Für Pferdefreunde: www.island-pferdehof-steinhuder-meer.de.

Neustadt am Rübenberge

Stadt Neustadt, Nienburger Straße 31, 31535 Neustadt am Rübenberge. ☏ 05032/84-472, Fax 84-7472. www.neustadt-a-rbge.de. sbischoff@neustadt-a-rbge.de. **Bahn/Bus:** S2, RE von Hannover über Wunstorf; Bus 440, 490; 801 – 804 Stadtverkehr, 820 von Steinhude, 830 von Mardorf. **Auto:** A2 Ausfahrt 42 Hannover-Herrenhausen, B6 bis Neustadt. **Rad:** Meerweg.

 Zwischen Juni und August fährt der Fahrradbus 835 zwischen Wunstorf, Steinhude, Hagenburg, Münchehagen, Rehburg, Mardorf und Neustadt.

▶ Mehr als 30 Orte namens Neustadt gibt es in Deutschland. Zur Unterscheidung trägt man einen Beinamen, hier ist es *am Rübenberge*. Im 16. Jahrhundert residierten die *Herzöge von Calenberg* im Schloss Landestrost. *Erich II.* nannte gleich den ganzen Ort Landestrost, doch nach seinem Tod 1584 wurde das rückgängig gemacht. Das Schloss wurde auf einem Hügel namens *Rouvenberg* erbaut, daher kommt vermutlich der Namenszusatz. Rundum entstanden starke Festungsanlagen. Durch die Stadt fließt die *Leine,* im Westen liegt das *Tote Moor,* dahinter das *Steinhuder Meer.*

Rehburg-Loccum

Tourist Information Rehburg-Loccum, Friedrich-Stolberg-Allee 42, 31547 Rehburg-Loccum-Bad Rehburg. ☏ 05037/30006-0, Fax 30006-9. www.badrehburg.de. romatikbad@badrehburg.de. **Bahn/Bus:** Bus 50, 53, 56, 2121 nach Loccum, Bus 50, 53, 716 nach Rehburg. **Auto:** A2 Ausfahrt 40 Wunstorf-Luthe, B441 bis Loccum oder bei Bad Rehburg nach Rehburg. **Rad:** Große Weserlandroute, Loccum auch Meerweg und Wasserlandweg. **Zeiten:** März – Okt Di – So 11 – 18, Nov – Feb Mi – So 13 – 17 Uhr.

▶ Westlich vom Steinhuder Meer liegt der Doppelort Rehburg-Loccum. Dazu gehört auch Bad Rehburg, das als Staatsbad der Könige zu Hannover zu Ruhm und Ehre kam. Die Ausstellung *Kurleben der Romantik* im Neuen Badehaus lädt ein zu einer Zeitreise in das Kurleben des frühen 19. Jahrhunderts. Loccum ist bekannt für sein *Zisterzienser-Kloster*. Ein Höhepunkt für Kinder ist Münchehagen, denn dort gibt es einen *Dino-Park.*

Aller-Leine-Tal

Celle

Tourist-Info Celle, Markt 14 – 16, 29221 Celle. ✆ 05141/1212, Fax 12459. www.touristinfo-celle.de. info@region-celle.de. **Bahn/Bus:** metronom von Hannover oder S-Bahn von Lehrte. **Auto:** A7 Ausfahrt 52 Mellendorf, über Fuhrberg bis Celle. **Rad:** Allerradweg, Lüneburger-Heide-Radweg. **Zeiten:** Mai – Sep Mo – Fr 9 – 18 Uhr, Sa 10 – 16 Uhr, So 11 – 14 Uhr, Okt – April Mo – Fr 9 – 17 Uhr, Sa 10 – 13 Uhr. **Infos:** www.region-celle.de, www.celle.de.

▶ Celle liegt an der Aller und am Südrand der Lüneburger Heide. Die Stadt zählt rund 70.000 Einwohner. In der Altstadt sind viele Fachwerkhäuser erhalten, außerdem gibt es ein Schloss.

Bergen

Tourist-Information Bergen, Deichend 3 – 7, 29303 Bergen. ✆ 05051/47916, Fax 47936. www.tourismus-bergen.de. info@tourismus-bergen.de. **Bahn/Bus:** Bus 1 – 15 von Celle. **Auto:** A7 Ausfahrt 45 Soltau-Süd, B3. **Rad:** Lüneburger-Heide-Radweg. **Zeiten:** Mo – Mi 8 – 17, Do 8 – 18, Fr 8 – 12.30 Uhr.

▶ Auf halbem Weg zwischen Soltau und Celle liegt die Stadt Bergen am Südrand der *Lüneburger Heide.* Westlich erstreckt sich der größte Truppenübungsplatz Europas. Er wurde 1945 von den Briten übernommen, die mit etwa 3000 Einwohnern auch das kulturelle Leben bis heute prägen. Im Stadtteil Belsen befand sich das *Konzentrationslager Bergen-Belsen,* das heute eine Gedenkstätte ist und ein Dokumentationszentrum besitzt.

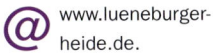

www.lueneburger-heide.de.

INFO & VERKEHR

Winsen (Aller)

Verkehrsverein Winsen, Am Amtshof 4, 29308 Winsen (Aller). ✆ 05143/912212, Fax 912213. www.vkv-winsen.de. info@vkv-winsen.de. **Bahn/Bus:** Bus 2-95/-96 von Celle. **Auto:** A7 Ausfahrt 50 Schwarmstedt, B214, in Hambühren Richtung Bergen. **Rad:** Allerradweg, Lüneburger-Heide-Radweg. **Zeiten:** Mo – Fr 9 – 13 Uhr.

▶ Ein weiterer Ort, den es in Deutschland mehrmals gibt, ist Winsen. Es gibt Winsen in Schleswig-Holstein, an der Luhe und an der Aller. Letzteres liegt nordwestlich von Celle.

Im wenige Kilometer entfernten Meißendorf könnt ihr die Teiche im Natur- und Vogelschutzgebiet entdecken, z.B. mit dem Fahrrad, oder auf Gut Sunder das Naturerlebniszentrum besuchen.

Hermannsburg

Touristinfo Hermannsburg, Harmsstraße 3a, 29320 Hermannsburg. ✆ 05052/8055, Fax 8423. www.touristinfo-hermannsburg.de. info@touristinfo-hermannsburg.de. **Bahn/Bus:** metronom von Hannover oder S-Bahn von Lehrte nach Celle, dann Bus 3-25. **Auto:** A7 Ausfahrt 45 Soltau-Süd, B3, in Bergen Richtung Hermannsburg. **Rad:** Lüneburger-Heide-Radweg. **Zeiten:** Mitte Mai – Mitte Okt Mo – Fr 9 – 18 Uhr, Juli – Okt auch Sa 10 – 12.30 Uhr, Aug, Sep auch So 10 – 12.30 Uhr, Mitte Okt – Mitte Mai Mo, Di, Mi 9 – 12 Uhr, Do, Fr 15 – 18 Uhr.

Im Haus der Tourist-Information findet ihr auch das **Heimatmuseum.** Eintritt frei.

In Hermannsburg beginnt der **Jakobsweg Lüneburger Heide.** Mehr Infos unter www.jakobusweg-region-celle.de.

▶ Hermannsburg, am Südrand der Lüneburger Heide und 30 km nördlich von Celle gelegen, ist bekannt für sein Missionsseminar, das 1849 von dem Pastor *Ludwig Harms* (1808 – 1865) gegründet wurde. Der Ortsname leitet sich von *Hermann Billung* (900/912 – 973) ab, einem sächsischen Markgrafen. Er gründete den Ort um 940 und erbaute wohl eine Burg. Von ihr ist jedoch keine Spur erhalten. Durch den Ort fließt die *Örtze.* Bei mehreren Anbietern könnt ihr Kanutouren buchen und Kanus ausleihen.

Müden (Örtze)

Unterlüßer Straße 5, 29328 Müden (Örtze). ✆ 05053/989222, Fax 989223. www.touristinformation-mueden.de. info@touristinformation-mueden.de. In der historischen Wassermühle. **Bahn/Bus:** Bus 3-25. **Auto:** A7 Ausfahrt 44 Soltau-Ost, B71 über Munster. **Rad:** Lüneburger-Heide-Radweg. **Zeiten:** Juli – Sep Mo – Fr 9 – 13 und 14 – 18 Uhr, Sa, So 13 – 16 Uhr, Okt – Juni Mo – Fr 9 – 12 Uhr, Okt, April – Juni auch Mo – Fr 14 – 17 Uhr.

▶ Einen Ort namens Müden gibt es in Deutschland nicht nur an der Örtze, sondern auch an der Aller und an der Mosel. Müden an der Örtze gehört zum größeren Faßberg, ist aber touristisch bedeutsamer als der Nachbar. Hier fließt nicht nur das Flüsschen und lädt zu Kanutouren ein, auch der Ort ist als typisches Heidedorf einen Besuch wert. Bis heute halten viele Höfe der Gegend Heidschnucken.

Hunger & Durst

Café Winkelhof, Alte Dorfstraße 12, Müden. ✆ 05053/94077. www.winkelhof-mueden.de. Mai – Okt Sa – Mo 14 – 18 Uhr. Selbst gebackener Kuchen und Eis.

Eschede

Touristinformation Eschede, metronom – Kundencenter Eschede, Bahnhofstraße 50, 29348 Eschede. ✆ 05142/416415, Fax 416414. www.touristinfo-eschede.de. info@touristinfo-eschede.de. **Bahn/Bus:** metronom von Hannover. **Auto:** B191 von Celle. **Zeiten:** Mo – Fr 6 – 12 und 15 – 18 Uhr. **Infos:** www.eschede.de.

▶ 20 km nordöstlich von Celle liegt Eschede am Rand des *Naturparks Südheide.* Durch den Ort fließt die Aschau, die die *Aschauteiche* bilden, ein großes Vogelschutzgebiet. Zur Samtgemeinde gehört auch Höfer.

Spielzeugstuben, Bahnhofstr. 50, Eschede. ✆ 05142/831. www.spielzeugstuben.de. Di – Fr 9 – 12 und 15 – 18 Uhr, 2 €, Kinder 1 €, Familien 4,50 €. Hier könnt ihr Spielzeug aus früheren Zeiten bewundern.

Walsrode

Tourist-Information am Vogelpark, 29664 Walsrode. ✆ 05161/486310, Fax 977-262. www.ferienregion-vogelpark.de. info@ferienregion-vogelpark.de. **Bahn/Bus:** RB (Heidebahn); Bus 501, 502, 506, 511, 520. **Auto:** A27 Ausfahrt 28 Walsrode-Süd oder 27 Walsrode-West oder A7 Ausfahrt 47 Bad Fallingbostel, B209. **Rad:** Hohe-Heide-Radweg. **Zeiten:** täglich 9 – 19 Uhr.

▶ *Graf Walo* gründete 986 ein Kloster. Mit fünf anderen Klöstern, darunter Wienhausen, gehörte das Kloster Walsrode zu den *Lüneklöstern* – Frauenklöster in der Lüneburger Heide. Heute verbindet man mit dem Ortsnamen vor allem den Vogelpark. Durch den Ort fließt die *Böhme,* die zwischen Rethem und Ahlden in die *Aller* mündet.

Bad Fallingbostel

Tourist-Information Bad Fallingbostel, Soltauer Straße 6, 29683 Bad Fallingbostel. ✆ 05162/4000, Fax 400500. www.tourismus-badfallingbostel.de. info@tourismus-badfallingbostel.de. **Bahn/Bus:** RB von Hannover. **Auto:** A7 Ausfahrt 47 Bad Fallingbostel. **Rad:** Leine-Heide-Radweg. **Zeiten:** Mai – Okt Mo – Sa 9 – 12, Mo – Fr 13 – 17 Uhr, Nov – April Mo – Fr 9 – 12, Mo – Do 13 – 17 Uhr.

▶ Seit 2002 darf sich Fallingbostel *Bad* nennen. Das Kneipp-Heilbad liegt in der Lüneburger Heide südlich von Soltau. Im Osten grenzt der Truppenübungsplatz Bergen an den Ort. Mitten darin liegen die **Sieben Steinhäuser,** Großsteingräber aus der Jungsteinzeit (zugänglich Sa, So, Fei 8 – 18 Uhr ab Ostenholz). Durch Fallingbostel fließt die *Böhme,* auf der man Boot fahren kann. Schwimmspaß *open air* bietet das *Lieth-Bad,* im Ortsteil Dorfmark ein See.

Schwarmstedt

Tourist-Info Schwarmstedt, Tourismusregion Aller-Leine-Tal, Am Markt 1, 29690 Schwarmstedt. ✆ 05071/8688, 912558, Fax 912557. www.schwarmstedt.de. touristinfo@schwarmstedt.de. **Bahn/Bus:** RB. **Auto:** A7 Ausfahrt 50 Schwarmstedt, B214. **Rad:** Allerradweg, Lüneburger-Heide-Radweg. **Zeiten:** Mo – Fr 9 – 17 Uhr. **Infos:** touristinfo@aller-leine-tal.de.

@ www.aller-leine-tal.de. Zentrales Info-Telefon 01805/989890.

▶ Schwarmstedt liegt nördlich von Hannover auf halber Strecke zwischen Nienburg und Celle. Nördlich des Ortes treffen Leine und Aller aufeinander. Somit liegt in Schwarmstedt das Zentrum des Aller-Leine-Tals. Zum *Aller-Leine-Tal* gehören auch die Samtgemeinden Rethem und Ahlden/Hodenhagen. Die Auen und die umgebende Landschaft mit Heide, Mooren und Marsch laden zum Radfahren und Wandern ein.

Mobil mit Bahn & Bus

Unterwegs in Hannover

Großraum-Verkehr Hannover, GVH, Karmarschstraße 30/32, 30159 Hannover. ☎ 0511/1668-3000, 01803/19449, www.gvh.de. info@gvh.de.

Üstra, Service Center City, Karmarschstraße 30/32, 30159 Hannover, ☎ 0511/1668-0, www.uestra.de, info@uestra.de, Mo – Fr 9.30 – 20 Uhr, Sa 9.30 – 18 Uhr.

RegioBus Hannover, Servicestelle Georgstraße 54, 30159 Hannover, ☎ 0511/36888-0, Fax 36888-799, www.regiobus.de, info@regiobus.de, Mo - Fr 9 - 18 Uhr, Sa 10 – 14 Uhr. **Infos:** Die GVH bildet den Verkehrsverbund für die Region aus Üstra, RegioBus und DB Regio-AG.

@ Infos zu Parkhäusern in Hannover unter www.cityparken-hannover.de.

▶ **Bahn:** Hannover wird von der Deutschen Bahn aus allen Richtungen angefahren. Von Hildesheim kommt der RE, von Bremen der IC, von Hamburg, Köln und Berlin der ICE. Der Hauptbahnhof liegt verkehrsgünstig direkt am Eingang zur Innenstadt.

▶ **Bus und Stadtbahn:** Mit Bus und Stadtbahn kommt man wunderbar durch Hannover. Die Stadtbahn fährt in der Innenstadt unterirdisch, im übrigen Stadtgebiet über der Erde, meist auf eigenen, vom Autoverkehr unabhängigen Gleisen. Tagsüber verkehren die Bahnen im 10-Minuten-Takt.

Die Busse in Hannover werden von der Üstra betrieben. Die Fahrkarten des Großraum Verkehr Hannover (GVH) gelten in allen Bussen, Stadtbahnen, S-Bahnen und Nahverkehrszügen innerhalb des GVH. Ein

Tagesticket kostet in Zone 1 für eine Person 4,20 €, für eine Gruppe von bis zu 5 Personen 8,20 €. Ein Ticket für eine Fahrt kostet 2,20 €, für Kinder zwischen 6 und 14 Jahre 1,20 €, es ist 120 Minuten gültig.

Unterwegs im Norden von Hannover

▶ **Bahn:** Durch die Nähe zu Hannover sind alle Orte gut an das öffentliche Verkehrsnetz angeschlossen. Seelze ist mit den Straßenbahnen S1 und S2 zu erreichen, Garbsen mit der Stadtbahn 4, Langenhagen mit der S4 und der S5 sowie der Regionalbahn R4. Nach Isernhagen fährt die R8. Lehrte hat Anschluss an die S3, S7 und R10.

 Alle Infos unter www.gvh.de.

▶ **Bus:** GVH-Busse sind auch im nördlichen Umland von Hannover unterwegs. Nach Seelze fährt die Linie 574, nach Garbsen die 480, nach Langenhagen die 470, 480, 616 und bis Godshorn die 253. Vom Endpunkt der Stadtbahn 3 in Altwarmbüchen fährt die Linie 635 bis Isernhagen.

Lehrte besitzt ein eigenes Busnetz, zum Stadtverkehr gehören die Linien 964 – 966. Von Burgdorf kommt die Linie 962 und fährt weiter nach Sehnde. Die Linie 962 verkehrt zwischen Klein Kolshorn über Aligsen und Lehrte, die 967 zwischen Lehrte und Ahlten.

Südlich von Hannover unterwegs.

▶ **Bahn:** Die Region Hannover ist im Süden gut per Bahn erreichbar. Ronnenberg und Empelde haben Anschluss an die S1, S2 und S5. Empelde ist auch Endpunkt der Stadtbahn 9.

Laatzen und sein Ortsteil Rethen sind mit der S4 erreichbar, außerdem verkehren hier Regionalzüge. Die Stadtbahn fährt Laatzen mit den Linien 1 (bis Sarstedt), 2 (weiter bis Rethen), 8 und 18 an. Nach Sehnde kommt man mit der S3 über Lehrte.

▶ Gehrden ist nur per GVH-Bus zu erreichen, am einfachsten ab Endhaltestelle der Stadtbahn 9 in Empelde. Von hier verkehren die Busse 523, 532 und

560 nach Gehrden. Von Wettbergen aus fährt die 500 nach Ronnenberg und Gehrden. Ab Am Brabrinke (Stadtbahn 1 und 2) geht es mit dem Bus 350 nach Gehrden.

Pattensen wird von der Haltestelle Wallensteinstraße (Stadtbahn 3, 7, 17) aus bedient, und zwar mit den Linien 300 und 365 (über Hemmingen). Ebenfalls von der Wallensteinstraße aus geht es mit der 363 nach Hemmingen. Die 366 fährt von der Peiner Straße über Hemmingen nach Pattensen. Von Laatzen aus fährt die 340 nach Pattensen.

Nach Sehnde geht es mit der Linie 390 (Stadtbahn 1 bis Gleidingen/Nord).

 Fahrräder werden vom GVH in Bus und Bahn kostenlos transportiert Mo – Fr 8.30 – 15 und ab 19 Uhr sowie Sa, So, Fei ganztägig. Im Nahverkehr der DB muss eine Fahrradkarte zum Preis von 4,50 € gelöst werden.

Unterwegs im Burgdorfer Land und um Peine herum

Haller Busbetrieb GmbH, c/o Regionalbus Braunschweig GmbH, Geschäftsstelle Braunschweig/Peine, Bahnhofsplatz 1, 31224 Peine. ✆ 05171/80240-0, Fax 911087. www.haller-walsrode.de. rbb.bs-pe@rbb-bus.de.

▶ **Bahn:** Einige Orte im Burgdorfer Land haben Anschluss an das Regionalbahnnetz, so Burgwedel, Bissendorf und Mellendorf. Diese drei Orte sind von Hannover auch mit der Straßenbahn zu erreichen. Nach Peine fährt ebenfalls die Regionalbahn.

▶ **Bus:** Alle Orte sind an das Busnetz angeschlossen. Von Großburgwedel und Burgdorf sind Netzpläne unter www.gvh.de erhältlich. Nach Burgdorf fahren die Linien 906, 907 im Stadtverkehr, außerdem die 910, 916, 920, 926, 940, 946, 962 und 640. Nach Großburgwedel kommen Sie mit den Linien 600, 620, 621, 630, 636, 638, 650 und 651. Nach Bissendorf und Mellendorf (Wedemark) fahren die Busse 690, 692 und 698. Nach Uetze geht es mit den Linien 140, 930, 938 und 950. Peine gehört nicht zum GVH, sondern zum Verbundtarif Region Braunschweig, RBB. Dorthin fahren die Linien 502, 506, 509, 512, 522, 524, 525.

@ Infos zum Busnetz in Peine erhaltet ihr unter www.vrb-online.de.

Unterwegs in und um Hildesheim

Eurobahn. ✆ 01802/9273727, www.weserbahn. info@eurobahn.de. **Preise:** Tickets sind im Zug am Automaten erhältlich. **Infos:** Eine Eurobahn-Agentur befindet sich im Bhf Bad Salzdetfurth (Mo - Fr 7 - 11.15 und 13.45 - 16.15 Uhr).

SVHI Stadtverkehr Hildesheim GmbH. ✆ 05121/66666, www.svhi-hildesheim.de. info@svhi-hildesheim.de.

Regionalverkehr Hildesheim RVHI: ✆ 05121/7642-0, Fax 7642-66, www.rvhi-hildesheim.de, info@rvhi-hildesheim.de, Kundencenter Schuhstraße 40, Bischofskamp 25, in Alfeld Neue Wiese 9.

▶ **Bahn:** Hildesheim liegt an der ICE-Strecke Berlin - Frankfurt - Freiburg und ist darüber auch von Göttingen und Braunschweig schnell zu erreichen. Von Hannover fahren neben RE auch die S3 und die S4 direkt bis Hildesheim, von Braunschweig auch RB. RE fahren über Nordstemmen nach Elze, von dort fährt *metronom* Banteln und Alfeld an. In Alfeld halten auch IC.

In der Region Hildesheim betreibt Eurobahn die *Weserbahn* (Bünde – Löhne – Hildesheim) und die *Lammetalbahn* (Hildesheim – Bodenburg). Auch Hameln hat über die Eurobahn Anbindung an Hildesheim.

▶ **Bus:** Für den Busverkehr in der Stadt Hildesheim ist die *SVHI Stadtverkehr Hildesheim GmbH* zuständig. Informationen erhaltet ihr auch in den Service-Centern Römerring 1 und Schuhstraße 40 und direkt bei den Stadtwerken Hermann-Roemer-Straße 4. Fahrscheine gelten 60 Minuten und kosten 2 €, Kinder 4 – 12 Jahre zahlen 1 €. Fahrräder dürfen bei ausreichendem Platz zum Preis eines Kinderfahrscheins mitgenommen werden.

Buslinien der Region unterhält der *Regionalverkehr Hildesheim RVHI*. Neben dem Liniennetz für den Landkreis Hildesheim findet ihr hier auch das Liniennetz von Alfeld und das des Nordkreises (Harsum, Algermissen, Giesen, Sarstedt). Zwischen Hildesheim

Mit dem Jugend-FreizeitTicket für alle unter 21 fahren Jugendliche billiger Bus und Bahn im VBN. www.jugend-freizeit-ticket.de.

@ Unter www.svhi-hildesheim.de und www.rvhi-hildesheim.de sind Fahrpläne und Liniennetze einsehbar.

und Holle ist außerdem die Firma *Rizor* unterwegs (www.rizor-omnibusverkehr.de).

Unterwegs zwischen Deister und Weser

Ruhe-Reisen, Bahnhofstraße 8, 31655 Stadthagen. ✆ 05721/75034, Fax 72144. www.ruhe-reisen.de. info@ruhe-reisen.de.

Nahverkehr Hameln-Pyrmont, Bahnhofsplatz 19, 31785 Hameln, ✆ 05151/788-900, Fax 788-955, www.oeffis.de, oeffis@oeffis.de.

▶ **Bahn:** Alle größeren Orte zwischen Deister und Weser sind per S-Bahn oder RB zu erreichen. Die S5 verbindet Hannover direkt mit Bennigsen, Völksen, Springe, Bad Münder und Hameln. Die S1 und die S2 führen von Hannover nach Bad Nenndorf, Barsinghausen und Wennigsen, die S1 auch nach Stadthagen.

▶ **Bus:** Mehrere Buslinien teilen sich das Gebiet. Springe, Wennigsen und Barsinghausen liegen in der Region Hannover und werden von den Bussen der *GVH* angefahren (↗ Hannover).
In Stadthagen und bis Bad Nenndorf fährt *Ruhe-Reisen.* Die Busse werden häufig mit einem R vor der Liniennummer gekennzeichnet.
In und um Hameln befördert der *Nahverkehr Hameln-Pyrmont* Personen durchs Land. Es gibt sieben Stadtbuslinien. Ins Umland fahren die Busse im Bereich Bad Münder, Hessisch Oldendorf, Coppenbrügge/Salzhemmendorf und Bad Pyrmont.

Unterwegs rund ums Steinhuder Meer

VLN Nienburg, Wilhelmstraße 30, 31582 Nienburg. ✆ 05021/66011, Fax 63480. www.vln-nienburg.de, service@vln-nienburg.de.

▶ **Bahn:** Wunstorf und Neustadt am Rübenberge haben mit der S2 und RE Anschluss an das Bahnnetz von Hannover, Wunstorf außerdem mit der S1.

▶ **Bus:** Wunstorf mit Steinhude und Neustadt mit Mardorf gehören zur Region Hannover. Somit fahren

 Mit dem **Niedersachsenticket** fahren bis zu 5 Personen einen Tag lang durchs Land. Es kostet 29 € und ist in den Nahverkehrszügen gültig.

 Wer **quer durchs Land** will, zahlt mit dem gleichnamigen DB-Ticket 42 €, 4 weitere Personen zahlen je 6 €, Kinder bis 14 Jahre reisen mit einem Elternteil kostenlos mit. Das Quer-durchs-Land-Ticket ist einen Tag in allen Regionalzügen Deutschlands gültig.

die Busse des *GVH* bis in diese Orte (⬈ Hannover). *Ruhe-Reisen* (⬈ Deister) bedient den Linienverkehr von Stadthagen nach Steinhude (R2). Rehburg-Loccum wird von der Verkehrsgesellschaft Nienburg/Weser angefahren, *VLN Nienburg.*

Mit Bus und Bahn durchs Aller-Leine-Tal

CeBus, Nienburger Straße 50, 29225 Celle. ℡ 05141/487080, Fax 4870839. www.cebus-celle.de. infos@cebus-celle.de.

▶ **Bahn:** Im Landkreis Soltau-Fallingbostel erreicht die *Amerika-Linie* - viele Auswanderer fuhren auf dieser Strecke nach Bremerhaven – von Bremen kommend die Orte Langwedel und Soltau und führt weiter bis Uelzen.

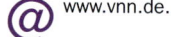
www.heidebahn.de, www.der-metronom.de.

Die *Heidebahn* kommt aus Buchholz in der Nordheide und hat Anschluss an Soltau, Walsrode, Hodenhagen, Schwarmstedt und Bennemühlen. Von dort aus kann es weitergehen nach Hannover.

Durch den Landkreis Celle verläuft die Bahnstrecke Hannover – Hamburg. So ist Celle auch mit dem IC erreichbar, außerdem bedient metronom die Strecke. Von Hannover und Lehrte aus ist Celle auch mit der S-Bahn (S7) zu erreichen.

▶ **Bus:** Von Celle aus befährt *CeBus* die ganze Region in alle Himmelsrichtungen.

@ www.vnn.de.

In der *Verkehrsgemeinschaft Nordost-Niedersachsen (VNN)* haben sich mehrere Verkehrsunternehmen zusammengeschlossen. Eine wichtige Linie ist die 511, die Walsrode mit Bad Fallingbostel verbindet und dabei auch am Vogelpark hält. Die Linie 600 führt von Schwarmstedt nach Hodenhagen.

Verden
27
7
20 km
Walsrode
Bad Fallingbostel
LÜNEBURGER
HEIDE
Aller-   Leine-   Tal
Nienburg
Celle
Weser
Steinhuder
Meer
Leine
Burgdorfer
Neustadt
Rehburg
Steinhuder Meer
Land &
Wunstorf
Burgdorf
Peine
Rodenbergen
HANNOVER
Lehrte
Peine
2
Stadthagen
Barsingh.
Obern-
kirchen
Deister
Pattensen
Braunschweig
2
Stadthagen
Sarstedt
Hamelin
Springe
Wolfenbüttel
Hessisch
Bad Münder
Hildesheim
39
Oldendorf
Hameln
Gronau
395
Salz-
hemmendorf
Hildesheim
Leine
Bockenem
Bad
Alfeld
HARZ
Pyrmont
7
Langelsheim
Goslar

Für jeden Geschmack und jeden Geldbeutel lässt sich in der Region Hannover die passende Unterkunft finden. Das Angebot ist breit und besonders Ferienwohnungen, Unterkünfte auf Bauernhöfen und Campingplätze stehen in großer Anzahl zur Verfügung. Es folgt eine Auswahl, bei der die Bedürfnisse von Familien bzw. Kinder- und Jugendgruppen im Vordergrund stehen.

FAMILIEN-FREUNDLICHE UNTERKÜNFTE

Ferien auf dem Bauernhof

▶ Auf einem richtigen Bauernhof mit Tieren und Äckern zu wohnen, ist für viele Kinder ein aufregendes Erlebnis. Mit Tieren spielen, beim Füttern zuschauen oder sogar ein wenig bei der Feldarbeit helfen, bringt zusätzlichen Spaß. Oft gehören zu den Gehöften große Innenhöfe und Wiesen, wo Kinder viel Platz zum Spielen haben. Die Höfe bieten entweder Übernachtungen in Gästezimmern mit Frühstück oder Ferienwohnungen.

HILDESHEIM: Fachwerkhof Gödringen, Gödringer Straße 22a/b, 31157 Sarstedt-Gödringen. ✆ 05066/3123, Fax 697167. www.fachwerkhof-goedringen.de. axel.gieseke@htp-tel.de. **Preise:** FH 100 € pro Tag, DZ 40 € pro Person.
▶ Östlich von Sarstedt. 2 FH für bis zu 5 Personen auf dem ökologisch bewirtschafteten Hof. Alte Haustierrassen: Heidschnucken, Leinegänse. Honigbienen, Hütehund. Spielgeräte, Sandkiste.

DEISTER, STADTHAGEN & HAMELN: Erdbeerhof Sander, Suderbruchtrift 10, 31832 Springe-Gestorf. ✆ 05045/961058, Fax 962296. www.erdbeerhof-sander.de. info@erdbeerhof-sander.de. **Preise:** Ü ab 12 € pro Person.
▶ Erdbeerhof 11 km östlich von Springe. Modernes FH für bis zu 6 Personen mit überdachter Terrasse auf dem Acker- und Obstbaubetrieb. Spiel- und Liegewiese, Sandkiste, Schaukel, Trettrecker. Hund und Katzen. Fahrradverleih. Kostenloses Erdbeerpflücken für die Gäste.

Abkürzungen bei Unterkünften: DZ Doppelzimmer, EZ Einzelzimmer, FeWo Ferienwohnung, FH Ferienhaus, HS Hauptsaison, Ü Übernachtung, ÜF Übernachtung mit Frühstück, WoMo Wohnmobil, WoWa Wohnwagen.

🍎 Zu manchen dieser Bauernhöfe gehört ein Gasthof und fast alle verkaufen hofeigene Produkte wie Milch, Eier oder Marmelade.

🍎 Erdbeeren zum Selberpflücken in der Erdbeersaison täglich 9 – 18 Uhr.

Pony, Ziege und Co.: Wer Tiere hautnah erleben will, sollte einmal Ferien auf dem Bauernhof machen

Gästehof Henneicke, In Rodenbostel 23, 30900 Wedemark-Rodenbostel. ✆ 05072/501, Fax 205. www.gaestehof-henneicke.de. cord.henneicke@t-on-line.de. **Preise:** FeWo 55 € pro Tag, DZ 25 – 31 € pro Person. ▶ Vollbewirtschafteter Hof mit Kühen, Schweinen und Hühnern. 3 FeWo, 3 Gästezimmer. Spielplatz, Grillplatz, Streicheltiere.

Wieschen Hof, Kleiner Brink 2, 31535 Mardorf. ✆ 05036/2508, Fax 925656. www.wieschen-hof-mardorf.de. Wieschen-Hof@t-online.de. **Preise:** 39 – 59 € für 2 Pers, jede weitere Person 5 €. ▶ Ökologisch wirtschaftender Hof in Mardorf mit 8 FeWo. Spielgelände mit Sandkasten, Schaukeln, Klettergerüst, Rutschen, Wippe, Reck, Oldie-Traktor und Ballspielplätzen. Spielscheune mit Tischtennis und Kicker. Auf dem Hof leben Kühe, Hühner, Pferde, Katzen, Kaninchen, Ziegen.

Rittergut Evensen, Schelppwisch 1, 31535 Neustadt-Evensen. ✆ 05072/583, Fax 583. www.rittergut-evensen.de. rittergut-evensen@web.de. **Preise:** FH 50 €, FeWo 30 €, je für 2 Pers, jede weitere Person 5 € pro Tag, DZ 30 € pro Person, Heuhotel 13,13 €, Kinder bis 12 Jahre 8,88 €. ▶ Altes Rittergut nördlich von Neustadt (10 km). Ökologischer Landbau, Pferdehaltung. Außerdem Kaninchen, Ziegen, Heidschnucken. Spielgelände mit Sandkasten, Schaukel, Reck, Tischtennis, Ponyreiten.

Ferienhof Heidemann, Rötzberg 15, 31535 Neustadt-Schneeren. ✆ 05036/1444, Fax 1444. www.ferienhof-heidemann.de. hei.do.heidemann@t-online.de. **Preise:** Pro Tag für 4 Pers 36 – 48 €, DZ 30 – 38 €, Heuhotel 15,15 €, Kinder 2 – 6 Jahre 6,66 €, 7 – 12 Jahre 8,88 €. ▶ 6 km nördlich vom Steinhuder Meer. Spielplatz, Kinderfahrzeuge, Pony, Hund, Ziegen, Katzen, Kaninchen, Hühner. 3 FeWo.

Brunnenhof Welze, Notbrunnenweg 16, 31535 Neustadt-Welze. Handy 0173/2008803, 0171/3367470. www.brunnenhof-welze.de. anfrage@brunnenhof-welze.de. **Preise:** 40 € pro Tag für 2 Pers, weitere Person 5 €. ▶ Nordöstlich von Neustadt. Große FeWo für 2 bis 8 Personen, mit Terrasse und Grillplatz. 4 Gastboxen für Pferde. Indoor-Tischtennis, kostenlose Leihfahrräder, 5 Min bis zur Leine.

Hunger & Durst

Rittergutscafé, Schelppwisch 1, Neustadt-Evensen. ✆ 05072/583. www.rittergut-evensen.de. Sa, So 13 – 19 Uhr. Kuchen, Torten, kleine Speisen, Gruppen können ein Ritteressen buchen.

Ferienhof Wiebke, Alte Dorfstraße 35, 31547 Rehburg-Loccum. ✆ 05766/1259, Fax 1259. www.ferienhof-wiebke.de. Helga.Wiebke@gmx.de. **Preise:** 33 – 40 € pro Tag für 2 Pers, weitere Person 3 €. ▶ Am Dorfrand von Loccum, 2 FeWo. Spielwiese mit Sandkasten und Schaukel, Streicheltiere (Ponys, Kaninchen, Ziegen). Kutschfahrten und Ponyreiten nach Absprache.

Rittergut Brokeloh, Rittergut Brokeloh 1, 31628 Landesbergen-Brokeloh. ✆ 05027/1341, Fax 1778. www.rittergut-brokeloh.de. info@rittergut-brokeloh.de. **Preise:** 32 – 58 € pro Tag, Heuhotel 8,50 €, Kinder 2 – 6 Jahre 4,50 €, 7 – 12 Jahre 6,50 €. ▶ Altes Rittergut 10 km nordwestlich vom Steinhuder Meer mit Pferden, Kühen, Schafen, Hühnern, Katzen. 4 FeWo im ehemaligen Pächterhaus. Auch Heuhotel und Gastpferdeboxen. Spielplatz, Strohburg.

ALLER-LEINE-TAL: Ferienhof Knoop, Lachtehäuser Straße 28, 29223 Celle-Altenhagen. ✆ 05141/930400, Fax 930402. www.ferienhof-knoop.de. info@ferienhof-knoop.de. **Preise:** FeWo 40 – 62 € pro Tag für 2 – 4 Pers, DZ 26 – 35 € pro Person. ▶ Hof am Stadtrand von Celle mit Kühen, Hühnern, Katzen, Kaninchen, Meerschweinchen und zwei Ponys. Spielplatz, Tischtennis, Basketball, Bauerngarten, Ponyreiten, Kneippanwendungen.

Landhaus Averbeck, Hassel 3, 29303 Bergen. ✆ 05045/249, Fax 269. www.landhausaverbeck.de. info@landhausaverbeck.de. **Preise:** Familienzimmer 110 € für 2 Erw und 2 Kinder. ▶ Zwischen Celle und Bergen, mit Spielscheune Landlümmels (kostenlos für Feriengäste). 13 Zimmer und Appartements. Pferde, Hühner, Schweine, Hund und Katze. Spielplatz.

Weeners Hof, Bruchstraße 4, 29308 Winsen (Aller)-Meißendorf. ✆ 05056/1567, Fax 971333. www.ferienwohnung-weeners-hof.vkv-winsen.de. weenershof@t-online.de. **Preise:** 40 € pro Tag für 4 Pers ab 3 Nächten, weitere Person 5 €. ▶ Ehemaliger Bauernhof mit Reitmöglichkeit, 7 km nördlich von Winsen (Aller). FeWo für 4 – 7 Personen. Pferde, Hühner, Katzen, ein Hund.

Biohof Kruse, Hermannsburger Straße 50, 29348 Eschede-Rahmoorhorst. ✆ 05142/870, Fax 987267. hilke@biohof-

 Jedes Jahr im August wird das Larp-Fest auf dem Rittergut gefeiert, ein Fantasy-Rollenspiel. Zuschauer willkommen!

In der **Spielscheune Landlümmels** sind auch Tagesgäste willkommen. Mo – Fr 14 – 19, Sa, So, Ferien 10 – 19 Uhr. 3 €, Kinder 1 Std 3 €, Sa, So 3,50 €, weitere 30 Min 1,50 €.

kruse.de. **Preise:** 30 € für 2 Pers, jede weitere Person 5 €.
▶ Biolandhof 18 km nördlich von Celle. Kühe mit Kälbern, Schweine, Heidschnucken, Hühner, Enten, Katzen, Kaninchen, ein Hund. Spielplatz.

Der Dettmershof, Klein Eilstorf 6, 29664 Walsrode. ℡ 05166/230, Fax 930069. www.ferienhof-wiechers.de. ferienhof.wiechers@web.de. **Preise:** FH 31 – 41 €/Tag, FeWo 26 – 36 €/Tag, jeweils bis zu 4 Pers. ▶ Ponys, Katzen, Gänse, Ziegen, ein Esel und viele andere Tiere leben auf dem Nebenerwerbshof zwischen Rethem und Walsrode. Naturteich mit Bademöglichkeit, Lagerfeuerplatz, Schaukeln, Tischtennis.

 Heide-Wachs, Ebbinger Straße 1a, Walsrode. ℡ 05161/910660. www.zierkerze.de. Mo – Sa 9 – 18 Uhr, Aug, Sep auch So 13 – 17 Uhr, Jan – März nur Mo – Fr 10 – 17 Uhr. In der Ziehkerzenmanufaktur könnt ihr zuschauen, wie Kerzen gefärbt und verziert werden.

Gut Grasbeck, 29664 Walsrode. ℡ 05161/5688, Fax 74148. www.gut-grasbeck.de. info@gut-grasbeck.de. **Preise:** 55 – 175 € je nach Größe und Ausstattung. ▶ 16 FeWo und FH südöstlich von Walsrode, umgeben von Wald, Wiesen und Feldern. Tiere: Pferde, Esel, Hängebauchschweine, Minischweine, Damwild und Schwarzwild im Gehege, Hühner, Enten, Schafe. Erlebnisscheune mit Trampolinen und Kaninchen. Spielplatz, Hüpfburg, Trettrecker, Strohscheune.

Volmers Hof, Peter Fastenau, Rödershöfen 2, 29664 Walsrode. ℡ 05161/5640, Fax 72044. www.volmershof.de. HofVolmer@aol.com. **Preise:** FH 1. Nacht 70 €, weitere Nacht 42 €, FeWo 67 bzw. 42 €, DZ 25 € pro Person. ▶ Sehr ruhige Lage zwischen Walsrode und Fallingbostel. Spielplatz, Tischtennis, Trampolin, großes Gelände zum Spielen und Entspannen, Ponyreiten. Streicheltiere wie Esel, Pferde, Kaninchen, Katzen, Schafe und Meerschweinchen.

Der Alps Hof, Groß Eilstorf 12, 29664 Walsrode-Groß Eilstorf. ℡ 05166/260, 1697, Fax 930185. www.alpshof.de. hof.lohmann@t-online.de. **Preise:** FeWo 45 – 60 €. ▶ Südwestlich von Walsrode. Spielplatz mit Torwand, Sandkiste, Schaukel. Spielscheune mit Treckerparcours. Tischtennis, Kicker, Billard. Streichelzoo, Reitmöglichkeit, Miniatur-Märchenwald.

Davidshof, Stillenhöfen 4a, 29690 Essel. ℡ 05071/2951, Fax 800220. www.davidshof-plesse.de. davidshof@

gmx.de. **Preise:** FH Lia (3 Pers) 37 € pro Tag, FH Jagdhaus für 4 Pers 57 € pro Tag. ▶ 2 FH auf dem Milchhof mit 70 Kühen. Spielplatz, Torwand, Tischtennis, Trettrecker. In der Nähe der Aller.

Gästehaus Bock, Feldhagen 1, 29690 Gilten-Suderbruch. ✆ 05074/469, Fax 961379. www.gaestehaus-bock.de. gaestehausbock@t-online.de. **Preise:** FeWo 35 € pro Tag, DZ 23 € pro Person. ▶ Hof westlich von Schwarmstedt mit Pferden, Ponys, Kühen, Ziegen, Schafen, Kaninchen, Meerschweinchen. Garten mit Spielgeräten, Tischtennis, Torwand, Fahrräder. Ponyreiten und Kutschfahrten kostenlos für Feriengäste.

Ferienhaus Schäfer, Büchtener Hauptstraße 2, 29690 Grethem-Büchten. ✆ 05164/8335, 2052, Fax 800971. www.birgitsferienhaus.de. urlaub@xn-ferienhaus-schfer-3qb.de. **Preise:** 37 – 54 € pro Tag. ▶ Bauernhof mit Kühen, Kälbern, Katzen, Hund. Hilfe im Stall beim Füttern und Melken möglich. FH für bis zu 8 Personen, Terrasse, Sandkiste, Schaukel, Tischtennis, Garten.

Reiterhöfe und Reiterferien

Zu Ferien auf dem Reiterhof kommen Kinder primär zum Reiten, entweder, um es überhaupt erst zu erlernen oder um ihr Hobby zu pflegen. Sie verbringen die Ferien ohne die Eltern und leben in der Regel in Vollpension.

DEISTER, STADTHAGEN & HAMELN: **Reiter-Aktiv-Hof Wendthagen,** Hauptstraße 23, 31655 Stadthagen-Wendthagen. ✆ 05721/927104, Fax 927104. www.pferdeaktiv-stallwendthagen.de. pferdeaktivstall@web.de. **Preise:** 1 Woche 250 €. ▶ Reiterhof 2 km südlich von Stadthagen. Reiterferien für 6- bis 12-Jährige, Schnupperkurse für Kinder 5 – 10 Jahre, Gruppen von max. 8 Kindern.

STEINHUDER MEER: Hof Struckmann, Auf dem Mummrian 28, 31535 Mardorf. ✆ 05036/614, Fax 1402. www.hof-struckmann.de. hof-struckmann@t-online.de. **Preise:** FeWo 1. Nacht 54 – 72 €, weitere Nächte 38 – 51 €, FH 1. Nacht 78 – 84 €, weitere Nacht 50 – 56 €. ▶ Hof in Mardorf mit mehreren FeWo, FH etwas entfernt am Waldrand. Kosten-

 Hermanns Blaubeerland, Grethemer Hauptstraße 35, Grethem. ✆ 05164/8323. www.blaubeerland.de. Plantage in der Saison täglich 9 – 17 Uhr. Heidelbeeren, auch aus Bio-Anbau, und Heidelbeerprodukte (Marmeladen, Liköre) direkt ab Hof. Selbstpflückplantage in Hodenhagen Am Wasserwerk.

loses tägliches Ponyreiten. Geführte Ritte und Kutschfahrten buchbar. Gastpferdeboxen.

Ferien- und Reiterhof Silas, Niedernholz 6, 31702 Lüdersfeld-Niedernholz. Handy 0171/4987696. www.ferienhof-silas.dreipage2.de. kellermann-brigitte@t-online.de. **Preise:** 1 Woche 230 € in den Oster- und 240 € in den Sommerferien. ▶ Reiterferien für Kinder ab 8 Jahre in einer Gruppe von max. 10 Kindern.

ALLER-LEINE-TAL: Reiterhof Bleckmar, Meierhofsweg 1, 29303 Bergen-Bleckmar. ✆ 05051/2816, Fax 7507. www.reiterhof-bleckmar.de. isabel.v.pander@t-online.de. **Preise:** 1 Woche 330 €. ▶ Reiterferien in einer Gruppe bis zu 12 Kindern. Neben Pferden und Ponys leben Hunde, Kaninchen, Katzen und Ziegen auf dem Hof nördlich von Bergen.

Der Ponyhof, Am Walde 4, 31634 Steimbke-Lichtenhorst. ✆ 05165/2372, Fax 290153. www.ponyhof-hagedorn.de. info@ponyhof-hagedorn.de. **Preise:** Reiterferien pro Tag 51 €, also z.B. 3 Tage 153 €, 10 Tage 510 €; Familienwochenende ab 105 €, Familienzimmer 20 € pro Person ab 6 Jahre, Kinder 4 – 5 Jahre 10 €. ▶ Reiterhof zwischen Rethem und Steimbke. Neben 50 Ponys und Pferden auch Schweine, Katzen, Ziegen, Hühner, Esel, Kaninchen und Meerschweinchen. Spielplatz und Piratenschiff. Reiterferien für Kinder ab 6 Jahre in den Oster-, Sommer- und Herbstferien, 3 – 10 Tage. Im Angebot sind auch Familienwochenenden.

Auf geht's: Paddeln auf der Aller

© Tourismus Region Celle GmbH

Jugendherbergen

Um in JH übernachten zu können braucht man eine gültige Mitgliedskarte, die man vor Ort erwerben kann. Sie kostet für »Junioren« bis 26 Jahre 12,50 € im Jahr. Ab 27 Jahre gibt es die »27+«- oder Familienkarte für 21 €. Eine Familienkarte berechtigt Eltern, eigene und befreundete Kinder mitzubringen, diese brauchen keinen eigenen Ausweis.

Familien mit min. einem minderjährigen Kind zahlen nur den Juniorpreis, Kinder bis 3 Jahre sind frei, bis 6 Jahre oft ermäßigt.

HANNOVER: JH Hannover, Ferdinand-Wilhelm-Fricke-Weg 1, 30169 Hannover. ✆ 0511/1317674, Fax 18555. www.djh-niedersachsen.de/jh/hannover. jh-hannover@djh-hannover.de. Am Sportpark an der AWD-Arena, Nähe Maschsee. **Bahn/Bus:** Bus 100. **Preise:** ÜF 21,40 – 28,10 €; Kinder 3 – 12 Jahre 30 % Rabatt. ▶ 298 Betten in 2- und 4-Bett-Zimmern, darunter 30 2-Bett-Zimmer mit WC. Tischtennis, Billard, Volley- und Basketball, Kicker, Tobematratzen.

HILDESHEIM: JH Hildesheim, Schirrmannweg 4, 31139 Hildesheim. ✆ 05121/42717, Fax 47847. www.djh-niedersachsen.de/jh/hildesheim. jh-hildesheim@djh-hannover.de. Am Rottsberg am westlichen Stadtrand. **Bahn/Bus:** Bus 4 bis Triftstraße, 15 Min Fußweg. **Preise:** ÜF 20,70 €; Kinder 3 – 12 Jahre 30 % Rabatt. ▶ 104 Gäste haben Platz in den 2- bis 6-Bett-Zimmern. Im Innenbereich gibt es Tischfußball, Tischtennis, Billard, zahlreiche Gesellschaftsspiele zum Ausleihen und ein Klavier. Draußen kann man Fußball, Basketball, Volleyball, Billard und Tischtennis spielen. Schöne Lage am Waldrand.

DEISTER, STADTHAGEN & HAMELN: JH Hameln, Fischbecker Straße 33, 31785 Hameln. ✆ 05151/3425, Fax 42316. www.djh-niedersachsen.de/jh/hameln. jh-hameln@djh-hannover.de. Zentrumsnah und an der Weser. **Bahn/Bus:** Bus 20 bis Langes Kreuz oder 2 bis Wehler Weg. **Rad:** Weserradweg. **Preise:** ÜF 19,60 €; Kinder 3 – 12 Jahre 30 % Rabatt. ▶ 106 Betten. Mit großem Wiesengelände für Fußball, Handball oder Volleyball, außerdem

@ www.djh.de. **Zeiten:** JH haben in aller Regel 24. – 26.12. geschlossen.

☀ In JH können in Deutschland mit Ausnahme von Bayern auch Senioren, also auch ältere Familienmitglieder (sogar Opa und Oma) übernachten.

🦉 *In den Jugendherbergen des Landesverbands Hannover zahlen Eltern nicht den sonst üblichen Aufschlag ab 27 Jahre.*

🍎 Bauernhofcafé und Hofladen Mardorf, Mardorfer Straße 22, Mardorf. ✆ 05036/925160. www.bauernhofcafe-mardorf.de. Hofladen täglich 9 – 12.30 und 14.30 – 18 Uhr, Café Mi – Mo 14 – 19 Uhr. Fleisch und Wurst vom eigenen Hof, Milch- und Käseprodukte, Gemüse, Obst, Nudeln, Brot, Getränke.

Tischtennisplatten, Basketballkorb sowie ein Grill- und ein Lagerfeuerplatz.

STEINHUDER MEER: JH Mardorf, Warteweg 2, 31535 Mardorf. ✆ 05036/457, Fax 1554. www.djh-niedersachsen.de/jh/mardorf. jh-mardorf@djh-hannover.de. Am Steinhuder Meer mit eigenem Zugang zum See. **Bahn/Bus:** ↗ Mardorf. **Preise:** ÜF 23 €, im eigenen Zelt 10,50 €; Kinder 3 – 12 Jahre 30 % Rabatt. ▶ 180 Betten in z.T familiengerechten Zimmern, außerdem Zeltplatz. Kletterwand, Tischtennisplatten, Fußballkicker drinnen. Auf dem großen FreigeländeTischtennis, Beachvolleyball, Streetball, Spielplatz, Grillhütte, Naturerlebnisgarten. Mehrere Boote zur Ausleihe.

ALLER-LEINE-TAL: JH Celle, Weghausstraße 2, 29223 Celle. ✆ 05141/53208, Fax 53005. www.jugendherberge.de/jh/Celle. jh-celle@djh-hannover.de. Im Ortsteil Klein-Hehlen nordwestlich vom Zentrum. **Bahn/Bus:** Bus 2 bis JH. **Preise:** ÜF 18,30 €; Kinder 3 – 12 Jahre 30 % Rabatt. ▶ 122 Betten in Zimmern für 4 – 7 Personen. Klavier, Tischtennisplatten, Billard und Fußball-Kicker sowie auf dem großen Freigelände eine Streetballanlage.

JH Müden (Örtze), Wiesenweg 32, 29328 Müden (Örtze). ✆ 05053/225, Fax 1012. www.djh-niedersachsen.de/jh/mueden. jh-mueden@djh-hannover.de. Am südlichen Ortsrand. **Bahn/Bus:** ↗ Müden. **Preise:** ÜF 22 €; Kinder 3 – 12 Jahre 30 % Rabatt. ▶ 1- bis 6-Bettzimmer für 164 Gäste, z.T. mit Dusche und WC. Familienapartment, Zeltcamp für Gruppen. Weiträumiges Freigelände mit Tischtennisplatten, Bachvolleyballplatz, Spielplatz, Grillhütten sowie direktem Zugang zum Heidefluss Örtze mit hauseigenem Sandstrand. Historisches Backhaus.

JH Bad Fallingbostel, Liethweg 1, 29683 Bad Fallingbostel. ✆ 05162/2274, Fax 5704. www.jugendherberge.de/jh/fallingbostel. jh-fallingbostel@djh-hannover.de. Am nördlichen Stadtrand Nähe Lieth-Freibad. **Preise:** ÜF 20,20 €; Kinder 3 – 12 Jahre 30 % Rabatt. ▶ 92 Betten in 19 Zimmern, alle mit WC, 7 Familienzimmer auch mit eigener Dusche. 4 Aufenthaltsräume, eine Blockhütte. Großes Außengelände mit Tischtennisplatten, Beachvolleyballplatz und Spielplatz.

Naturfreundehäuser

Die Naturfreunde Deutschlands gründeten sich vor 100 Jahren und setzen sich seitdem für Frieden, Naturschutz und sanften Tourismus ein. Entstanden aus der Arbeiterbewegung ist heute Nachhaltigkeit das Leitbild der Naturfreunde.

Die Naturfreundehäuser (NFH) sind Jugendherbergen von der Ausstattung ähnlich, es gibt Mehrbettzimmer, meist sind die Duschen und WC auf dem Gang. Häufig befinden sich die Häuser in landschaftlich schöner Lage, fernab vom Verkehr. Sie stehen auch Nichtmitgliedern offen, allerdings zahlen diese ein wenig mehr als Mitglieder.

@ Unter www.naturfreundehaeuser.de sind alle Naturfreundehäuser in Deutschland und einigen europäischen Ländern verzeichnet, zum Konzept und dem Anliegen der Naturfreunde gibt es Infos unter www.naturfreunde.de.

HANNOVER: NFH Misburg am Blauen See, Am Fahrhorstfelde 50, 30629 Hannover. ✆ 0511/580537, Fax 580537. www.nfhblauersee.de. nfhblauersee@t-online.de. **Preise:** ÜF 18 €, Mitglieder 13 €; Kinder 15 €, Mitglieder 10 €. ▶ Am Rande des Misburger Waldes an einem kleinen See. 1 DZ, 6 4-Bett-Zimmer, 1 6-Bett-Zimmer.

NFH Hannover, Hermann-Bahlsen-Allee 8, 30655 Hannover. ✆ 0511/691493, Fax 6068828. www.besthostel.de. naturfreundeladen@web.de. **Preise:** ÜF bis 27 Jahre 20 €, ab 27 Jahre 24 €; bis 13 Jahre 15 €. ▶ Haus in der Eilenriede, mit 650 ha einer der größten Stadtwälder Europas. 90 Betten in 2- bis 4-Bett-Zimmern, teilweise mit Dusche und WC. Ideal für Gruppen, aber auch Familien sind willkommen. Großes Gelände mit Wiesen und Wald.

BURGDORFER LAND & PEINE: NFH Am Lönssee, Hermann-Löns-Straße 24, 30900 Wedemark. ✆ 05130/3360, Handy 0172/4244131. www.loenssee.de. loenssee@web.de. **Preise:** Haupthaus 8 € pro Nacht; Selbstversorgerhaus gesamt 250 €, Kindergruppen bis 19 Pers 150 €. ▶ Südwestlich von Mellendorf. Haupthaus mit 21 Betten, Selbstversorgerhaus mit 28 Betten und zwei Aufenthaltsräumen. Spielplatz, See.

NFH Grafhorn, Zum Grafhorn 30, 31275 Lehrte. ✆ 05175/93150, Fax 93151. www.grafhorn.de. info@grafhorn.de. **Preise:** ÜF bis 26 Jahre 19 €, ab 27 Jahre 22 €; Kinder bis 14 Jahre 16 €; Pauschalangebote für Familien.

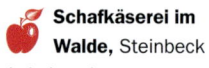

Schafkäserei im Walde, Steinbeck 1, Lehrte-Immensen. ✆ 05175/930790. www.schafkaeserei.de. Mi, Fr 15 – 18 Uhr, Mi 10 – 13 Uhr Frühstück. Milch, Joghurt, Frischkäse, Ziegenbutter sowie Hartkäse aus Schafs- und Ziegenmilch. Lammsalami und Lammleberpastete. Schaffelle. Mit Gastraum. Beim Schafschurtag Ende Juni kann man zuschauen, wie die Wolle fällt.

▶ Nördlich von Immensen und Arpke am Waldrand. 30 Betten in 2- und 4-Bett-Zimmern. Spielplatz.

HILDESHEIM: NFH Lauenstein, Vogelsang 53, 31020 Salzhemmendorf-Lauenstein. ✆ 05153/6474, Fax 5029. www.naturfreundehaus-lauenstein.de. naturfreundehaus-lauenstein@t-online.de. **Preise:** ÜF 19,70 €, Mitglieder 16,60 €, Ü Blockhaus 19 €, großes Blockhaus 29 €, Zeltplatz 4,70 €; Kinder bis 2 Jahre 2,90 €, 3 – 6 Jahre 11,05 €, 7 – 13 Jahre 13,90 €, 14 – 18 Jahre 15 €, Mitglieder 0,50 € Ermäßigung ab 3 Jahren, Zeltplatz Kinder 2 – 14 Jahre 4,20 €, 0 – 2 Jahre 1,05. ▶ Großes Haus mit 73 Betten im Weserbergland. Riesiges Gelände mit Spielplatz, Tischtennis, Boccia, Volleyball- und Bolzplatz. Auch Blockhäuser und Zeltplatz.

NFH Schlehberghütte, Heinrich-Rinne-Straße 35, 31061 Alfeld. ✆ 05181/1693, Fax 826510. www.naturfreundehaeuser-nds.de. nfh-schlehberghuette@naturfreunde.de. **Preise:** Ü 7 €; Kinder bis 6 Jahre 5,50 €, 7 – 18 Jahre 6 €; Mitglieder je 2 € Ermäßigung. ▶ Am Südrand von Alfeld am Waldrand des Schlehbergs gelegen. 11 Betten in 3 DZ und einem 5-Bett-Zimmer.

DEISTER, STADTHAGEN & HAMELN: NFH Barsinghausen, Im Bullerbachtal, 30890 Barsinghausen. ✆ 05105/2305, Fax 600435. www.nf-bsghsn.de. info@naturfreunde-barsinghausen.de. **Auto:** Über Kaltenbornstraße. **Preise:** ÜF 20 €, FH 40 € pro Tag, Schlafhütte 20 € pro Tag; Kinder ÜF 1 – 3 Jahre 12 €, 4 – 10 Jahre 14 €, ab 10 Jahre 15 €, Jugendliche 17,50 €. ▶ Am Nordrand von Barsinghausen in einem idyllischen Deistertal. 31 Betten in 9 Zimmern im Haupthaus, außerdem 2 FH und 2 Schlafhütten für Kinder. Außengelände mit Tischtennis, Kletterwand und großer Wiese.

NFH Deisterhütte, Deisterhütte, 31832 Springe. ✆ 05041/5188, 971494, Fax 779968. www.deisterhuette.de. nfh-deisterhuette@naturfreunde.de. **Preise:** 9 €, Mitglieder 8 €; Kinder 7,50 €, Jugendliche 8 €, Mitglieder 0,50 € Ermäßigung. **Infos:** becker.g@t-online.de. ▶ Am Rand des Deister bei Springe. 6 Zimmer mit 18 Betten. Mehrere Wanderwege beginnen am Haus.

NFH Schneegrund, Schneegrund, 31840 Hessisch Olden-dorf-Rohdental. ℰ 05152/2607, Fax 527354. www.nfh-schneegrund.de. info@nfh-schneegrund.de. **Preise:** Ü 11 €; Kinder 4 – 18 Jahre 10,50 €. ▶ Nördlich von Hessisch Oldendorf im Wald gelegenes hübsches Fachwerkhaus. 10 Zimmer mit 42 Betten. Spielplatz, Tischtennis, Groß-schach.

Campingplätze

Für Kinder hat es etwas Abenteuerliches und einen Hauch von Freiheit, in einem Zelt auf einer Wiese in der Nähe von Bach, Fluss oder Wald zu leben, den Regen auf das Zelt prasseln zu hören und dem Rauschen des Windes und Zwitschern der Vögel zu lauschen. Man braucht nur aufzuspringen und ist bereits mitten in der Wiese und auf frischem Gras. Die Übernachtungspreise variieren genauso wie die Ausstattung. Manche Plätze besitzen nicht nur hervorragende sanitäre Einrichtungen, sondern sogar Schwimmbäder, Restaurants, Lebensmittelläden, Babywickelräume und Kinderspielplätze.

HANNOVERS NORDEN: **CP Blauer See,** Am Blauen See 119, 30823 Garbsen. ℰ 05137/8996-0, Fax 8996-77. www.wasserski-blauer-see.de. info@wasserski-blauer-see.de. **Auto:** A2 Ausfahrt 41 Garbsen. **Preise:** 7,20 €, HS 8,30 €, Zelt 2,80/4,30 €, Stellplatz 4,50 – 6,90 €, Blockhaus 40 €, FH 69 €; Kinder 2,80 €, HS 3 €, ab 12 Jahre 4,60 €, HS 5,40 €. ▶ Zeltplatz oberhalb des Sees mit schönem Blick. Auch Block- und Ferienhäuser. Gaststätte mit Terrasse. Wasserski, Kinderanimation, Beachvolleyball, Fußballwiese, Wasserrutsche, 3 Spielplätze.

CP Parksee Lohne, Alter Postweg 12, 30916 Isernhagen. ℰ 05139/88260, 3365, Fax 891665. www.parksee-lohne.de. parksee-lohne@t-online.de. **Auto:** A7 Ausfahrt 55 Altwarmbüchen. **Preise:** 5,20 € ab 2 Jahre, Stellplatz 7,20 €. ▶ Am See nördlich von Altwarmbüchen. Beachvolleyball, Minigolf, Tischtennis, Bolzplatz, Spielplatz, Kutschfahrten.

Hunger & Durst
Bistro am Blauen See, Am Blauen See 119, Garbsen. ℰ 05137/8996-40. April – Okt wie Wasserskiseilbahn.

Gaststätte am Birkensee, Birkensee, Laatzen. ✆ 0511/529962. Fr – Sa 15.30 – 21, So 11 – 20 Uhr.

Restaurant Carrée, Naherholungspark Arnumer See, Hemmingen-Arnum. ✆ 05101/584725. März – Jan täglich 12 – 15, 17 – 22 Uhr.

pistors Seeblick Restaurant, Fritz-Meinecke-Weg 6, Uetze. ✆ 05173/5202007. www.irenensee-pistors.de. Di – Sa ab 17.30 Uhr, So ab 12 Uhr. Pfannkuchen, Hähnchen-Nuggets und Fischstäbchen für die Kinder.

CP Birkensee, Birkensee, 30880 Laatzen. ✆ 0511/529962, Fax 5293053. www.camping-birkensee.de. info@camping-birkensee.de. **Auto:** A7 Ausfahrt 59 Laatzen. **Preise:** 5 €, Stellplatz 4,50 – 6,50 €; Kinder bis 14 Jahre 2,50 €. ▶ Kleiner CP direkt am Birkensee östlich von Laatzen. Badestrand, Gastronomie im Blockhaus, Spielplatz, Tischtennis, Boccia.

CP Arnumer See, Osterbruchweg 5, 30966 Hemmingen-Arnum. ✆ 05101/855149-0, Fax 855149-99. www.camping-hannover.de. info@camping-hannover.de. **Preise:** Erw 6 €, Auto 2 – 4 €, Zelt ab 5 €; Kinder 3 €. ▶ 5 Campingbereiche direkt am See oder etwas abseits, darunter Zelterwiese mit Grill- und Spielplatz. Restaurant am See.

BURGDORFER LAND & PEINE: CP Natelsheidesee, Regeldamm 1, 30900 Wedemark-Bissendorf-Wietze. ✆ 05130/8547, Fax 3769950. www.campingplatz-natelsheidesee.de. natels-heidesee@htp-tel.de. **Auto:** Landstraße Großburgwedel – Bissendorf. **Preise:** Erw 4 €, Stellplatz WoWa 11 €, mit Zelt 6 €; Kinder 4 – 14 Jahre 3 €. ▶ Am See mit flachen Badebuchten und Strand. Spielplatz, Minigolf, Streichelwiese mit Esel und Ponys.

CP Springhorstsee, Springhorstsee 1, 30938 Burgwedel. ✆ 05139/3232, Fax 27070. www.springhorstsee.de. camping@springhorstsee.de. **Auto:** A7 Ausfahrt 54 Großburgwedel. **Preise:** 3,50 €, Stellplatz 5,50 €, WoMo 6,50 €, Holzhütte 13 €; Kinder bis 12 Jahre 2,50 €. ▶ Direkt am See mit Sandstrand. 450 Caravan-Stellplätze, 40 Zeltplätze. Trampolin, Fußballplatz, Kegelbahn, Fahrradverleih.

CP Irenensee, Fritz-Meinecke-Weg 2, 31311 Uetze. ✆ 05173/98120, Fax 981213. www.irenensee-camping.de. info@irenensee.de. **Auto:** ↗ Uetze, dann Richtung Burgdorf. **Preise:** 7,50 €, HS 10,20 €, Stellplatz 3,30 €, HS 3,40 €, Bungalow ab 49 €; Kinder 4 – 14 Jahre 6,10 €, HS 7,50 €. ▶ Komfort-Campingpark mit Familienplätzen, auch Bungalows, direkt am Irenensee. Seeblick-Restaurant. Kinderprogramm in den Ferien, Fahrrad- und Bootsverleih, Grillplätze, Tipi, Spielplätze, Seilbahn übers Wasser, Wasserspielplatz.

HILDESHEIM: CP Bergmühle, 31188 Holle. ✆ 05062/ 1439, Fax 1439. www.campingplatz-bergmuehle.de. berg-muehle@online.de. **Auto:** A7 Ausfahrt 63 Derneburg-Salz-gitter. **Preise:** 3 €, Stellplatz 8 – 10 €; Kinder bis 15 Jahre 1,50 €. ▶ An einer alten Wassermühle an der Innerste bei Grasdorf gelegen. Spielplatz, Bademöglichkeit im Fluss, Bootsanleger für Kanus und Schlauchboote.

Seecamp Derneburg, Seecamp 1, 31188 Holle-Derneburg. ✆ 05062/565, www.seecamp-derneburg.de. info@see-camp-derneburg.de. **Auto:** A7 Ausfahrt 63 Derneburg-Salz-gitter, B6. **Preise:** 5,50 €, Stellplatz 7,40 €; Kinder 4 – 15 Jahre 5 €. ▶ Direkt am See mit Bademöglichkeit. Minigolf, Bolzplatz, Spielplätze, Tischtennis, Trampolin.

CP Rattenfängerplatz am Ith, Felsenkeller 9a, 31863 Cop-penbrügge. ✆ 05156/780234, Handy 0172/4167005. www.camping-cc-weserbergland-dcc.de. karinhenkel@t-on-line.de. **Preise:** 4 €, Stellplatz 4 €, nur Zelt 2 €; Kinder 8 – 14 Jahre 1,50 €. ▶ Terrassenlage am Wald, Spielplatz, Nä-he Freibad.

In Holle-Herr-sum findet ihr hinter der Kirche ein begehbares Labyrinth.

DEISTER, STADTHAGEN & HAMELN: CP Fährhaus Hameln, Uferstraße 80, 31785 Hameln. ✆ 05151/67489, Fax 61167. www.campingplatz-faehrhaus-hameln.de. info@res-taurant-athen-hameln.de. **Auto:** Über Klütstraße, Breslauer Allee. **Preise:** 4 €, Stellplatz 6 €, Pkw 1 €; Kinder bis 14 Jahre 3 €. ▶ Am linken Weserufer gelegen, 2 km vom Zen-trum Hameln entfernt. Mit beheiztem Freibad. BeachBar und Restaurant Athen. Öffentlicher Spielplatz in der Nähe.

Hunger & Durst
Restaurant Athen, Ufer-straße 80, Hameln. ✆ 05151/67489. www.restaurant-athen-hameln.de.

STEINHUDER MEER: CP Bannsee, Bannseeweg 11, 31535 Mardorf. ✆ 05036/988477, Fax 924689. www.camping-platz-steinhuder-meer.de. info@campingplatz-steinhuder-meer.de. **Auto:** Von Mardorf Richtung Schneeren. **Preise:** 4,50 €, Stellplatz 5 €; Kinder 3 €. ▶ Ruhig im Naturpark im Wald gelegen, 2 km bis zum Steinhuder Meer. Spiel-platz, kleiner Badesee mit Sandstrand.

CP Erlenweg Mardorf, Erlenweg, 31535 Mardorf. ✆ 05036/529, www.camping-steinhuder-meer.de. info@ camping-steinhuder-meer.de. **Auto:** ↗ Mardorf. **Preise:** 5 €, HS 6,50 €, Stellplatz 7,50 €, HS 8,50 €; Kinder 2 – 14 Jahre 2,50 €, HS 3,50 €. ▶ Am Steinhuder Meer mit eige-

Im Juli und Aug fin-det jeden Mi 9 – 13 Uhr ein Bauernmarkt in Mardorf statt.

Hunger & Durst

Schilfhütte Mardorf, Erlenweg 68, Mardorf. ✆ 05036/727. www.schilfhuette-mardorf.de. Mi – Mo ab 11 Uhr.

Hunger & Durst

Zur Erlenschänke, Zum Erlengrund 7, Rehburg-Loccum-Münchehagen. ✆ 05037/300582. www.camping-erlengrund.de. Di – So 17 – 23, So auch 11.30 – 14.30 Uhr.

Wer nur zum Baden herkommt, zahlt 2,50 €, Kinder 3 – 12 Jahre 2 €. April – Sep täglich 9 – 20 Uhr.

nem Bootssteg, Liegewiese und Sandstrand, Bootsverleih 50 m, 2 Restaurants.

CP Niemeyer, Pferdeweg 15, 31535 Mardorf. ✆ 05036/530, Fax 924654. www.camping-am-steinhuder-meer.de. H-Niemeyer@t-online.de. **Auto:** ↗ Mardorf, nördliche Parallelstraße zum Meerweg. **Preise:** 5 €, Stellplatz 6,50 €; Kinder bis 11 Jahre 3 €. ▶ Platz im Wald, nah am Steinhuder Meer.

CP NorduferCamping, Pferdeweg 5, 31535 Mardorf. ✆ 05036/2361, Fax 2793. www.nordufercamping.de. info@nordufercamping.de. **Auto:** ↗ Mardorf, nördliche Parallelstraße zum Meerweg. **Preise:** 5 €, Stellplatz 6,50 €; Kinder bis 11 Jahre 3 €. ▶ Großer Platz im Wald mit 475 Stellplätzen, kurzer Fußweg zum Steinhuder Meer. 2 Spielplätze, Tischtennis, Minigolf, Volleyball.

CP Erlengrund, Zum Erlengrund 7, 31547 Rehburg-Loccum-Münchehagen. ✆ 05037/300582, Fax 300587. www.camping-erlengrund.de. rezeption@camping-erlengrund.de. **Auto:** Münchehagen – Wölpinghausen. **Preise:** 4 €, HS 4,50 €; Kinder 3 – 16 Jahre 2 €, HS 2,50 €. ▶ Am Südhang der Rehburger Berge bei Münchehagen. Restaurant mit Biergarten, Kegelbahn, Naturschwimmbad, Spielplatz.

ALLER-LEINE-TAL: CP Silbersee, Zum Silbersee 19, 29229 Celle. ✆ 05141/31223, Fax 33758. www.campingpark-silbersee.de. webmaster@campingpark-silbersee.de. **Auto:** Von Celle B191 bis Garßen, links Richtung Vorwerk, rechts. **Preise:** 2,70 €, Stellplatz Zelt 3,60 – 9,20 €, WoMo 6,20 – 14,30 €; Kinder 3 – 13 Jahre 1,70 €. ▶ Am See in der Südheide bei Celle. Volleyballfeld, Tischtennis, 2 Spielplätze, SB-Laden, Gaststätte mit Sonnenterrasse, Babystrand.

CP Südheide, Im Stillen Winkel 20, 29308 Winsen (Aller). ✆ 05143/6661803, Fax 6661805. www.campingpark-suedheide.de. info@campingpark-suedheide.de. **Auto:** Von Winsen Richtung Celle. **Preise:** 5,60 €, Stellplatz 4,50 – 8 €, Mietcaravan ab 31,50 €; Kinder 4 – 14 Jahre 4 €. ▶ Am südöstlichen Rand von Winsen an der Örtze mit Badestrand und Bootsanleger. Abenteuerspielplatz, Tischtennis. Sauna und Sanarium.

CP Winsen, Auf der Hude 1, 29308 Winsen (Aller). ℰ 05143/93199, Fax 93144. www.campingplatz-winsen.de. info@campingplatz-winsen.de. **Auto:** ↗ Winsen. **Preise:** 5 €, HS 6 €, Zelt 3 – 8 €, WoWa 6 €, HS 7 €; Kinder 4 – 14 Jahre 3 €, HS 4 €. ▶ An der Aller im Naturpark Südheide gelegen, mit eigener Badebucht und Liegewiese. Spielplatz, Kiosk mit Ausleihe von Bobbycars und Dreirädern. Kicker, Tischtennis, Volleyball und Basketball. Gaststätte mit Terrasse.

CP Hüttensee, Hüttenseepark, 29308 Winsen (Aller)-Meißendorf. ℰ 05056/941880, Fax 941881. www.campingpark-huettensee.de. info@campingpark-huettensee.de. **Auto:** Von Winsen über Meißendorfer Straße. **Preise:** 5,50 €, HS 7 €, Stellplatz WoMo 7,50 €, HS 10,80 €, Mietzelt 4 Pers 40 €, Mobilheim 71 €, ab 2. Nacht 46 €, HS 82 €, ab 2. Nacht 57 €; Kinder bis 12 Jahre 2,50 €, HS 3,50 €. ▶ Am Badesee mit Sandstrand im Seengebiet Meißendorf. Segeln, Surfen, Tretboot fahren. Badeseeinsel, Abenteuerspielplatz, Beachvolleyball, Tischtennis, Minigolf, Streichelzoo, Kinderanimation. Gaststätte mit Terrasse.

CP Ferienpark Heidesee, Oberohe 25, 29328 Faßberg-Oberohe. ℰ 05827/970546, Fax 970547. www.campingheidesee.com. heidesee@ferienpark.de. **Auto:** Von Müden Richtung Unterlüß bis Oberohe. **Preise:** 4 €, HS 5 €, Stellplatz 6,50 €, HS 8,50 €, FH ab 58 €, Mietwohnwagen ab 33 €; Kinder 1 – 14 Jahre 2 €, HS 3 €. **Infos:** www.ferienpark.de. ▶ Zeltplatz und FeWo am Heidesee in der südlichen Lüneburger Heide. Mit abgetrenntem Fkk-Bereich. Baden im See und im Freibad 10 x 25 m mit Liegewiese, Restaurant. Tischtennis, Kicker, Beachvolleyball, Basketball, Funball, Skaterbahn, Robinson-Abenteuerspielplatz, Animation für Kinder, Badespielinsel, Streichelzoo und Minikarts. 1884 – 1979 baute man hier Kieselgur ab. Wer mehr darüber wissen will, folgt dem Kieselgur-Pfad auf dem Gelände des Ferienparks.

CP Sonnenberg, Sonnenberg, 29328 Müden (Örtze). ℰ 05053/987174, www.campingsonnenberg.com. info@campingsonnenberg.com. **Auto:** Von Müden über Sandstraße. **Preise:** 4 €, HS 5 €, Stellplatz 5,50 €, HS 6,50 €; Kin-

Hunger & Durst

Gaststätte Campingplatz Winsen, Auf der Hude 1, Winsen (Aller). ℰ 05143/93199. Sa, So ab 15 Uhr Kuchen.

🦉 *Kieselgur ist ein Rohstoff, der in großem Maße in der Lüneburger Heide abgebaut wurde. Man verwendete ihn vielfältig, z.B. als Filter, als Schleifmittel oder als Füllstoff.*

der 2 – 14 Jahre 2,50 €, HS 3 €. ▶ Ruhiger, am Wald gelegener Natur-CP am Nordrand von Müden, seit 2010 unter niederländischer Leitung. 100 m bis zur Wietze. Auch Vermietung von WoWa, möblierten Zelten, Apartments und Blockhaus.

CP Am Allerstrand, Offensener Straße 2a, 29342 Wienhausen-Schwachhausen. ✆ 05082/912004, www.camping-landurlaub.de. camping-landurlaub@t-online.de. **Auto:** Von Wienhausen über Offensen. **Preise:** 2,60 €, Zelt 2 €, WoWa 3,10 €, Pkw 1,60 €; Kinder bis 12 Jahre 1,60 €. ▶ Direkt an der Aller gelegen mit Bademöglichkeit. Bolzplatz, Tischtennis, Lagerfeuerplatz.

CP Zum Alten Mühlenteich, Mühlenstraße 33, 29664 Walsrode-Düshorn. ✆ 05161/8989, www.campingplatz-muehlenteich.de. **Auto:** Über Celler Straße. **Preise:** 1 Erw und Stellplatz 8 €, HS 9 €, Pkw 1,50 €; Kinder 3 – 14 Jahre 3 €, HS 4 €. ▶ Direkt am See, südlich von Düshorn in der Lüneburger Heide, 2 Min vom Strandbad entfernt. Großer Spielplatz.

CP Böhmeschlucht, Vierde 22, 29683 Bad Fallingbostel-Vierde. ✆ 05162/5604, Fax 5160. www.boehme-schlucht.de. campingplatz-boehmeschlucht@t-online.de. **Auto:** A7 Ausfahrt 47 Bad Fallingbostel, Richtung Dorfmark, rechts Vierder Weg. **Preise:** 3,50 €, Stellplatz 11,50 €; Kinder bis 16 Jahre 2 €. ▶ Am Böhmeufer in der Lüneburger Heide. Spielplatz, Spielscheune, Badestelle, Bootsanleger, Restaurant.

Hunger & Durst
Restaurant Böhmeschlucht, Vierde 22, Bad Fallingbostel-Vierde. ✆ 05162/6504. www.boehmeschlucht.de.

Zeichenerklärung

Hallenbad		Kirche, Kloster	
Freibad		Schloss, Burg	
Badestelle, Strandbad		Museum	
Paddeln		Betriebsbesichtigung	
Segeln, Surfen		Bergwerk	
Wandern		Aussichtsturm	
Reiten		Höhle	
Garten, Park, Natur		Hist. Eisenbahn	
Wild-, Vogelpark		Essen & Trinken	
Naturlehrpfad		Wintersport	
Zoo		Autobahn	
Radtour		Ausfahrt	
Kletterpark		Bundesstraße	
Erlebnispark, Spielplatz		Internat. Flughafen	
Theater, Freilufttheater			

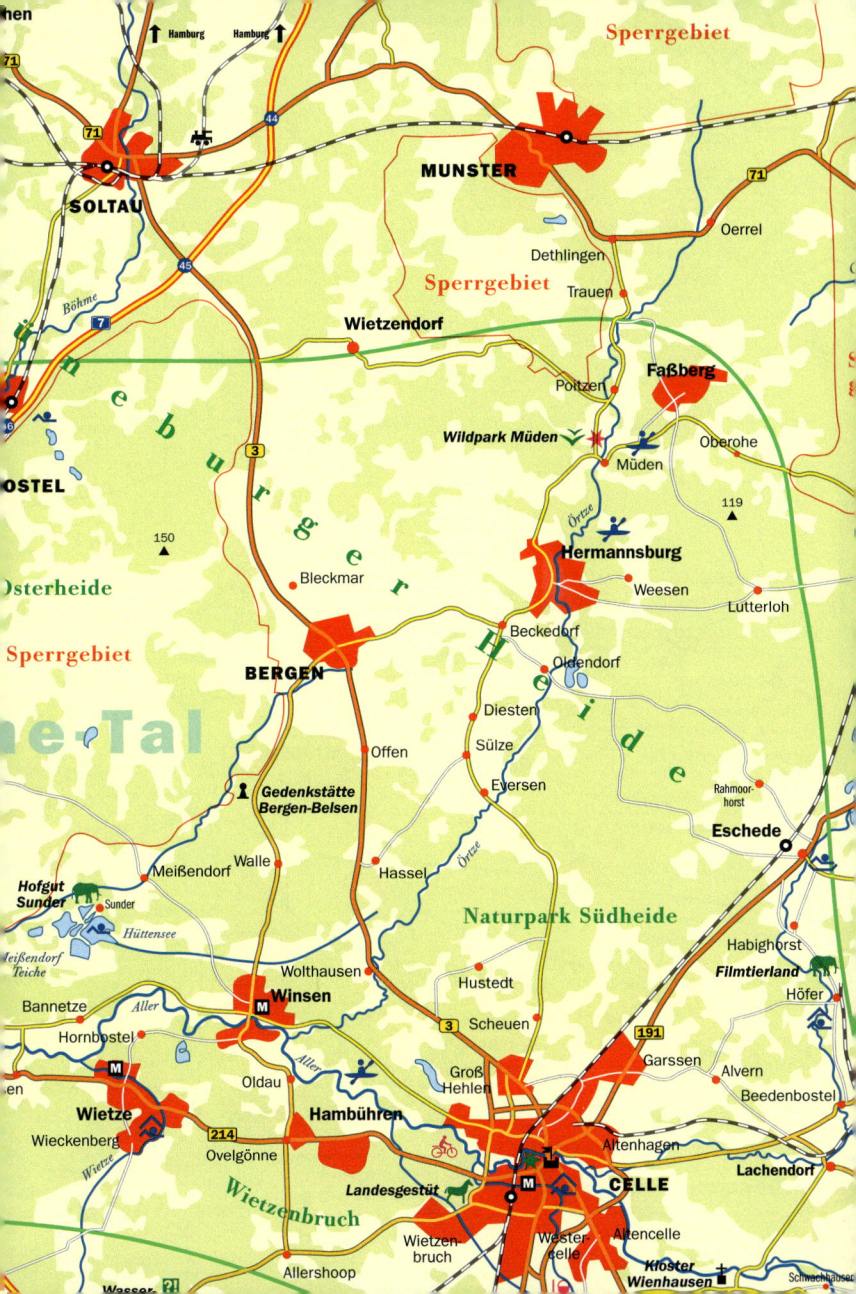

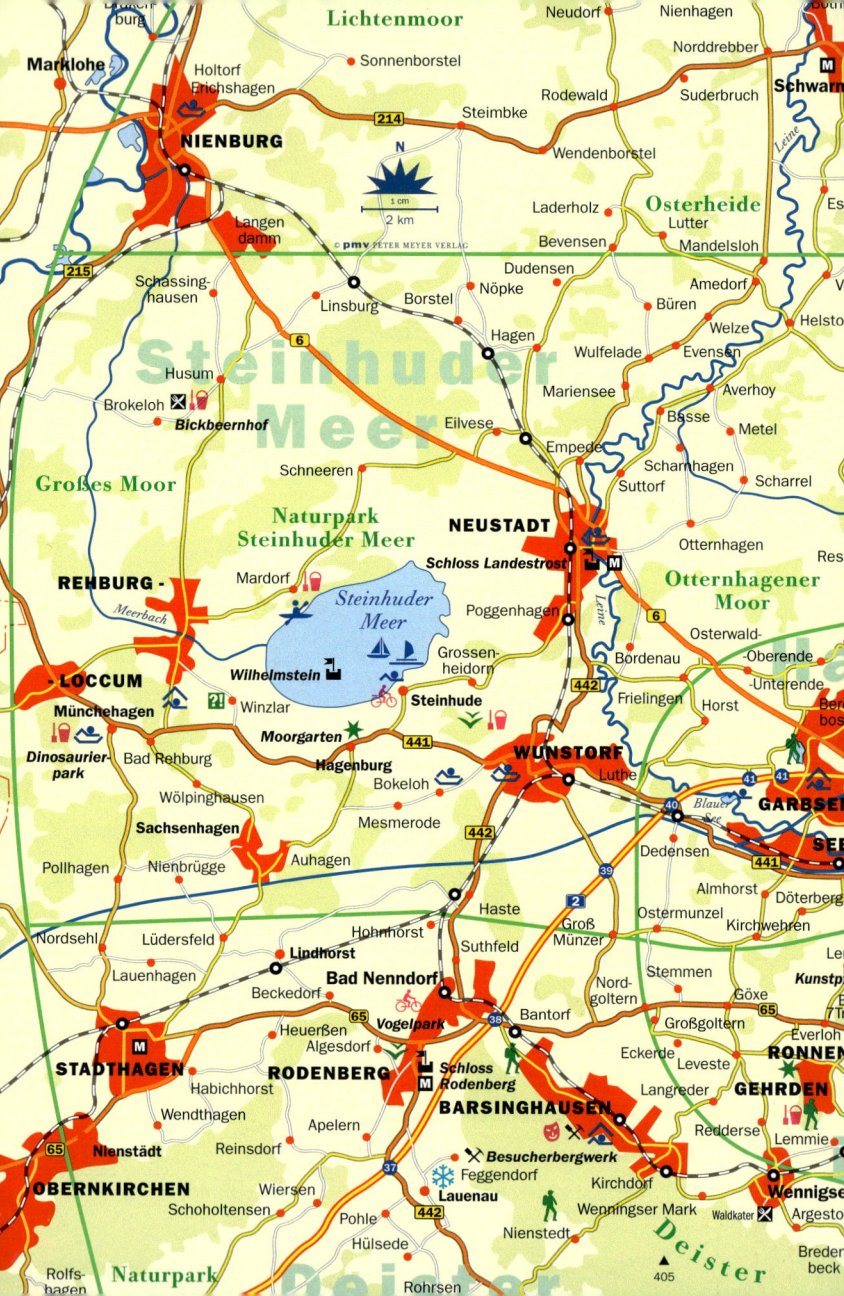

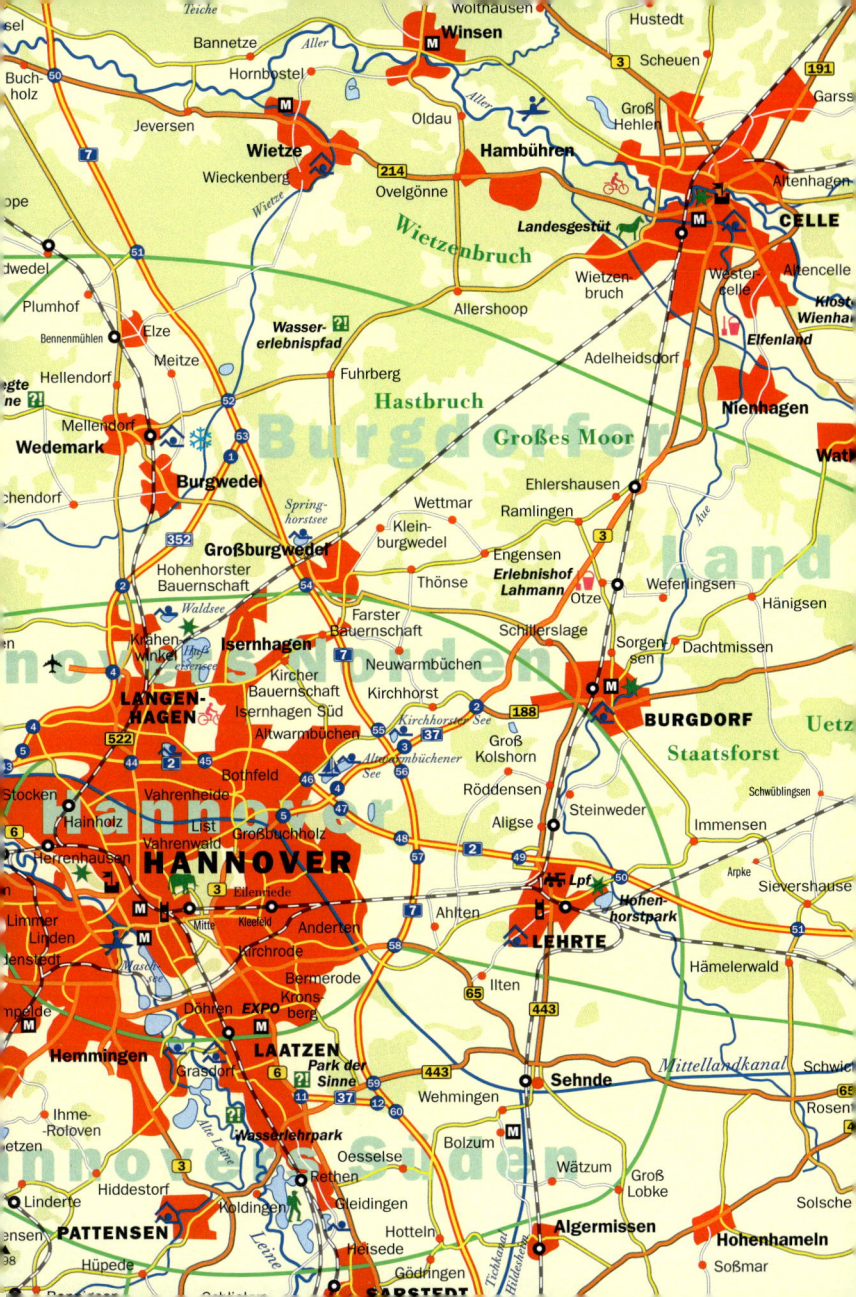

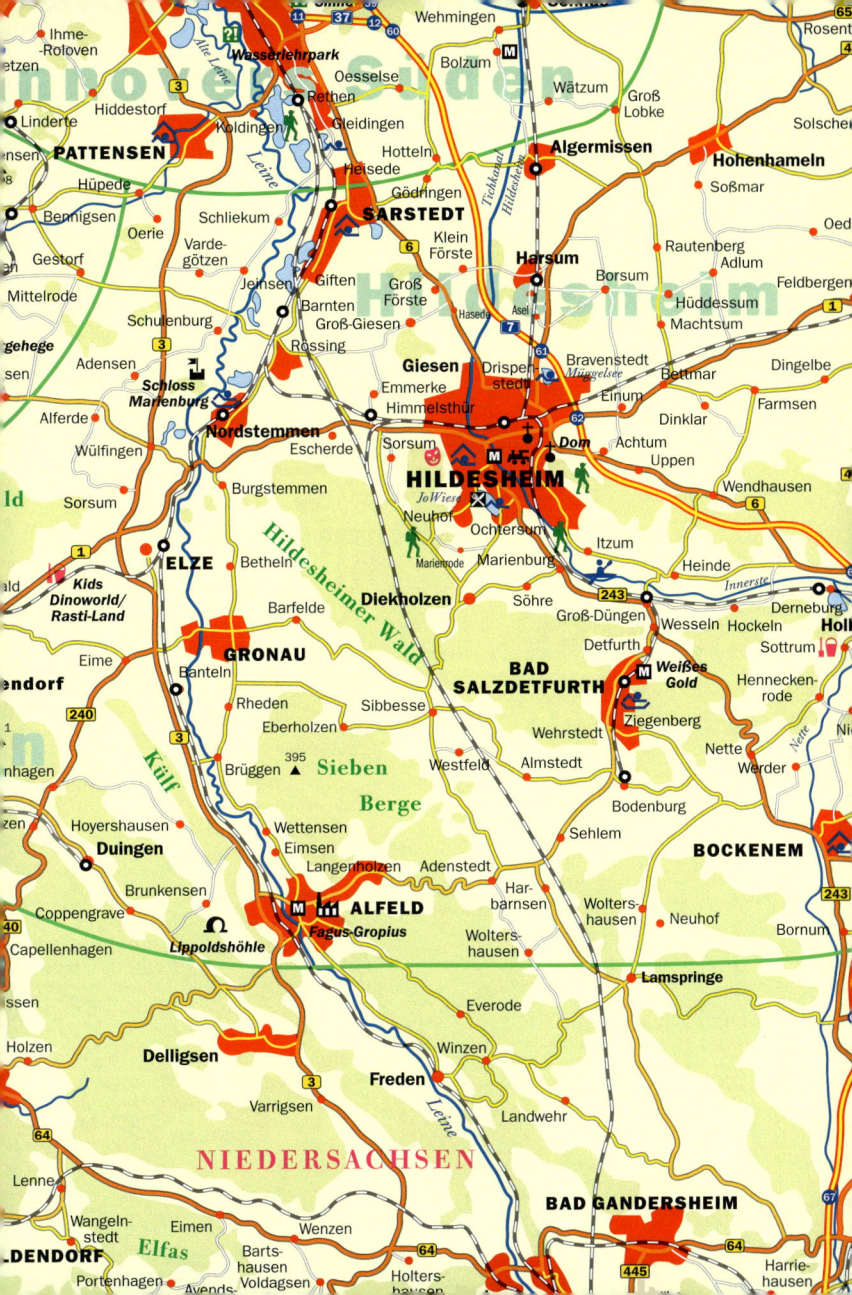

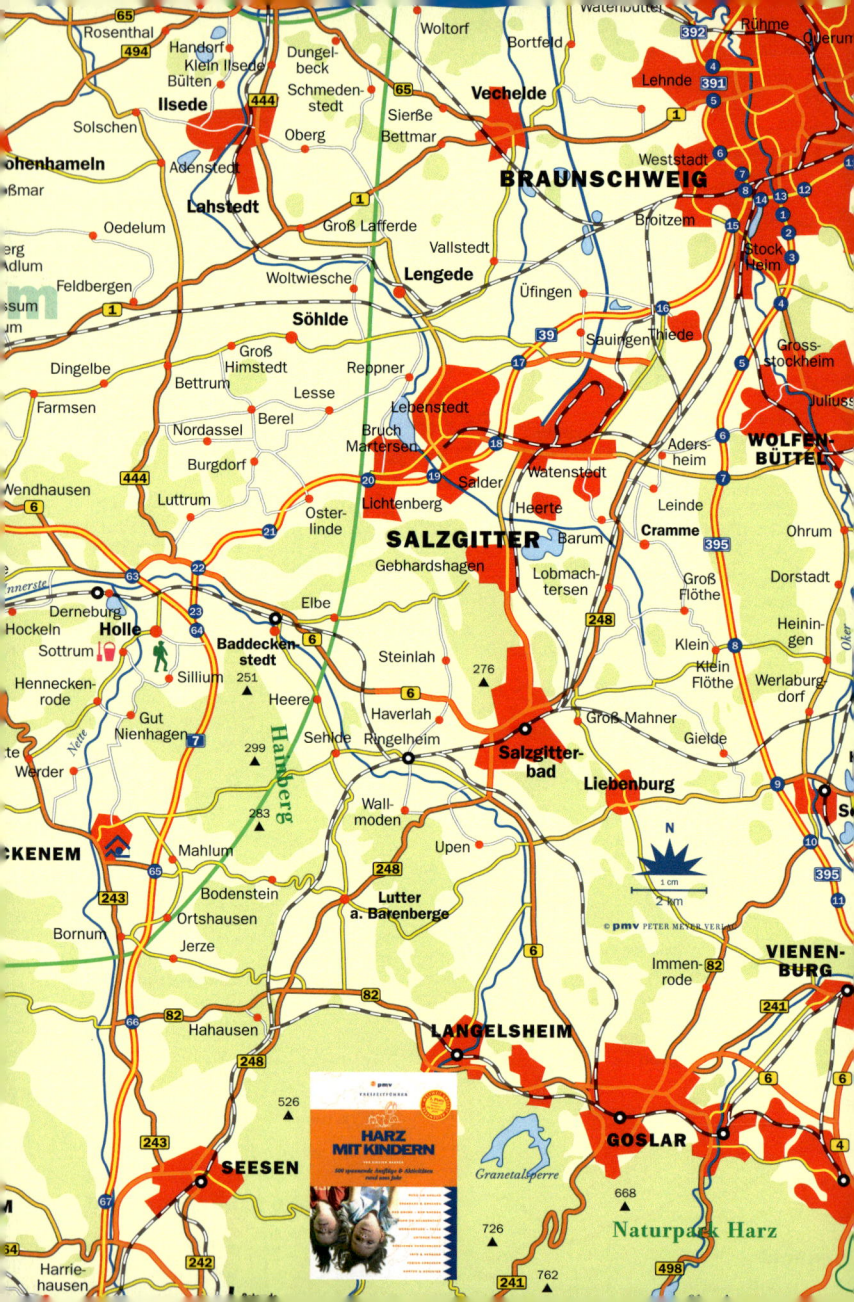

Glücksgefühle im Harz
Nix wie hin!

Wenn Sie wie diese beiden fidelen Bergleute mit einem »Glück auf!«-Ruf in die Tiefe des Harzer Berglandes rauschen wollen, sollten Sie zu dem vielseitigen Freizeitführer »Harz mit Kindern« greifen. Die Autorin Kirsten Wagner hat mit ihren drei Jungs wenn nicht Gold, so doch viel Spaß gefunden beim Skifahren, Wildwest-Spielen, Eisenbahnfahren, auf unterirdischen Seen und beim Windbeutel-Essen. Und das ist doch Gold wert!

HARZ MIT KINDERN
500 spannende Ausflüge & Aktivitäten
rund ums Jahr
Kirsten Wagner
ISBN 978-3-89859-417-2
320 Seiten, 14,95 Euro [D]

☀ **pmv** P E T E R   M E Y E R   V E R L A G

Stadtbahnnetz
Hannover üstra

Tram network map
Plan du réseau tram

Legend (German)

- **Stadtbahnlinie mit Haltestelle**
- U **Tunnelstation**
- i **Information**
- DB **DB-Fernverkehr**
- S **S-Bahnlinie** DB
- R **R-Bahnlinie**
- BUS **Anschluss an Bus**
- **Krankenhaus/Klinik**
- **Stufenloser Zu-/Abgang**
- **Veranstaltungslinie**
- **Besondere Linienführung im Nachtsternverkehr**

Legend (English)

- **Tram line with stop**
- U **Station**
- i **Information**
- DB **Long distance trains (DB)**
- S **Suburban train** DB
- R **Local train**
- BUS **Interchange with bus**
- **Hospital**
- **Level entry/exit**
- **Special service**
- **Night service**

Legend (French)

- **Ligne de tram avec arrêt**
- U **Station**
- i **Information**
- DB **Grandes lignes (DB)**
- S **RER** DB
- R **Train de banlieue**
- BUS **Correspondance bus**
- **Hôpital**
- **Accès/sortie sans marche**
- **Service spécial**
- **Service de nuit**

Stand
Dezember 2010

GVH

© GVH

Stations and lines shown on the map

5 Stöcken
Weizenfeldstraße
4 Garbsen
6 Nordhafe
Auf der Horst / Marshof
Auf der Horst / Skorpiongasse
Friedhof Auf der Horst
Paschalstraße
Wissenschaftspark Marienwerder
Jädekamp
Auf der Klappenburg
Lauckerthof
Hogrefestraße
Hemelingstraße
Stadtfriedhof Stöcken
Bahnhof Leinhausen
Herrenhäuser Markt
Schaumburgstraße
Herrenhäuser Gärten
Fuhsestraße / Bhf.
Mecklenhei
Beneckealle
Friedenauer
Krepenstraß
Chamissost
Bertramstra
Fenskestraß
Bahnhof Nor
Haltenhoffstraße
11
Appelstraße
Schneiderberg / W.-Busch-Museum
Leibniz Universität
An d. Strang
Kopernikuss
Christuskirch
Königsworther Platz
16
Card-Zone Hannover 2
Ticket-Zone Hannover
Glocksee / Bhf.
Clevertor
Goetheplatz
Glocksee
Steintor
Steinto
Kröpcke
Markthalle / Landtag
10
Ehrhartstraße
Brunnenstraße
Harenberger Straße
Wunstorfer Straße
Ungerstraße
Leinaustraße
Am Küchengarten
Humboldtstraße
10
Ahlem
Wa
17
9
Schwarzer Bär
9
3, 7
Lindener Marktplatz
Nieschlagstraße
Bernh.-Caspar-Straße
Am Lindener Hafen
Bauweg
Körtingsdorfer Weg
Am Soltekampe
Eichenfeldstraße
Allerweg
A
Stadionbrücke
Bf. Linden / Fischerhof
Schünemannplatz
Beekestraße
17
Wallensteinstraße
Bartold-Knaust-Straße
Safariweg
Hermann-Ehlers-Allee
Am Sauerwinkel
9
Empelde
Mühlenberger Markt
L
Treskowstraße
3
7
Wettbergen
Laatzen / Eichstra

Ticket / Card-Umland

290

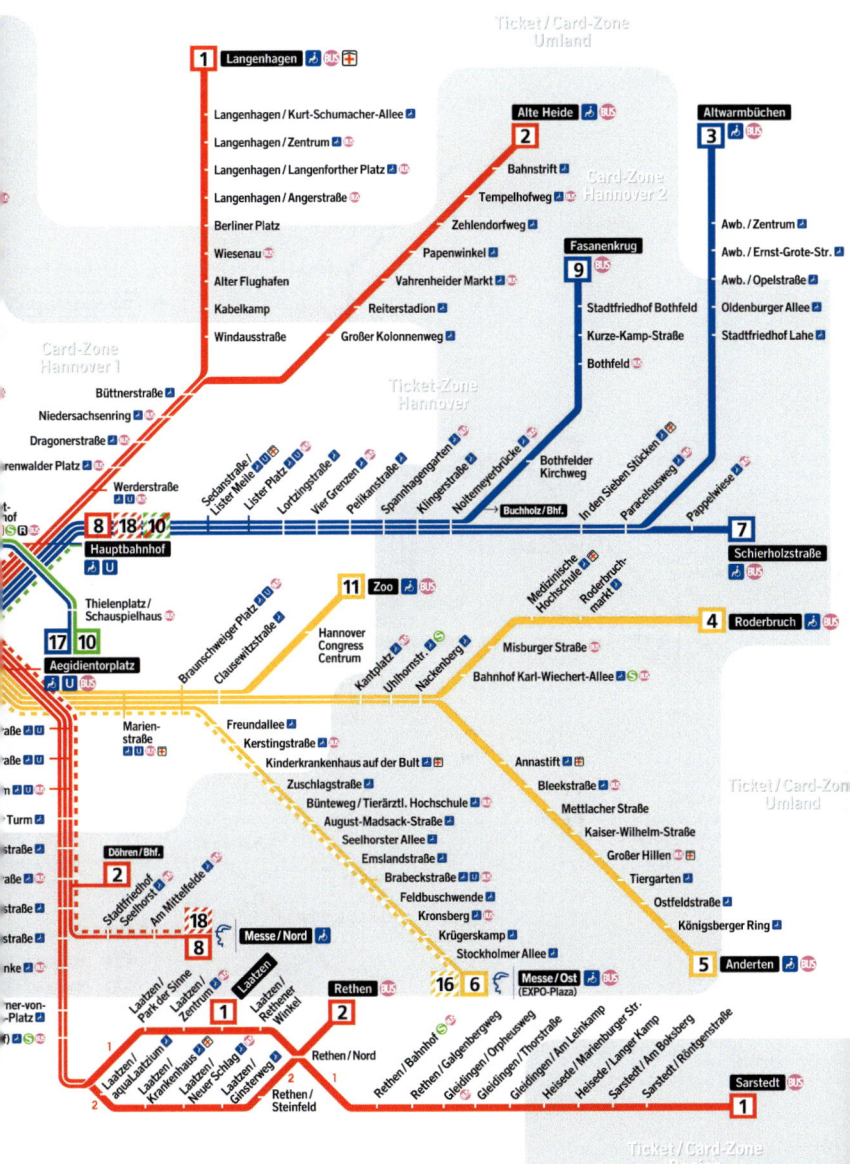

1 Langenhagen

Langenhagen / Kurt-Schumacher-Allee
Langenhagen / Zentrum
Langenhagen / Langenforther Platz
Langenhagen / Angerstraße
Berliner Platz
Wiesenau
Alter Flughafen
Kabelkamp
Windausstraße

2 Alte Heide

Bahnstrift
Tempelhofweg
Zehlendorfweg
Papenwinkel
Vahrenheider Markt
Reiterstadion
Großer Kolonnenweg

9 Fasanenkrug

Stadtfriedhof Bothfeld
Kurze-Kamp-Straße
Bothfeld

3 Altwarmbüchen

Awb. / Zentrum
Awb. / Ernst-Grote-Str.
Awb. / Opelstraße
Oldenburger Allee
Stadtfriedhof Lahe

Büttnerstraße
Niedersachsenring
Dragonerstraße
renwalder Platz
Werderstraße

Sedanstraße / Lister Meile
Lister Platz
Lortzingstraße
Vier Grenzen
Pelikanstraße
Spannhagengarten
Klingerstraße
Noltemeyerbrücke
Bothfelder Kirchweg
→ Buchholz / Bhf.
In den Sieben Stücken
Paracelsusweg
Pappelwiese

8 **18** **10**

Hauptbahnhof

7 Schierholzstraße

Thielenplatz / Schauspielhaus

11 Zoo

17 **10**

Braunschweiger Platz
Clausewitzstraße

Hannover Congress Centrum

Kantplatz
Uhlhornstr.
Nackenberg

Medizinische Hochschule
Roderbruchmarkt

4 Roderbruch

Aegidientorplatz

Misburger Straße
Bahnhof Karl-Wiechert-Allee

aße
aße
n
Turm
aße
aße
aße
nke

Marien-straße

Freundallee
Kerstingstraße
Kinderkrankenhaus auf der Bult
Zuschlagstraße
Bünteweg / Tierärztl. Hochschule
August-Madsack-Straße
Seelhorster Allee
Emslandstraße
Brabeckstraße
Feldbuschwende
Kronsberg
Krügerskamp
Stockholmer Allee

Annastift
Bleekstraße
Mettlacher Straße
Kaiser-Wilhelm-Straße
Großer Hillen
Tiergarten
Ostfeldstraße
Königsberger Ring

5 Anderten

Döhren / Bhf.

2

Stadtfriedhof Seelhorst
Am Mittelfelde

18
8

Messe / Nord

ner-von-Platz

Laatzen / Park der Sinne
Laatzen / Zentrum
Laatzen / Rethener Winkel

1

Laatzen

2 Rethen

16 **6**

Messe / Ost (EXPO-Plaza)

Laatzen / aquaLaatzium
Laatzen / Krankenhaus
Laatzen / Neuer Schlag
Laatzen / Ginsterweg

Rethen / Nord

Rethen / Steinfeld

Rethen / Bahnhof
Rethen / Galgenbergweg
Gleidingen / Orpheusweg
Gleidingen / Thorstraße
Heisede / Am Leinkamp
Heisede / Marienburger Str.
Heisede / Langer Kamp
Sarstedt / Am Boksberg
Sarstedt / Röntgenstraße

1 Sarstedt

S-Bahn Hannover

gültig ab 12.12.2010

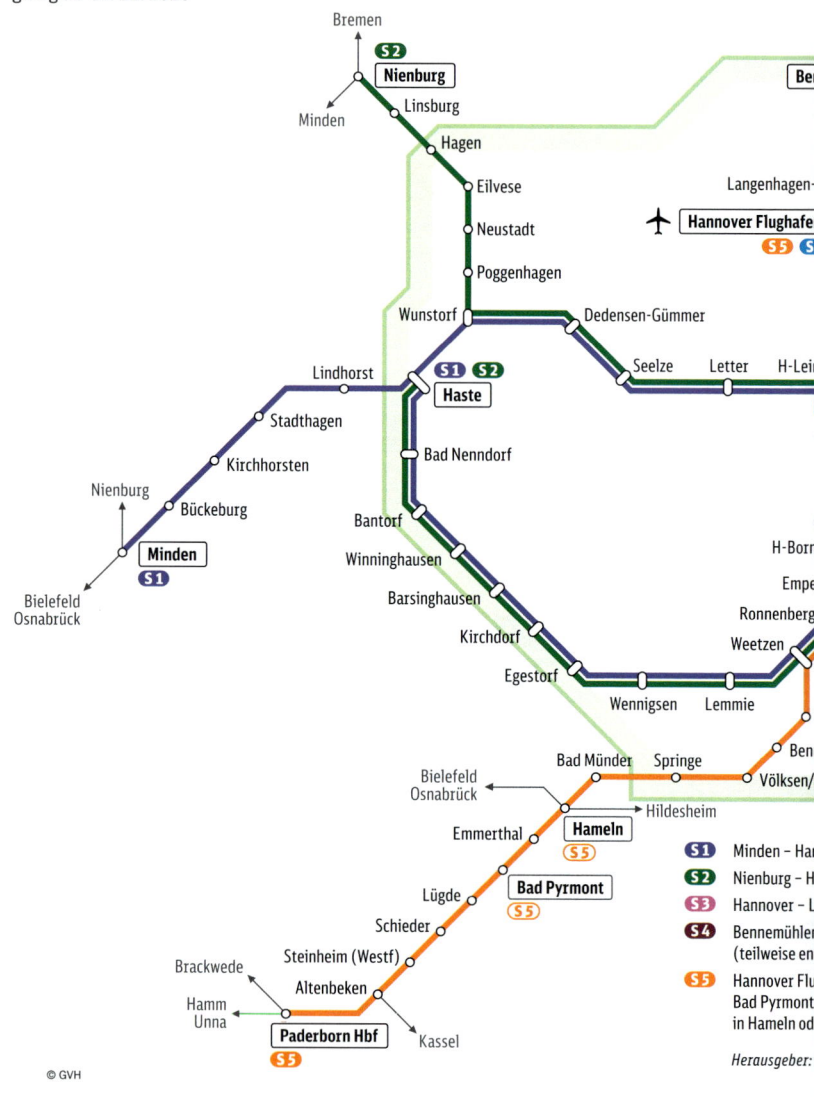

Bremen

S2

Nienburg

Linsburg

Minden

Hagen

Eilvese

Langenhagen-

Neustadt

✈ **Hannover Flughafe**

S5 S

Poggenhagen

Wunstorf

Dedensen-Gümmer

Lindhorst

S1 **S2**

Seelze   Letter   H-Lei

Haste

Stadthagen

Bad Nenndorf

Kirchhorsten

Nienburg

Bantorf

H-Born

Bückeburg

Winninghausen

Empe

Minden

Barsinghausen

Ronnenberg

S1

Kirchdorf

Weetzen

Bielefeld
Osnabrück

Egestorf

Wennigsen   Lemmie

Bad Münder   Springe

Ben

Bielefeld
Osnabrück

Völksen/

Hameln

Hildesheim

Emmerthal

S5

Lügde

Bad Pyrmont

S5

Schieder

Steinheim (Westf)

Brackwede

Altenbeken

Hamm
Unna

Paderborn Hbf

Kassel

S5

S1   Minden – Ha

S2   Nienburg – H

S3   Hannover – L

S4   Bennemühler
(teilweise en

S5   Hannover Flu
Bad Pyrmont
in Hameln od

Herausgeber:

© GVH

 **BAHN**

Schwarmstedt

en

orf

orf

ide

Celle

Langenhagen-Pferdemarkt

Langenhagen-Mitte

H-Vinnhorst

H-Ledeburg

U

S3 **S4** **S6** **S7**

Hannover Hbf

H-Kleefeld H-Karl-Wiechert-Allee

U **U** H-Anderten/ Ahlten
Misburg

U H-Bismarckstr.

U

stadt

U

H-Linden/
Fischerhof

S8

U **Hannover Messe/Laatzen**

U Rethen

Sarstedt

Barnten

n/Linderte

Göttingen

Hamburg

S6 **S7**

Hannover ← **Celle**

GVH

Ehlershausen

Otze

Burgdorf

Aligse

Lehrte → Wolfsburg
Berlin

Peine
Braunschweig

Sehnde

Algermissen

Harsum

S3 **S4**

Emmerke **Hildesheim**

Hameln ← → Goslar
Braunschweig

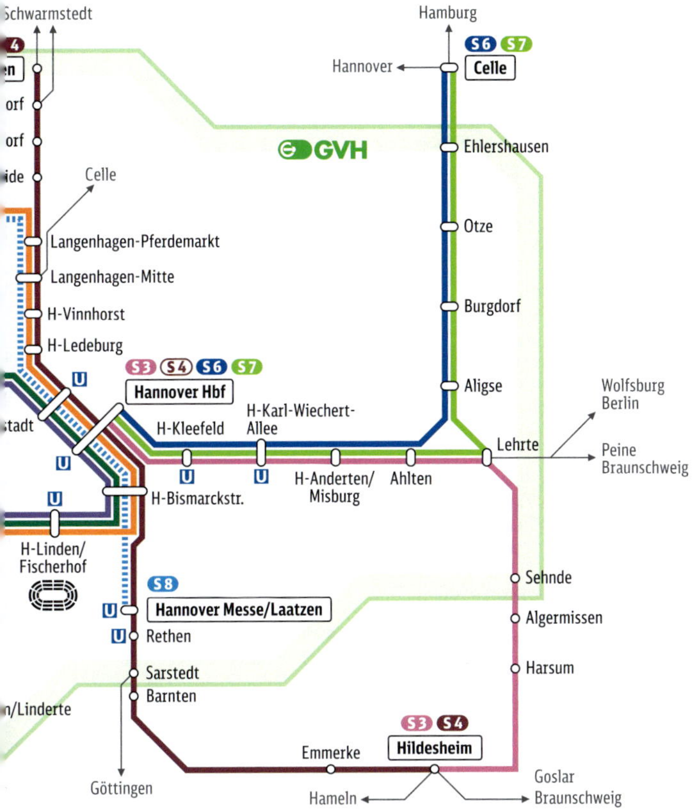

Haste

- Haste

ildesheim

ver – Hildesheim
Hannover Hbf)

Hannover – Hameln –
orn (teilweise endet S 5
rmont)

annover, Ernst-August-Platz 1, 30159 Hannover

S6 Celle – Burgdorf – Hannover

S7 Celle – Burgdorf – Lehrte – Hannover

S8 Sonderlinie (mit besonderer Ankündigung)
Hannover Flughafen – Hannover Hbf –
Hannover Messe/Laatzen

Grenze des Verkehrsverbundes
Großraumverkehr Hannover (GVH)

U Umsteigemöglichkeit zur Stadtbahn

S Bahn Hannover

Register

fett-schwarz Orte, Sehenswürdigkeiten, Attraktionen
fett-blau Stichworte
kursiv-grün geografische Be-
griffe
orange Personen

KARTEN & REGISTER

pmv-Leser sind neugierig und mobil – nicht nur in der Fremde, sondern auch in der eigenen Umgebung. Den Wissensdurst ihres Nachwuchses wollen sie fördern, seinem Tatendrang im Einklang mit der Natur freie Bahn lassen. Daher finden Sie in diesem Ausflugsführer Tipps und Adressen zu allem, was kleine und große Kinder begeistert, je nach Wetterlage und Jahreszeit. Alle Adressen und Aktivitäten wurden von der Autorin persönlich begutachtet und strikt nach Kinder- und Familienfreundlichkeit ausgewählt.

KARTEN & REGISTER

BODENSEE MIT KINDERN

400 x Abenteuer und Erlebnis rund um den ganzen See
Wolfgang Taschner, Michael Reimer

Eine der beliebtesten Ferienregionen mit Kindern wieder- oder neu entdecken: Vom Bootsverleih über Tierparks bis zur kinderfreundlichen Unterkunft, vom Aquarium über die Radtour bis hin zum Apfelzügle-Express. Tipps für D, A und CH.

»Ein großes Kompliment. In diesem Reiseführer – der beste derzeit auf dem Markt – können Familien mit Kindern wirklich viele nette Unternehmungen planen und sich sicher sein, dass die ganze Familie Spaß daran hat.«
Karin Stippe, Ehingen

ISBN 978-3-89859-428-8
3. aktualis. Auflage
272 Seiten, 16 Euro [D]

FRANKFURT RHEIN-MAIN MIT KINDERN

400 preiswerte und spannende Aktivitäten für draußen und drinnen
Eberhard Schmitt-Burk

»Frankfurt Rhein-Main mit Kindern« nennt nicht nur alle Spielparks und Grillplätze in und rund um Frankfurt, sondern auch Tipps für Wasserratten, Museumsmäuse, Zirkusflöhe und Pedalritter.

»Wahnsinn! In ›Frankfurt/ Rhein-Main mit Kindern‹ von Eberhard Schmitt-Burk finden sich so viele tolle Tipps für Ausflüge wieder, dass man gar nicht weiß, wann man die alle machen soll.« Lilliput

ISBN 978-3-89859-434-9
3. aktualis. Auflage
304 Seiten, 16 Euro [D]

Die pmv-Reihe »… mit Kindern« wurde bereits mehrfach ausgezeichnet, allein 3 x mit dem ITB BuchAward der weltgrößten Tourismusmesse Berlin.
Über 20 Regionen lieferbar!

ODENWALD MIT KINDERN

Über 500 spannende Ausflüge und Aktivitäten rund ums Jahr

»Papa, was machen wir heute?« – Die Antwort auf die gefürchtete Frage unserer Sprösslinge liegt nahe: Dieser Freizeitführer zeigt die spannendsten Erlebnisse im Odenwald für Sommer wie Winter, Wind und Wetter.

»Von dem Buch ›Odenwald mit Kindern‹ bin ich total begeistert. Sehr gut finde ich, dass Spielplätze aufgeführt sind, denn oft sind Kinder damit schon glücklich. Aber auch die Wanderungen und naturkundlichen Erklärungen sind super. Und das zu einem familienfreundlichen Preis!!!«
Petra Raulen

ISBN 978-3-89859-416-5
320 Seiten, 14,95 Euro [D]

Bereits in 6. Auflage!

EIFEL MIT KINDERN
Über 500 spannende Ausflüge und Aktivitäten rund ums Jahr
Ingrid Retterath

Die Eifel ist ein großartiges Ausflugsgebiet. Neben weiten Wäldern mit herrlichen Wanderwegen und schönen Stauseen bietet sie jedoch vor allem Kindern noch unglaublich viel mehr.
Über 500 Ausflüge und Aktivitäten von Aachen bis Trier, von Luxemburg bis zur Aar, zeigen Kindern zwischen 3 und 13 Jahre wie spannend Freizeitvergnügen in der Eifel ist. Spaß in und am Wasser, Radeln und Natur erleben, Museen, Burgen und Schlösser – Unternehmungen jeder Art und rund ums Jahr, immer persönlich recherchiert und komplett mit Anfahrt, Öffnungszeiten und Preisen.

ISBN 978-3-89859-435-6
320 Seiten, 14,95 Euro [D]

RHEINLAND MIT KINDERN
Über 500 Aktivitäten und Ausflüge bei jedem Wetter
Ingrid Retterath

Für spontane Ausflüge gründlich recherchiert: Der pmv-Freizeitführer »Rheinland mit Kindern« bietet rund 500 Ausflüge und Aktivitäten für kleine Naturfreunde und Kulturfans inklusive Preisen, Öffnungszeiten und Anfahrtsbeschreibung. Ob Schwimmbad, Radtour oder Museum, hier findet jedes Familienmitglied schnell seinen Lieblingstipp.

»500 Ideen, sich die freie Zeit zu vertreiben.«
Kölner Stadt-Anzeiger

»Das Buch hat das klassische Jackentaschenformat und ist damit ausgesprochen benutzerfreundlich. Vor dem Ausflug einstecken, fertig.«
Neuß-Grevenbroicher Zeitung

ISBN 978-3-89859-409-7
320 Seiten, 14,95 Euro [D]

BERCHTESGADENER LAND & CHIEMGAU MIT KINDERN
400 spannende Aktivitäten zwischen Rosenheim und Salzburg
Katja Faby, Antje Kindler-Koch

Der Chiemgau ist eine bäuerlich geprägte Region und gerade deswegen eine der beliebtesten Tourismusgebiete Bayerns. Dieser Freizeitführer bietet 400 spannende Aktivitäten im Berchtesgadener Land und Chiemgau für Radeltouren, Wasserspaß oder Besichtigungen, die selbst bei schlechtem Wetter für gute Laune sorgen. Von Rosenheim bis Salzburg, vom Chiemsee bis zum Watzmann.

ISBN 978-3-89859-427-1
256 Seiten, 16 Euro [D]

Jetzt den kostenlosen eBrief »Lesen & Ausfliegen« abonnieren und tolle Freizeittipps sammeln oder Bücher gewinnen! Mehr unter www.Peter-MeyerVerlag.de.

✳ **pmv** PETER MEYER VERLAG

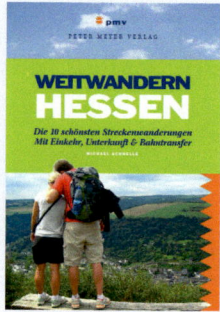

66 SCHÖNSTE AUSSICHTEN HESSEN
Burgen, Türme, Berge –
Wandern, Radeln, Einkehren
Alexander Kraft

Sie sind oft die heimlichen Höhepunkte eines Ausflugs, liegen aber genauso oft eher zufällig an der Route: grandiose Aussichtspunkte. Anders bei diesem Buch. Hier stehen die Fernblicke im Mittelpunkt. Ob Türme, Burgen oder Klippen – das Panorama ist jedesmal einzigartig.
Für alle, die den Überblick suchen. Mal ganz bequem per Auto oder Seilbahn, mal per Rad, Mountainbike oder mit Wanderschuhen. Immer mit Rast und Einkehr, immer was Besonderes.

»Wandertouren, Radtouren und die perfekten Einkehrmöglichkeiten vermitteln Hessens schönste Seite.«
Frankfurter Rundschau

ISBN 978-3-89859-317-5
256 Seiten, 14,95 Euro [D]

WEITWANDERN HESSEN
Die 10 schönsten Streckenwanderungen. Mit Einkehr, Unterkunft & Bahntransfer
Michael Schnelle

10 gründlich recherchierte Streckenwanderungen führen passionierte Wanderer und Entdecker zu schönen Naturlandschaften und interessanten Kulturdenkmälern in Hessen. Alle Ausgangs- und Endpunkte sind mit Bus und Bahn erreichbar, und weil bei jeder Tour Übernachtungs- und Einkehrtipps aufgeführt sind, kann mit leichtem Gepäck gewandert werden!

»Tolle Wanderungen gleich vor der Haustür!« Känguru

ISBN 978-3-89859-306-9
256 Seiten, 16 Euro [D]

199 KM MOSEL
Sehenswertes, Ausflüge & Einkehr zwischen Trier und Koblenz
Annette Sievers (Hrsg.)

Ob Rebhänge, Moselschifffahrt oder Porta Nigra – wer mit diesem Reiseführer aufbricht, erlebt abwechslungsreichen Kulturgenuss. Kenntnisreich führt dieses Buch zu den schönsten Orten und Sehenswürdigkeiten entlang der deutschen Mosel, Einkehr- und Übernachtungsmöglichkeiten inklusive.

ISBN 978-3-89859-310-6
256 Seiten, 16 Euro [D]

Deutschland als Reiseziel wird immer beliebter – pmv-Freizeitführer ebenso. Genaue Reiseinformationen zu Einkehr, Unterkunft und Verkehr gepaart mit sauber recherchierten Beschreibungen von Sehenswürdigkeiten, Wanderungen und Radtouren sowie einer ansprechenden, übersichtlichen Gestaltung machen Reiselust und Lesefreude.

77 SCHÖNSTE ORTE RUND UM BERLIN
Ausflüge zu Schlössern, Seen und Sehenswürdigkeiten mit 88 Einkehrtipps
Wolfgang Kling

Zu den 77 schönsten Orten rund um Berlin: Raus aus der Stadt und rein in die Natur! Jedes Ziel ist mit der Bahn erreichbar. Bei allen Ausflügen gibt es zudem tolle Einkehrmöglichkeiten. Vom Schloss Rheinsberg im Norden bis Lübbenau im Süden ist für jeden der passende Ausflug dabei. Zum radeln, wandern, einkehren. Mit Beschreibung, Einkehrtipps und farbigen Karten.

ISBN 978-3-89859-314-4
256 Seiten, 16 Euro [D]

Die erwachsene Ergänzung zu »Berlin & Umgebung mit Kindern«, siehe Seite 285.

AUSFLÜGE MIT GENUSS: WEINFRANKEN
Wandern, Radeln, Einkehren
Barbi Lasar

Gemütliche Wanderungen und knackige Fahrradtouren, urige Mühlencafés und rustikale Winzerhöfe: 20 vielseitige Ausflüge in Kombination mit der passenden Einkehr machen das Wochenende schöner.

»Genuss wird hier nicht nur aufs Kulinarische bezogen, sondern schließt den Augenschmaus, den die fränkische Landschaft mit Fluss, Wald und Weinbergen bereithält, mit ein.«
Fränkische Nachrichten

ISBN 978-3-89859-316-8
224 Seiten, 14,95 Euro [D]

33 SCHÖNSTE RAD-TOUREN RHEIN-MAIN
Radeln von leicht bis weit rund um Frankfurt
Rheingau – Vogelsberg, Rheinhessen – Rodgau
Alexander Kraft

1549 km oder einfach die schönsten Radeltouren im Rhein-Main-Gebiet: Sie bringen Abwechslung und Schwung in den Wochenendausflug. Mit Extra-Karte und GPS-Daten zum Herunterladen.

ISBN 978-3-89859-318-2
224 Seiten, 18 Euro [D]
mit extra Fahrradkarte

 pmv PETER MEYER VERLAG

WIR KÖNNEN WAS TUN

Klimabewusstes Handeln wird in Zeiten von Klimawandel und globaler Erwärmung immer wichtiger. Beim Druck ist das Entstehen von CO_2 jedoch unvermeidlich. Das schädliche Kohlendioxid ist für den vom Menschen verursachten Treibhauseffekt verantwortlich.

Deshalb geht der Peter Meyer Verlag mit gutem Beispiel voran und unterstützt mit einer freiwilligen Ausgleichszahlung klimafreundliche Projekte in Entwicklungsländern, um CO_2-Emissionen bei der Stromerzeugung von vornherein vermeiden zu helfen.

Zudem drucken wir alle Bücher und Prospekte ausschließlich auf Recycling- oder FSC®-Papier.
Mit dem Kauf unserer Reiseführer unterstützen Sie dieses Engagement. Dafür danke.

klimaneutral
www.climatepartner.com

Unsere Verlagsphilosophie und Nachhaltigkeitserklärung finden Sie auf unserer Internetseite.
www.PeterMeyerVerlag.de.

IMPRESSUM

Unsere Inhalte werden ständig gepflegt, aktualisiert und erweitert. Für die Richtigkeit der Angaben übernimmt der Verlag jedoch keine Haftung. | © pmv 1. Auflage 2011 | **Umschlag- und Reihenkonzept** sowie Text, Gliederung und Layout, Karten, Tabellen, Piktogramme und Illustrationen sind urheberrechtlich geschützt. | **Inhalt:** Die Aufnahme und Beurteilung in »Hannover & Region mit Kindern« unterliegt der Auswahl durch Verlag und Autorin. Der Abdruck der Texte und Daten erfolgt kostenlos. Abdruck und Einspeisung in elektronische Medien (Computer, Internet), auch auszugsweise, nur mit Genehmigung des Verlags. | **Druck & Bindung:** AZ Druck und Datentechnik, Kempten; www.az-druck.de | **Umschlaggestaltung:** pmv, Agentur 42, Mainz, www.agentur42.de, Annette Sievers | **Fotos:** Wenn nicht anders angegeben, alle Rechte beim Verlag, siehe Nachweis beim jeweiligen Bild. Wir danken allen Unterstützern. | **Zeichnungen:** Silke Schmidt, alle Rechte beim Verlag | **Karten:** pmv, Lizenzen auf Anfrage. Linien- und Streckenplan mit freundlicher Genehmigung durch Großraum Verkehr Hannover, GVH | **Lektorat & Layout:** Annette Sievers | **Bezug:** über Prolit, Fernwald-Annerod, oder den Verlag, vertrieb@PeterMeyerVerlag.de, ✆ 069/405 62 57-0.

ISBN 978-3-89859-418-9

pmv

Wir freuen uns über Korrekturen und Anregungen:
pmv Peter Meyer Verlag
Schopenhauerstraße 11
60316 Frankfurt a.M.
www.PeterMeyerVerlag.de
info@PeterMeyerVerlag.de

MIX
Papier aus verantwortungsvollen Quellen
FSC
www.fsc.org
FSC® C008457

Printed in Germany with love. Klimaneutral und auf umweltfreundlich hergestelltem Novatech Satin Bilderdruck-Papier,
FSC® Mix-GFA-GOC 001493.